EL INFIERNO TAN TEMIDO: EL SECUESTRO EN MÉXICO

Saskia Niño de Rivera
y Manuel López San Martín

EL INFIERNO TAN TEMIDO: EL SECUESTRO EN MÉXICO

Testimonios de sobrevivientes y secuestradores

Ilustraciones de Céline Ramos

El papel utilizado para la impresión de este libro ha sido fabricado a partir de madera
procedente de bosques y plantaciones gestionadas con los más altos estándares ambientales,
garantizando una explotación de los recursos sostenible con el medio ambiente y beneficiosa para las personas.

El infierno tan temido: el secuestro en México
Testimonios de sobrevivientes y secuestradores

Primera edición: abril, 2022

ISBN: 978-607-381-206-1

Impreso en México – *Printed in Mexico*

Índice

Prólogo
El secuestro en México
y la cruda realidad de un México destrozado 9

SECUESTRADORES EN MÉXICO

No tengo remordimiento de nada,
no hay algo que me quite el sueño: César 25
Siempre viví tranquilo, incluso
cuando secuestraba: Noé 43
Mandar las orejas de las víctimas
era la mejor forma de presionar a las familias: Aurelio...... 77
De todas maneras, me van a matar: Óscar 111

UN HOMENAJE A LOS SOBREVIVIENTES

Reflexión
El valor/dolor de las víctimas 133
Tengo miedo de que me secuestren: Ana 137

Señor, usted está secuestrado: Alberto 163
Doce días equivalentes a una vida en el infierno: Helen 231
El secuestro fue lo peor y lo mejor
que me ha pasado en la vida: Dana.......................... 249
Nunca me imaginé pasar 100 días
secuestrado: Santiago 269

Conclusión
Necesitamos un modelo nuevo de justicia........................ 291

Prólogo

El secuestro en México y la cruda realidad de un México destrozado

Escuchar la voz, la historia, el porqué y el cómo de un secuestrador y de una víctima es una de las mejores formas de entender uno de los delitos que más lacera, que mayor daño causa y que más secuelas deja. Secuelas permanentes en las víctimas y en la sociedad.

Son los contextos y realidades los que nos pueden aproximar a los hombres y mujeres de carne y hueso, reales, que han hecho del secuestro su forma de vida. Son las historias de las víctimas, de su cautiverio y de los daños irreversibles que marcan con dolor su vida por este delito. Atrevernos a escuchar estas historias nos lleva a entender la crueldad que hay detrás de este terrible delito que aterroriza a una sociedad entera. Pero queremos insistir: un delito tiene una historia de vida detrás del secuestrador y su víctima: ¿Cómo vivió el delincuente? ¿Cómo fue su niñez, su familia, su ambiente cotidiano? ¿Qué sucesos soportó la víctima, qué marcas quedaron en su cuerpo y en su memoria?

"Odia el delito y compadece al delincuente" es una frase que tenemos como bandera desde hace una década, los mismos años que Saskia tiene ingresando a las cárceles del país, y que Manuel ha hecho suya también, al comunicar hechos atroces en los diversos medios de comunicación donde tiene la titularidad y la responsabilidad de informar con veracidad. Resulta de vital importancia entender que tenemos que separar el acto delictivo de la persona, no para deslindar la responsabilidad, sino para entender la raíz de lo que, como sociedad, hemos construido de forma errónea hasta convertirnos en la cuna de actos delictivos como el secuestro. Al ser más conscientes y estar más informados de cómo se dan estos delitos podremos negarnos a cometerlos, entender las circunstancias sociales, denunciarlos y apostar por la construcción de un México en paz.

Entender, analizar y perfilar al secuestrador es la base para prevenir este delito que durante tantos años ha cimbrado al país y cuya comisión no se detiene. Escuchar las historias de las y los sobrevivientes de secuestro es volver a humanizarnos como sociedad y entender que los delitos tienen gran impacto dentro de nuestras comunidades y van más allá de una cifra que podamos comparar mes a mes. Un caso de secuestro es suficiente para romper la esperanza de una sociedad entera, por su crueldad y violencia, por sus consecuencias terribles y a veces mortales. Las cifras del día a día nos dan una percepción de inseguridad o seguridad, pero las historias de lo vivido por quienes hoy están para contar sus experiencias como víctimas reflejan un dolor que tendría que estremecer en lo más profundo, pues pone en riesgo los cimientos de cualquier sociedad: el contrato social.

En las últimas décadas, año con año, el secuestro ha registrado un aumento. Pero cabe insistir: detrás de las cifras, hay hombres y mujeres con historias, vidas trastocadas y secuelas. Las voces de las víctimas y victimarios son esenciales para comprender no sólo frente a qué estamos, sino cómo frenar lo que luce como una ola imparable.

¿Cómo llegaron los secuestradores a este delito? ¿Por qué se dedicaron a este ilícito? ¿Qué elementos incidieron en ellos? ¿Qué pensaban mientras ejecutaban un secuestro? ¿Qué ven hoy en retrospectiva? También es necesario reflexionar: ¿Fallamos como país? ¿Fracasaron las instituciones? ¿Hay algo que como sociedad podamos hacer? De seguir con una estrategia reactiva de seguridad, ¿hay esperanza de un México en paz?

No hay una fórmula que nos permita acercarnos con precisión científica a las causas y, por tanto, erradicarlas. Pero sí es posible trazar un perfil y una radiografía de factores y condiciones comunes que puedan ayudar al análisis, estudio y, por qué no, a la prevención de este delito.

El secuestro en México se ha diversificado. Pasamos de que fuera un tema exclusivo de los "ricos", de casos sonados —de alto impacto—, a un asunto tan común como cotidiano, que no discrimina sexo, nivel socioeconómico o perfil demográfico. Pasamos de escuchar historias del secuestro de los hombres y mujeres más acaudalados de nuestro país a observar que la cantidad de dinero que una persona posee ya no es necesariamente un factor determinante para ser víctima de este delito.

Aclaremos lo siguiente: "Odia el delito y compadece al delincuente" no tiene nada que ver con renunciar a la búsqueda de justicia, mucho menos aceptar la impunidad. Tampoco tiene que ver con el perdón. Al contrario, se trata de comprender para aprender. De entender para prevenir y erradicar. Es fundamental estudiar, analizar y contextualizar por qué México ha sido —y es— tierra fértil para quienes creen que pueden tomar el destino de una persona en sus manos, e intercambiarlo por dinero; para quienes ponen precio a la vida de cualquier persona.

En México hemos normalizado la violencia como factor que paraliza e impide la reconstrucción del tejido social, el camino despejado hacia el proceso de paz. El horror cotidiano ha hecho que como sociedad perdamos la capacidad de indignación que debería llevarnos a pensar en justicia. Como mexicanas y mexicanos, ¿cómo vamos a sacar a este país adelante garantizando un Estado de derecho, justicia y paz?

Pocas cosas resultan más desgarradoras que escuchar los testimonios de quienes han pasado por este delito y son sobrevivientes. Desafortunadamente, ellas y ellos son testimonio de una realidad de carne y hueso, disfrazada de cifras y expedientes a los ojos de las autoridades; carpetas de investigación que se apilan en la montaña de pendientes y rara vez alcanzan la justicia. No podemos permitir que nuestra esencia como mexicanas y mexicanos normalice las historias de terror que genera la ola de violencia por la cual estamos pasando. Normalizar la violencia que vivimos se ha vuelto el peor mecanismo de defensa y nos aleja de la posibilidad de reparar y construir un camino de paz.

La recopilación de testimonios para integrar este libro fue dolorosa. Dolorosa por decirlo de alguna manera, ante la ausencia de palabras que realmente describan la desesperanza de escarbar en el nido de actos tan atroces. Detrás de cada palabra se acumulan las tristezas. Escuchar a quienes hoy siguen su vida, marcada por una pausa que los puso al límite de la sobrevivencia, horroriza y no alimenta demasiadas esperanzas en el porvenir; no anima a creer que la pacificación de nuestro país sea posible.

Y la otra cara de la moneda ofrece una realidad no menos triste y desgarradora: escuchar las historias de vida de quienes hoy —desde una celda en alguna cárcel del país, vulnerables— se confiesan y hablan, abre la posibilidad de entender para transformar; de ser sensibles desde la compasión para asimilar los múltiples factores por los que como sociedad también somos corresponsables.

Es cierto, sentimos rabia al oír sobre la corrupción e impunidad que rigen nuestro sistema de justicia, así como impotencia al aceptar la maldad injustificable que rige las personalidades generadas a consecuencia de la suma de fallas de un tejido social fracturado, tal vez completamente roto.

Ver, escuchar y leer las noticias, consumir las cifras de crimen e inseguridad se ha vuelto el pan de cada día. Transmitir, desde los medios, una comunicación asertiva que construya, sin caer en el amarillismo morboso que se ha vuelto el veneno de consumo diario, es obligación de medios y periodistas.

El miedo con el que salimos de casa, nos despedimos de un ser querido y emprendemos el camino al trabajo o a la escuela se ha anestesiado para sobrevivir, sin siquiera percatarnos, en ocasiones, de que vivir así no es vida.

Los siguientes párrafos de este libro son las historias de los causantes del dolor y de las y los sobrevivientes. No podemos tratar de entender el delito sin realmente dimensionar el dolor que viven, de por vida, quienes sobrevivieron. Este libro busca humanizar. Humanizar lo inhumano porque sólo así podremos rescatar a México de las garras de la violencia y aproximarnos al país en paz que la mayoría anhela. Tenemos que dejar de pretender que la seguridad reactiva es la solución a la construcción de un México donde el miedo a sobrevivir sea algo inexistente. Tenemos que atrevernos a hacer las cosas distintas. Dejar de politizar la seguridad y entender también que los cambios reales, los cambios que reparan a largo plazo, vienen de nuestra capacidad resistente de desentender la justicia como sinónimo de venganza.

Nadie se convierte en secuestrador de la noche a la mañana. El secuestrador no nace, se hace. El contexto familiar, las condiciones sociales, la corrupción dentro de nuestro sistema de justicia, el fallido sistema penitenciario y la impunidad que campea en nuestro país se han vuelto la mezcla perfecta del secuestro en México.

The Carstens Institute, encabezado por el experto en negociación de secuestros, Pablo Carstens, ha clasificado el secuestro, según su duración y dinámica, en cinco tipos:

1. Exprés: no dura más de 24 horas, jamás hay un lugar fijo de cautiverio y no se cobra más de lo que alguien puede sacar de una tarjeta o tener en efectivo a la mano.
2. Transitorio: inicia como un secuestro exprés, sin embargo, se convierte en un secuestro de corto plazo.
3. Corto plazo: no dura más de dos semanas y quienes lo realizan tienen poca estructura organizacional. Se cobran decenas de miles de pesos en rescate.
4. Mediano plazo: su duración es de entre dos semanas y tres meses. Existe mayor estructura y una banda organizada. Se pretende cobrar cientos de miles o millones de pesos.
5. Largo plazo: dura más de tres meses. Se trata de una banda bien organizada —incluso pueden existir células con labores específicas dentro de la misma—, secuestran a personas de alto impacto. Requiere estudio y planeación. También puede llevarse a cabo con fines políticos. Los rescates que se piden son en millones de dólares.

El común denominador, como en toda cadena criminal, pasa por los exorbitantes niveles de corrupción e impunidad que vive México y se alimenta de las condiciones de desigualdad, marginación y pobreza que rompen el tejido social y acrecientan los contrastes. Así que, por más que conozcamos e investiguemos, mientras la brecha de desigualdad no decrezca, apostar por la disminución de este cáncer es casi apostar por un milagro. Hay que ir a la raíz.

La comisión de un delito no es justificable. Tampoco lo son las condiciones de desigualdad. Sin embargo, ciertos factores ayudan a entender por qué hay quienes, en medio de adversidades sociales, educativas o económicas, optan o se ven arrinconados a comenzar una carrera delincuencial.

El contexto violento al interior de la familia o dentro de la comunidad a la que se pertenece, así como las condiciones sociales marginales y precarias, la carencia de valores y la fragilidad educativa, son el común denominador de quienes se inician en la vida delictiva.

Los resultados de la primera encuesta realizada por el CIDE en 2012 a la población interna de los Centros Federales de Readaptación Social son contundentes: 87% de los presos en penales federales no terminaron la preparatoria o el equivalente en educación técnica. Además, más de 50% tuvo que dejar la escuela por la necesidad de trabajar, mientras que la mayoría de ellos se autoempleaba —antes de ser trasladado al penal— como chofer o comerciante. En cuanto a la escolaridad, 53.7% de los varones y 60% de las mujeres no lograron completar la secundaria, y 90% de los hombres y 87% de las mujeres ya trabajaban antes de los 18 años.

La desigualdad y falta de oportunidades son la llave que abre la puerta a la delincuencia. Es el punto de partida, pero no de llegada. Como veremos, quienes cometen el delito de secuestro se iniciaron en la cadena delictiva llevando a cabo otros crímenes y, por factores que en las siguientes páginas analizaremos, escalaron en la pirámide de la delincuencia.

Si bien cada delito tiene características particulares —y quienes lo cometen también—, en el secuestro es el resentimiento social y las carencias emocionales y económicas lo que predomina.

Andrea X, integrante de la Mara Salvatrucha, recluida por el delito de secuestro en un penal estatal de Oaxaca, nos habla de su única hija:

—*¿A qué edad la tuviste?* —preguntamos.

—La tuve a los 11 años.

—*¿Quién es el papá?*

—El marido de mi mamá.

—*¿Ella creció contigo? ¿Tu mamá te ayudó a cuidarla?*

—Yo, cuando la tuve le ponía el pañal al revés. Te soy sincera. Yo no sabía ni cambiar el puto pañal, no sabía nada… Imagínate que yo dormía con ella en el piso porque tenía miedo de que se me cayera de la cama.

—*¿Y cuando creció se te quitó el miedo? ¿O aparecieron nuevos miedos?*

—Desde que ella nació yo he tenido mucho miedo de que a ella le pase lo mismo que a mí.

—*¿Qué?*

—Que la violen igual que lo hizo mi padre conmigo.

—*¿A qué edad te empezó a violar?*

—Él me empezó a violar desde que tenía yo 9 años, y me acuerdo que por eso cuando yo empecé andar en cosas malas yo decía: "Un día lo voy a matar, algún día se va a dar el momento, algún día, algún día, algún día...", ésa era una meta para mí.

—*¿Y lo mataste?*

—Sí, lo mandé matar.

Otro botón de muestra: platicamos con Óscar X, quien se encuentra compurgando una sentencia de 80 años por el delito de secuestro y delincuencia organizada en el Centro Federal de Readaptación Social de Máxima Seguridad, "Altiplano". Él comenzó robando coches a los 13 años, para los 15 asaltaba bancos y a los 19 realizó su primer secuestro.

—Cuando era pequeño mi familia no tenía dinero. No tenía dinero, pero tampoco hacía mucho por conseguirlo. Trabajo y la voluntad de Dios es lo único que los mantenía saliendo día a día. Eso a mí no me gustaba y nunca me gustó —nos dice Óscar.

—*¿No te gustaba no tener dinero?*

—No. Yo por eso me fui de mi casa muy pequeño, y eso a mis papás no les gustó. A mí lo que me gustaba era juntarme con gente con dinero. Y por azares del destino conocí a los 12 años a personas que se dedicaban al robo de autos.

—*¿Cómo los conociste?*

—En la calle donde viví. Ellos no trabajan, cosa que yo sí hacía. Yo estudiaba y trabajaba en las tardes repartiendo tortillas, cocía muñecos de peluche y así... Eso lo hacía para tener dinero para mí porque mis papás no me compraban cosas. Yo me compraba mis tenis ya que en la escuela no me dejaban traer tenis rotos. Muchas veces me regresaron de la escuela por las condiciones en las cuales se encontraba mi ropa y mis tenis.

—*¿Te daba satisfacción comprar tus cosas?*

—Sí, pero mis amigos que no trabajaban tenían más dinero, dinero fácil, dinero rápido… mucho más dinero que yo.

Uno de los secuestradores más sanguinarios de todos los tiempos, Daniel Arizmendi, *el Mochaorejas*, dice tener la fórmula para terminar con el delito que lo volvió tristemente célebre:

—Todos sabemos cómo se puede acabar el secuestro. En países de primer mundo no existe el secuestro. Aquí también podría suceder eso, pero no de hoy a mañana. ¿Por qué no empiezan con los niños, les empiezan a dar de comer bien, les dan buena escuela para que tengan una academia y otra cultura, y se acabe todo esto? Aquí en México lo que queremos son esclavos, para tener mano de obra para las empresas, para los gabachos y para los mexicanos. Nace un niño y dicen: "Qué bueno, ya nació más mano de obra". Aquí no ayudan a los mexicanos.

Nadie se convierte en secuestrador de la noche a la mañana. Son contados los casos de quienes se inician en la cadena delictiva participando en un secuestro o siendo parte de una banda dedicada a este crimen.

Las causas que llevan a una persona a escalar en la pirámide de la delincuencia son multifactoriales, pero se engloban en dos conceptos cruciales: corrupción e impunidad.

Dentro del trabajo realizado en distintas cárceles, y particularmente con diferentes secuestradoras y secuestradores, la constante es que llegaron a este delito luego de escalar peldaños en una pirámide delictiva; y esos saltos se acompañaron de corrupción, impunidad y —cuando fueron detenidos— de un deficiente sistema penitenciario.

Por ejemplo, Arizmendi fue detenido por robo de autopartes y encerrado en el penal de Barrientos, en el Estado de México, en 1991. En aquella ocasión, mucho antes de que comenzara a incursionar en el secuestro, pagó 100 mil pesos a un juez y salió libre. Así nos lo cuenta:

—*¿Cuánto tiempo estuviste en Barrientos?*

—Uy, así como entré salí.

—*¿Pagaste por salir? ¿Te acuerdas de cuánto te costó eso?*

—Sí, en esos tiempos como 100 mil pesos. O creo todavía era un millón, no, algo así. En el 91. No sé si ya había pasado a pesos. Bueno... 100 mil pesos.

Si bien, activistas como María Elena Morera, Alejandro Martí e Isabel Miranda de Wallace, entre otros, se han enfocado no sólo en el combate directo, sino en limpiar los cuerpos policiacos y fortalecer las Unidades Especiales Antisecuestro, la corrupción y la línea tan delgada que no pocas veces se rompe entre autoridades y delincuentes han impedido su labor. La corrupción en nuestro sistema de justicia penal hoy garantiza la impunidad para quienes optan por la delincuencia como un estilo de vida.

Dado que 97% de los delitos en México no se denuncian, y de los que sí, sólo la mitad se soluciona, hoy ser un delincuente en el país es rentable.

El Mochaorejas, sentenciado a cientos de años de cárcel, lo explica sin pudor y con una frialdad tan nítida como la realidad:

—Yo tenía a la policía comprada. Fíjese, cuando empezó a salir mi nombre en los medios y dizque me estaban ya buscando todos, el famoso dizque "superpolicía" que le decían me hablaba a mi celular y me daba el pitazo: "Sabe qué, pélese ya estamos en Morelos y lo estamos buscando". Así fue desde el 95 hasta el 98 que me agarraron. Si yo no hubiera tenido comprada a toda la policía, no le cuento, me hubieran agarrado desde años antes.

Al escuchar las palabras de Arizmendi es inevitable no pensar en las decenas de víctimas y familias que entre 1991 y 1998 fueron blanco de sus crímenes, que a su vez fueron posibles gracias a la corrupción e impunidad.

Pero también vienen a la mente preguntas obligadas: ¿Qué habría pasado si el Mochaorejas hubiera cumplido su sentencia por robo de autos? ¿Cuánto daño se habría evitado si el dinero no le hubiera abierto la puerta de la libertad? ¿Habríamos cambiado la historia si nuestro sistema penitenciario realmente ayudara a reinsertar en sociedad? ¿Se habría frenado su escalada en la pirámide delincuencial? ¿Habría terminado secuestrando? ¿Cuántas vidas se habrían salvado si la policía hubiera hecho bien su trabajo?

No lo sabemos. Lo que sí sabemos es que decenas de personas perdieron a un ser querido y otros tantos quedaron mutilados y con la huella permanente de un secuestro. Todo porque hubo alguien que se corrompió.

Según la Encuesta Nacional de Victimización y Percepción sobre Seguridad (Envipe), en 2018 México ocupó el nada honroso segundo lugar en corrupción dentro de los países miembros de la ONU. La inseguridad en nuestro país tiene costos que ascienden a los 213 mil millones de pesos anuales y parece que todos en algún momento hemos sido víctimas de algún delito. Las cifras de secuestro en los últimos años van a la alza según datos del Observatorio Nacional Ciudadano, y ni qué decir de la cifra negra: los crímenes que nunca se denuncian.

Corrupción no sólo es robar, también es un sistema que no funciona, que no ofrece salidas ni oportunidades.

De acuerdo con datos del Inegi a 2014, existen sólo 3 mil 229 abogados defensores de oficio para atender más de un millón de casos al año. ¿Sus sueldos? Entre 15 y 20 mil pesos mensuales, en el mejor de los casos.

Cifras reportadas por el CIDE sobre su estudio realizado a la población interna de Centros Federales de Readaptación Social, a la pregunta "¿En algún momento creyó que podía evitar la cárcel si hubiera tenido influencias o dinero para pagar alguna mordida?", 55.9% respondió "sí".

No es casualidad que entre las autoridades peor evaluadas por los mexicanos estén los jueces, cuya actuación fue calificada por 45.1% de los encuestados como "muy mala". Para 40.6% el Ministerio Público también tiene una actuación "muy mala"; la actuación del Ministerio Público adscrito al juzgado es "muy mala" para 35.1%, y de los abogados, según 34.1% de los encuestados, es igualmente "muy mala" (Envipe, 2020).

Los policías y ministerios públicos de nuestro país no tienen sueldos dignos y tampoco, salvo excepciones, están capacitados para llevar a cabo su labor con seguridad y profesionalismo.

No pocos de los secuestradores más sangrientos de la historia de México empezaron como policías y aprendieron a distorsionar la justicia con el poder y dinero, con necesidad y corrupción.

César Freyre es un ejemplo que ayuda a ilustrar esta situación. Preso en el penal de máxima seguridad del Altiplano, por su participación en el secuestro de Hugo Alberto Wallace, habla de cuando era policía:

—En la policía nunca vives de tu cheque, de tu sueldo. Entre la gasolina, la comida, la ropa… no te alcanza. Obvio te presentan gente y gente que te ofrece mucho más de lo que está en tu cheque. Ahí te empiezas a relacionar y se vuelven compromisos porque esa gente hace una pendejada y tú la tienes que tapar. Te vuelves parte de la delincuencia.

Así como Freyre, también Daniel Arizmendi fue policía. De su paso por la policía estatal de Morelos, cuenta:

—Un muchacho que dizque había matado a cierta persona, y un conocido de él, o algo así, lo denunció. Hizo trato con nosotros y nos ayudó a poner a alguien más para que a él lo soltáramos:

"No, pues ya sé que está trabajando en Izúcar de Matamoros, por allá tiene una casa, sobre la orilla de una laguna", me dijo. Y dice el comandante: "Aquí tenemos una orden de aprehensión, hay que sacarle la colaboración para que nos dejen trabajar los de Puebla". Entonces fuimos a Puebla, nos prestaron unos elementos también de Puebla, fuimos a la aprehensión, y sí, vivía en una choza, muy humilde el señor. Ahí vivía el señor con su esposa y… no me acuerdo, creo sus dos hijos. Traía un caballo jalando de la rienda. Iba caminando.

"Ahí va, ahí va", dijo el chivo que lo estaba poniendo. "Ahí va, ahí va", y pues nos bajamos, lo encañonamos y lo subimos. Nos metimos a su casa. ¿A qué nos íbamos a meter? Esas órdenes nos dieron. Es más, ésas ni eran mis órdenes, eran del comandante. Y pues le vaciamos la casa, robamos y tenía dos, tres armas. Se perdieron las armas porque el comandante se quedó con ellas.

Eso era un robo, ¿verdad? Nos metimos a robar a la casa. Bueno ahí, tal vez se nos pasaba el robo, ¿verdad? Pero resulta que si iban por la aprehensión y ya saben que es culpable, porque trae la orden de aprehensión. Pues no, ahí arriba lo golpearon, pero feo, como si fuera un bulto. Le pegaron muy feo y lo torturaron allá adentro.

En estas historias podemos apreciar cómo surge la oportunidad de pagar o sobornar a las autoridades encargadas de impartir justicia; también la posibilidad de aprender y operar distintos delitos desde dentro de la cárcel: la privación de la libertad vista no como un espacio de castigo y segregación, sino como uno de oportunidad de crecimiento, de mejorar las relaciones delictivas y de diversificarse en materia de crimen.

Las razones que colocan la cárcel como el eslabón más débil en la cadena son multifactoriales, pero tienen vasos comunicantes: bajos sueldos de los custodios y sobrepoblación.

El sueldo promedio de un custodio en México es de 7 mil pesos mensuales (en 2019). No sólo eso, es común platicar con ellos y saber que sus superiores les dan prestaciones, siempre y cuando ellos las paguen.

El hacinamiento en los centros penitenciarios es otra constante. A nivel estatal, por ejemplo, es de 400%. A ello debemos sumar que al interior de las cárceles hay lo mismo drogas que prostitución, venta de alcohol y extorsión; y ante la falta de una clasificación criminal adecuada, existe la oportunidad 24 horas al día para planear y crear alianzas para los siguientes delitos. Todo tiene un precio. Las cárceles del país lejos de generar oportunidades de reinserción terminan de corromper a quienes por ahí pasan. Una vez marcado con el sello de "la cana", crear una vida de bien se vuelve complicado.

No es algo nuevo que la corrupción y la falta de gobernabilidad que tienen, en diferentes grados, los reclusorios federales, estatales y los supuestamente extintos penales municipales promuevan espacios para la "profesionalización" de la delincuencia.

Óscar X, acusado de secuestrar a un hombre y a su hijo, lo relata así: "La delincuencia dentro de la cárcel no es una opción, es parte de la dinámica para sobrevivir".

Las cárceles de México se han vuelto espacios donde se articulan bandas de secuestradores. Las más sanguinarias organizaciones de secuestradores, que tanto daño le han hecho a México (los Arizmendi, Caletri, Canchola, Montante, Tolmex…), han entrado y salido de la cárcel en busca de continuar con su carrera delictiva. La cárcel no ha sido más que una puerta giratoria que los regresa a la sociedad con conocimiento y posibilidades para seguir delinquiendo.

Según el informe penitenciario de la Comisión Nacional de Derechos Humanos (CNDH), 80% de nuestros reclusorios están en condiciones de auto o cogobierno. Entendamos la ingobernabilidad de nuestro sistema penitenciario como la incapacidad de las autoridades para controlar lo que pasa dentro de sus cárceles. Esto significa que en las cárceles del país quienes mandan son las mismas personas privadas de la libertad y son contadas con una mano las autoridades que pueden caminar libremente dentro de su propio sistema. La ingobernabilidad, la sobrepoblación y la falta de oportunidades que hay en nuestras cárceles son un cáncer que lejos de prevenir la delincuencia la alimentan.

SECUESTRADORES EN MÉXICO

No tengo remordimientos de nada, no hay algo que me quite el sueño: César

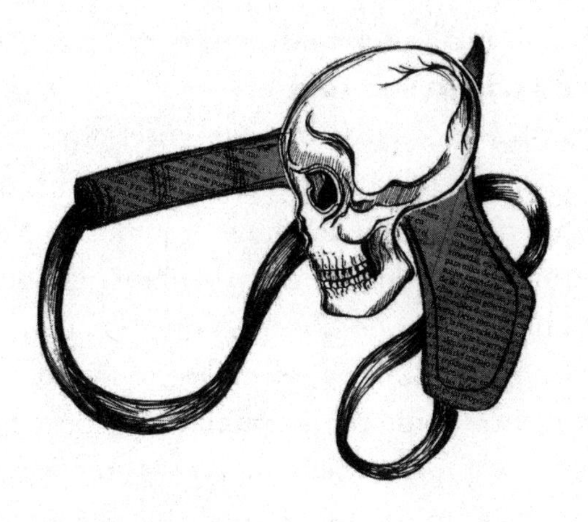

Tengo más de 10 años preso, ingresé el 28 de marzo del 2006. Vengo por el delito de delincuencia organizada y por secuestro en agravio de Hugo Alberto Wallace. Tú me puedes preguntar lo que quieras, no hay nada que quiera ni pueda ocultar. Estoy sentenciado, pero aún no he agotado todos los recursos, tengo una sentencia de 131 años. Al inicio me sentenciaron a 47 años, pero me restauraron el procedimiento por violaciones en el debido proceso. En la traslación del fuero común al federal, me sentenciaron a 67 años, y en la apelación, que duró sólo 12 días en un proceso en el que había 50 y tantos tomos que ni siquiera leyeron, me dieron una sentencia de 131 años. Lo que pasa es que la persona agraviada, bueno, la persona que está detrás de todo esto, tiene muchas relaciones a nivel federal: María Isabel Miranda de Wallace. El caso es famosísimo, me sacaron en espectaculares y demás, lo que es una falta en el proceso, pues con eso te exhiben como secuestrador; el juez ni siquiera determina si eres culpable o no, lo da por hecho. Y como eso, hay mil cosas, muchas violaciones a las garantías individuales, a los tratados internacionales, en fin, muchas irregularidades. Todo eso debe hacerse valer en un amparo directo, pero todavía no lo hago, apenas lo estoy trabajando con los licenciados.

Con el aislamiento te haces huraño, te enseñas a vivir tu soledad

Al inicio duré tres años en Población, en el módulo 8, aquí en el Altiplano. Cuando me agarraron no llegué directo acá, estuve arraigado un mes porque les gané un amparo. Me consignaron porque traía un cuerno de chivo y unos cargadores que me encontraron en una casa de descanso que tenía en Cuernavaca cuando catearon todas mis propiedades; tenía unas seis o siete casas. Me tipificaron como portación indebida de arma de fuego, pero nada en relación con secuestro. A los tres meses me trajeron para acá y pasé tres años en Población. De ahí demandé a la señora [Wallace] y di vista al Ministerio Público por las torturas que me hicieron aquí. Entonces me aislaron en el área de Tratamientos Especiales para alejarme de la gente, para que los compañeros no me estuvieran viendo cuando me sacaban y me metían para torturarme. Tratamientos Especiales es un área donde hay 20 celdas del lado derecho y 20 del lado izquierdo, pero ahí se vive solo, es una estancia sellada completamente con doble reja y la puerta se maneja a control. Ahí estuve un año y medio. Después, me pasaron al Centro de Observación y Clasificación (COC) porque se me desarrolló una enfermedad muy rara llamada de Raynaud: es una enfermedad vascular por el exceso de frío, se te cierran los vasos sanguíneos y en consecuencia puede venir una trombosis en cualquier extremidad u órgano del cuerpo. Me vino a ver un angiólogo, me pusieron unos dópler, unos ultrasonidos para las venas, y el angiólogo me dijo que era un caso muy raro porque esta enfermedad nada más se da en lugares muy altos, y es curioso que se me desarrolló aquí. Ninguno de mis compañeros tiene esta enfermedad, soy el único; de hecho, sólo yo tengo autorizado el alcohol panza abajo, guantes, zapatos térmicos y demás, por el frío, para tener mis extremidades calientes. Porque cuando se me ponen frías, se me amoratan y se me ponen como hielo las manos. Además, en el 2010, me hice hipertenso, por tanto apretón que me dieron aquí. Actualmente tomo tres medicamentos: una pastilla diaria en la mañana para dilatar las venas, para lo del Raynaud, un Protect para adelgazar la sangre y otra para la hipertensión. Hago mucho ejercicio, peso 72 kilos, estoy muy delgado. Si me hubieras conocido antes, ahora no me reconocerías. Mido 1.88 metros y pesaba 116 kilos, pero las enfermedades, la prisión y el ejercicio me tienen muy delgado. Tengo una dieta hipercalórica e hiperproteica: me dan chocolates en la mañana y doble ración de comida. Hasta eso aquí me cuidan mucho.

Así he pasado años encerrado. Cuando entró Peña Nieto, el actual director me pasó a Población. Pasé aislado en COC cerca de cinco años y medio; es un lugar donde sólo vives con la cámara que está adentro. Tampoco es que esté "feliz" en Población porque, para empezar, te bañas con cinco personas más, y allá estaba solito, aquí viven tres personas: tú y dos más... Lo que pasa es que con el aislamiento te haces huraño, te enseñas a vivir solo, a vivir tu soledad.

Las torturas más fuertes no las hicieron gente de aquí del Centro, vinieron de gente de fuera

Esto lo tengo asentado en el acta, en una queja ante los Derechos Interamericanos y la tiene vista el Ministerio Público. Hay pruebas porque aquí en todos lados vivimos con cámaras y para sacarte necesitan un carnet. Aquí, si entra una mosca, tú te das cuenta; no entra una mosca sin que sepa el Órgano, el comisionado, cada funcionario... En fin, yo pedí que se rindiera informe en relación con la gente que vino el día que me sacaron, pero nada.

No sabría decir exactamente a dónde me llevaron, porque iba con los ojos vendados, pero sí sé que me sacaron como para la aduana, por donde uno ingresa, pero bueno… sí me lastimaron mucho.

Tengo coprocesados y coprocesadas: Juana Hilda González Lomelí, mi expareja sentimental, está en Tepic, Nayarit; Brenda Quevedo Cruz, también en Tepic. A Brendita la agarraron en Estados Unidos y la trajeron extraditada, estuvo allá dos años, pidió asilo político, ella quiere regresar a Estados Unidos, sabe que aquí su proceso no va a avanzar.

El único objetivo de las torturas era sacar el paradero de la persona que está desaparecida, del tal Hugo. Me asfixiaron con agua, amoniaco, cosas que no dejaran huellas ni lesiones. Tanta tortura sólo por decir dónde estaba y ya, pero la verdad, yo no sé dónde esté, y así, ¿cómo le iba a hacer?

Recientemente detuvieron a Jacobo Tagle Dobín; también estuvo en espectaculares. Él es judío, era novio de Brenda. Estuvo preso aquí, pero, como él sigue en proceso, lo traen de arriba para abajo con la finalidad de quebrantar la defensa. Ahorita se encuentra en Puente Grande. Se volvió superdesconfiado porque lo han torturado mucho, hasta lo violaron; a mí, gracias a Dios, no, nunca me pasó nada de eso. Como mucho tiempo fui judicial, estuve trabajando en la Policía Federal y en la del Estado, tenían que entrar un poco más fuerte conmigo porque sabían que no iban a tener nada así tan fácil.

Debía tener el control de absolutamente todo.
La niñez de César Freyre fue normal, como cualquier otro niño. Nací el 29 de febrero en el Distrito Federal [hoy Ciudad de México], soy bisiesto. Me agarraron cuando tenía 33 años. Soy católico por mi madre, pero a los 20 años tomé otro camino: no es una religión, es un camino, el camino de Ifá, soy babalawo. Fui a agarrar a mis santos a Cuba.

Tengo a mi madre que es la que viene cada visita; a mis tías y a mis primas que vienen a verme a veces; prácticamente ése es mi núcleo, porque de los miles de amigas, amigos y demás, nada, los perdí, todo eso se acabó.

Vengo de una familia distante, muy humilde. Nací en el sur de la Ciudad de México, en Villa Coapa. Mi padre era obrero y hacía trabajos de hojalatería; mi madre se dedicaba al hogar. Tenía tres hermanos. Mi hermana, en paz descanse, también era comandante de la Judicial; la mataron en San José del Cabo, estaba de servicio. Jonathan Freyre Morales también falleció en San José del Cabo; estaba muy chiquito, llevaba apenas cuatro años en la policía. A mi otra hermana la metieron presa a raíz de mi situación, a mi hermana y a mi madre, con la finalidad de meterme presión y sacarme información. Imagínate, tortura y reclusión de mi hermana y mi madre para sacar información que yo no tengo. Es más, ha venido la señora [Wallace] aquí a cachetearme infinidad de veces. Yo he hablado con ella, pero no entiende, es necia la señora.

Mi hermana y mi mamá estuvieron presas 10 meses en Santa Martha Acatitla. Cuando salieron del penal, en el 2010, mi hermana estuvo algunos días con sus hijos y después falleció a causa de un derrame cerebral, a raíz de todo lo que pasó ahí. Mi hermana falleció el 22 de octubre, mientras a mí me estaban torturando en otro lado.

Los recuerdos que tengo de mi infancia son bonitos; es lo que platico luego con un compañerito que tengo aquí, que la infancia es de las partes más bonitas que tiene uno. Por ejemplo, las Navidades yo las disfrutaba mucho con mi familia; los cumpleaños, sencillos pero bonitos. A pesar de que mi familia fue muy humilde, nunca sufrí carencias, al menos no en cuanto a mi alimentación y vestimenta; o sea, no traía ropa de marca, pero siempre tuve qué ponerme.

Mis padres, hermanos y familiares no tienen antecedentes penales. De hecho, fui el que empezó con todo esto de la policía; de ahí metí a mi hermano, a los 20 años. Al principio, él atendía unos negocios de autos que yo tenía en Pericoapa; tenía tres o cuatro autoboutiques, en el sur de la ciudad [de México], donde se instalaban desde estéreos de 2 mil pesos, hasta pantallas de nivelación y demás. Todo eso lo empecé cuando tenía 22 años: renté un localito y le puse unas vitrinas; como no tenía mucho dinero para llenar las vitrinas, ponía cajas como exhibición y arriba un estéreo; así fui llenándolo poco a poco. Mi negocio siempre fue la fayuca, tenía una bodega en Tepito, traía los contenedores de Estados Unidos, metía la mercancía —obvio sin pagar impuestos— y la tenía en mi bodega. Lo que estaba en exhibición lo tenía facturado y eso era lo que a mí me dejaba en cuanto a ganancia. Esto hacía que yo reventara los puestos chiquillos; no podían competir conmigo porque traía toda la mercancía de gane, nunca me competían en precio. Pero mi hermano me estuvo insistiendo para que lo metiera en la policía y lo mandé a la Judicial de Morelos; creo que su interés nació porque me veía en buenos cargos, con buena ropa, con mucho dinero…

Yo veía a una psicóloga cuando estaba en CUC, hablaba con ella diario. Pero no le creía, le decía que no tenía nada que ver la educación que me dieron mis padres, con lo que soy, con lo que fui. Porque ellos no me hicieron una persona mala; al contrario, ellos me dieron buena educación, buenos principios. Y yo, por equis o por zeta, agarré otro camino. Pero ella insistía que mis carencias en la infancia, el que mi familia no fuera tan unida, que mi mamá sufriera violencia intrafamiliar por parte de mi papá, que era alcohólico… que todo eso estaba relacionado con lo que soy.

En cierto modo sí me marcó, porque odio la violencia contra la mujer, nunca le he pegado a una y no soporto ver que alguien lo haga: cuidado si yo veo algo así, me pongo mal.

Siempre fui muy sobreprotector con mi familia, los tenía bien. Aunque a veces les champaba las cosas. Trataba de que ellos hicieran lo que yo quería. Por ejemplo, les daba una casa, pero siempre era yo el que decidía cómo arreglarla, cómo debían tener su recámara, sus cosas; así tenían que vivir. Todo eso está mal, eso es soberbia, entra en el juego del "yo así soy y se van a hacer las cosas a mi manera". Debía tener el control de absolutamente todo.

Mi hermana terminó la escuela superior y un secretariado; era secretaria ejecutiva de la CESIC. Mi hermano tenía la preparatoria. Yo adquirí una licenciatura en Derecho, pero realmente no la estudié. La tengo porque hubo un cese masivo de la Policía Federal; nos separaron del cargo a todos los mandos que no teníamos licenciatura y nos dieron de baja; después nos reinstalaron, pero ya acreditando la licenciatura, falsa, la verdad, porque no estudié nada.

Fui muy mujeriego, estuve viviendo con muchas mujeres. Creo que es parte del poder del dinero. Pero después de todos esos años, me di cuenta que en la vida de un hombre sólo hay una mujer que es leal al 100%: tu madre. Ella va a estar contigo siempre, y eso que yo fui muy grosero con ella…

Nunca he sido un vulgar ratero, siempre fui director de la Judicial y funcionario de la policía

Estudié la escuela media superior y me hice policía. Desde chico me llamó mucho la atención, no sé por qué. Me gustaban las armas y después me gustó la investigación. Estuve mucho tiempo en grupos especiales y de ahí me comisionaron. Estando en el Distrito Federal entré al grupo GERI [Grupo Especial de Reacción e Intervención] de la Judicial del Distrito; de ahí me comisionaron como jefe de seguridad en Canal 13, que en ese entonces era Imevisión; también en el periódico *El Nacional* y en Canal 22, todos del gobierno. Así estuve mientras Romeo Flores Caballero era director general; él después se hizo rector en Monterrey.

De ahí me fui a la policía de Morelos, donde me desempeñé en varios grupos: antisecuestro, robo a comercio-industria, aprehensiones... Estuve en servicio mucho tiempo, empecé a los 19 años, más o menos, y en 2005 renuncié. La última vez que estuve en Morelos fue como director de Asuntos Internos.

Secuestrador nunca fui, pero es que en la policía no vives con tu cheque. Por ejemplo, el último tiempo que yo estuve ahí, recibía un cheque como de 30 y tantos mil pesos quincenales, y un bono de... quién sabe, no me acuerdo. Como sea, se juntaba un monto como de 50 mil pesos. Pero, ahí te va: mi camioneta gastaba 5 mil pesos diarios de gasolina, aunado a las comidas, a las facturas de los trajes, etcétera.

Entonces te presentan gente, y en la pura presentación, llevan un portafolio y te dan dinero que no pertenece a tu cheque. Eso se sabe en la policía, nada más que lo maquillan mucho, y no sólo en la policía, en todos lados hay dinero que está fuera de lo que dice tu cheque. Pero este dinero viene de compromisos, de cosas indebidas que, en teoría, no puedes hacer como autoridad.

De ahí te relacionas con gente que no debes, con gente que el día de mañana hace una pendejada y tú la tienes que tapar. Así me volví parte de ese ambiente. Me relacioné en robo de vehículos, narcotráfico, levantones de todo tipo; por ejemplo, si estás vendiendo droga sin pagar plaza, así hay muchas cosas...

Me tienen aquí por secuestro, por delincuencia organizada; todo gira alrededor del caso Wallace, no tengo otra cosa más que eso y la posesión del cuerno de chivo, pero ése lo tenía por seguridad mía, por la seguridad de la casa. Donde yo dormía, dormía el cuerno; nada más que en esa ocasión me vine de Cuernavaca y no había metido el oficio; cuando catearon la casa me detuvieron el cuerno de chivo.

Es que cuando eres policía te haces superdesconfiado. Vives en el ajetreo del día a día, de estarte balaceando con la gente, con los delincuentes...

Entonces tienes que cuidarte, porque al recibir otra cosa que no es de tu cheque estás creando compromisos y estás arriesgando tu vida, porque el día que algo no le parezca a la persona que te está dando el dinero, ya valiste, nada más truenan los dedos, van y te deshacen. Empiezas a andar en carros blindados, siempre con seguridad o escolta, y bien armado.

Dicen que cuando pruebas un vino, tienes que probarlo con alguien que le sabe. Así aprendí de ropa buena, de comidas buenas, en general, de la vida buena, con personas que estaban acostumbradas a eso.

Estuve muy metido en temas de corrupción desde que tenía 23 años, pero a veces no tenía de otra. Por ejemplo, tú llegas a una plaza, y en esa plaza hay gente con la que tú no te quieres relacionar, pero ahí, o le atoras, o te matan. Entonces, ¿qué haces? Pues le atoras.

Incurrí en muchos delitos, como ya lo he mencionado: robo, narcotráfico, levantones y demás, pero secuestro nunca; hay mil formas de sacar dinero como para secuestrar a una persona.

Estar pidiendo dinero a cambio de la vida de una persona se me hace muy corriente. Pero bueno, yo respeto. A fin de cuentas, estoy aquí por eso, pero vamos a seguir peleando hasta que se pueda.

Me gusta la policía, la investigación, pero también me gusta mucho el dinero; el dinero hace mucho daño, te hace perder el piso, la realidad. Pierdes lo bonito de la vida, porque teniéndolo todo, ya te da hueva, ni te saben las cosas igual.

Una cosa lleva a la otra: al principio yo decía que con una casa iba a ser feliz, con una esposa y con hijos; pero tienes esa casa, vas a Acapulco y dices: "Ay, una casita aquí en Acapulco estaría bien"; vas a Cancún y quieres una casa ahora allá; luego vas a Valle de Bravo y también quieres una. Vas creando más y más necesidades.

Así me fui involucrando en el narcotráfico, no sólo en el Distrito Federal, porque estuve en muchas plazas. Anteriormente la

Policía Federal te meneaba mucho con la finalidad de que "no te amañaras". De repente te llegaba un oficio diciéndote que tenías que presentarte en tal plaza; te traían del tingo al tango; es una vida muy inestable.

Llegué a consumir drogas. Un tiempo le entré a la cocaína, pero me ponía muy mal, muy agresivo, y no me late estar así porque se supone que una droga es para disfrutarla y sentirte bien. Entonces, imagínate, me ponía agresivo dentro de mi trabajo, más de lo que era. Porque sí que era una persona agresiva. Si te me quedabas viendo feo en la calle, yo me bajaba, te cacheteaba y te sacaba la pistola. Era muy prepotente y agresivo. Estos impulsos me llevaron a dañar a gente, a lesionarla feo.

Durante el tiempo que estuve trabajando en la policía, salí varias veces en el periódico porque agarrábamos a una banda de secuestradores, de asaltantes de bancos, o varias cosas así. Agarré mucha gente, hay muchos recluidos por mí, pero nada que ver conmigo. De hecho, anduve tras un muchachito morenito que habla medio raro, a ése lo anduve correteando mucho tiempo. Igual a uno que está acá arriba, también anduve tras él por un rato.

No siempre fui malo, o sea, dentro de lo que hacía mal, también hacía cosas buenas. Tenía que presentar un buen trabajo en la policía, porque según mi trabajo era ése, proteger a la ciudadanía, y hasta eso sí lo hacía, y lo hacía bien. Pero bueno, finalmente, tienes que agarrar un dinerito extra, porque no te alcanza, insisto, te empiezas a acostumbrar a cosas caras y así está bien difícil. Por ejemplo, ¿cuánto te gastas en unos jeans, en unos Levi's? Porque así empecé yo en la policía, con mis botitas de mil 200 pesos, de mil 500... Ya después no, ya andaba con puro Moschino, Versace...

Tenía mucho dinero, me compraba mi ropa en Adriano's, ya no en Tepito; iba a la agencia a comprarme una Harley, porque me gustan mucho las motos, las motos japonesas de pista y las Harley. De ésas tenía tres: una Road King, una Heritage Softail y una Dyna Wild Glide, y japonesas tenía muchas, me gustaba mucho pegarle en la pista.

El dinero es malo, te enferma. ¿De qué sirve todo ese dinero? Ahorita preferiría estar con mi familia bien, sin pedos, con mi pinche puesto de audio…

Creo que los policías son más susceptibles a la corrupción, incluso a ser delincuentes. Hay que ser realistas. Cuántos no van con su identificación, con su carro atascado de droga, de armas, de dinero, pasan un retén, muestran su placa y sin pedos. Eso siempre va a existir, aunque nos espantemos. Sería muy muy difícil cambiarlo, somos un país tercermundista, tendríamos que modificar muchas cosas.

Para empezar, la escolaridad: un policía debería tener mayor preparación, mayor pago y mayores prestaciones. Para que no te atraiga y no te gane la tentación. Por ejemplo, si tú vives en una casita de lámina, te mueves en pesero —que luego no te alcanza ni para el pesero y tuviste que charolear para subirte sin pagar—, llegas y ves a tu familia con hambre, al chamaco chillando… todo eso te cansa. Y si al otro día alguien te ofrece un portafolio lleno de dinero a cambio de que tú lo protejas para hacer algo indebido, ¿qué vas a hacer? Por más que tengas principios, por más que seas la persona más sana del mundo, lo vas a hacer, porque primero está tu familia. Así es la vida de un policía.

Deseo que en algún momento ella encuentre a su hijo, a pesar de todo el daño que me ha hecho

Me vi involucrado en cuestiones de secuestro en el momento en que mi coprocesada, Juana Hilda González Lomelí, mi expareja sentimental, mencionó mi nombre en una quinta declaración mientras la tenían arraigada; me acusó directamente. Ahorita ella tiene una sentencia de 98 años. Con Juana Hilda no tenía una relación apegada, no la tenía viviendo en una de mis casas, ni nada.

Cuando me mencionó en su declaración, también señaló a la gente que andaba conmigo, a mi chofer, a la gente que me hacía los mandados, a la que me arreglaba mis cosas, a todos ellos: Tony Castillo Cruz, una persona que me servía, que me manejaba y demás; también a su hermano. Brenda Quevedo Cruz era edecán, novia de mi amigo Jacobo Tagle; a él lo conocí en lo de las motos, andaba conmigo para todos lados, los dos eran chavitos bien. Todos ellos están presos; son gente que no tiene nada que ver con lo que están diciendo, todo porque ella los señaló.

Meto las manos al fuego por todos ellos menos por Juana Hilda. Era mi pareja sólo para pasarla bien y divertirnos, pero realmente no la conozco bien. Le pagaba la renta de su depa, pero hasta ahí. No teníamos una relación cercana, así que no tengo idea de por qué a mí. Ya no volví a hablar con ella, ni siquiera en el arraigo; yo estaba en el cuarto piso y ella en el primero.

Juana Hilda era bailarina de un grupo que se llama Clímax; eran muy famosos por una canción, la de "Mesa que más aplauda". Era la güerita, la altota esa que sale. La conocí porque me la presentaron en una discoteca. Obvio le llamó la atención mi dinero, pero bueno... Empecé a salir con ella y la hice mi novia. Luego la dejé de ver porque se fue a Estados Unidos.

Esa vez fui a Las Vegas por mi negocio, el de los autos; iba para allá cada seis meses. Focal y Alpine me mandaban los boletos porque hacían una presentación semestral de sus modelos, iban a presentar unas pantallas de navegación; fuimos un socio mío, otra persona y yo. Cuando regresé me enteré que ella estaba arraigada; me pidió que si, por favor, le mandaba a un abogado. En ese momento yo no sabía nada. Mandé a preguntar por qué, ella me dijo que la situación era ésta: a su casa, en un edifico como de seis departamentos, llegó la señora Miranda; al parecer encontraron a unas calles de ahí la camioneta donde fue secuestrado su hijo. Llegó la señora porque un menor de edad manifestó que una persona de bubis grandes, bonita, altota, bla, bla, bla, vivía en el departamento donde, al parecer, había visto entrar también a alguien, que dijo no conocer, pero identificó como la persona que ahora está desaparecida. De ahí la regaron. Cuando volví a ver a los abogados para que me dieran novedades de la situación jurídica en la que se encontraba ella, me agarraron.

Me agarraron comiendo tamales y atole. Fue la gente de esta señora, no fue ninguna autoridad. Ya traían purgado al licenciado, y cuando se vio conmigo, llegaron. Ahí me levantaron; estuve una semana en una casa de seguridad. La señora no sabía ni cuál era su objetivo.

Para empezar, ni siquiera sabía quién era yo, me relacionó con la Muñeca, con la Barbie, porque era una de mis amistades, salía conmigo en fotografías y demás. Entonces me quiso relacionar con eso y de ahí se agarró. Después la señora me exhibió como secuestrador, llamó a Televisa y a Canal 13. Yo estaba mal, tenía rota la cabeza. Esa vez salí en la tele, en la noche, con López-Dóriga. De todo esto tiene parte la Interamericana, yo hablo siempre con fundamento en algo. Porque los medios de comunicación te acaban, yo lo viví, ahorita estoy como el más malo de los malos gracias a cómo me exhibieron, ellos me acabaron. En síntesis, mi caso es una porquería.

A veces me pregunto: "¿Por qué a mí?" Tal vez porque era policía y en el medio me conocían. La señora conoce a mucha gente que es muy allegada a mí también, por las motos, a su hijo le gustaban; yo no lo conozco, pero se dice que andaba en los *rallies*, aunque nunca me lo encontré. Es que el círculo de las Harley es bien pequeño, mucha gente que lo conocía a él me conoce también a mí.

La señora es muy especial, y mis respetos: ha estado indagando y preguntando, a mí me conoce al revés y al derecho. Ella por dentro sabe que no tengo nada que ver, pero me agarró y no me quiere soltar.

No me va a soltar porque esto ya se hizo muy polémico; hay mucha gente involucrada en esta situación, muchos políticos involucrados y no es tan fácil echarse para atrás. Por ejemplo, los que autorizaron que se me torturara: primero, el Órgano; segundo, el directivo de aquí, porque necesitas presentar un oficio para sacar a alguien de su celda, no así nada más, además no permites que lo torturen, porque imagínate, si se te pasa la mano y se te muere... Es una cadena, y eso no puede salir a la luz. Yo soy inocente, al menos en lo relacionado a ese caso, soy inocente.

No tengo una teoría de lo que pasó con ese chavo que está desaparecido. Opino que está levantado y, según mi experiencia, sí está secuestrado. Creo eso por lo que han dicho, porque está desaparecido y porque, además, le llegó una carta a la señora en donde piden recompensa por él, y en el momento en que le piden dinero a cambio de una vida, es secuestro.

No sabría adivinar si está vivo o muerto. Pero de eso a que yo lo haya levantado, que haya hecho esa tontería mal hecha, porque está mal hecha, nada que ver.

Hay un legajo grandísimo donde se da cuenta de todo lo referente a esta investigación, lo hizo la Interamericana. En el proceso hay anomalías fuertes, que no salen a la luz porque la señora siempre ha manejado los medios. Por ejemplo, no se ha dicho que el muchacho era narcotraficante, que estuvo preso dos veces por delincuencia organizada y delitos a la salud, al igual que ella. Yo la exhibí en el proceso, a cada ratito le aviento madrazos porque no se vale. Ahorita no tengo la posibilidad económica para pelearles mediáticamente porque eso es caro. Pero cuando me llega una buena información se la dejo caer.

Cuando se postuló para jefa de Gobierno, le aventé un balazo en el proceso: le filtré una ficha topométrica donde hay fotos con el número de averiguaciones, las actas de nacimiento del muchacho donde dice que él no es Wallace.

Fíjate, donde supuestamente fue destazada esta persona encontraron una minigota de sangre de donde sacaron el ADN y determinaron que era de una mujer. Mis abogados pidieron inmediatamente la prueba para hacer un "tercero en discordia", y los peritos manifestaron que ya se había acabado el material, que ya no se podía hacer. Hay muy pocas pruebas y las que hay están sembradas. La única prueba contra mí, o al menos la más pesada, es la declaración de Juana Hilda.

Hay otras dos o tres cosas, pero no en contra mía, en contra del lugar donde se suscitaron los hechos, y eso que ahí no es mi casa. Hay mucha gente que no lo puede creer, ni mis abogados. Cuando llegué aquí me dijeron: "En un año te vas, güey", ya tengo nueve y no se ve la luz, está cabrón. Pero ¿qué se hace cuando estás peleando con una persona tan poderosa económicamente?

He hablado con ella, vino aquí muchas veces, era muy gritona. Cuando venía me esposaba, me escupía, me cacheteaba, hacía lo que quería conmigo. Ahorita ya no puede entrar. Yo creo que también iba a entrevistar a mis coprocesados. Era muy poderosa, con Calderón entraba y salía, así como en su casa, por eso es que me tenían aislado.

Si tuviera a la señora aquí sentada le diría que está mal, que cheque bien sus cosas, que investigue bien. No tengo culpas. Deseo que en algún momento ella encuentre a su hijo, a pesar de todo el daño que me ha hecho. Es una madre, lo entiendo, es algo que cualquiera haría si tiene los recursos.

Se desapareció todo mundo, haz de cuenta que César Freyre no existe

Aquí aprendes mucho, entre estas cuatro paredes, más cuando te aíslan así como me aislaron. Aunque las paredes no hablan, te enseñan muchísimo: a mí me enseñaron a conocerme. Descubrí muchos sentimientos que ni sabía que tenía, como el amar a una persona, el amar de verdad. A sentir de todo, el frío, el hambre, la soledad… y muchas otras cosas.

Yo era una persona supersoberbia, no me juntaba con cualquiera, era muy prepotente, engreído, te daba el cortón de plano, me sentía superior. Es que, imagínate, vienes recién sacado de la calle y de repente tienes poder. Ahora no soy así, se me quitó. No sabría decir si la cárcel te quita eso; a lo mejor te hace ver muchas cosas, pero no te lo quita, tú solito vas corrigiendo lo que está mal. Trato de ser un poco más sencillo, más humilde: me costaba mucho trabajo, ahora ya no. Antes me veías trapeando mi estancia llorando, se me salían las lágrimas, me sentía humillado. ¿Cuándo iba a lavar un chonín o una playera? Nunca. Pero, bueno, no pasa nada, finalmente sigues viviendo, la vida sigue y uno con ella. Es difícil, la humildad me la enseñaron estas cuatro paredes.

También aprendí a ser leal. Antes, si tú me ofrecías dinero y yo tenía que vender a mi amigo, lo vendía, y ahora no. Te das cuenta que el dinero no lo es todo, es peor la soledad. Aquí veo que todo era apócrifo, porque yo llegaba a un lugar y estaba lleno de botellas, de mujeres y de supuestos amigos. Después me di cuenta de que todo era apócrifo porque ni una cartita de "échale ganas" o algo, nada, se desapareció todo mundo. Haz de cuenta que César Freyre no existe. Todo eso te enseña a ser leal.

Hice muchas cosas que no estuvieron bien, siempre en nombre de la soberbia y la prepotencia, del "quiero ser". A lo mejor porque nunca lo tuve. Por ahí dicen: "El que nunca ha tenido y llega a tener, loco se quiere volver".

No tengo remordimientos de nada, no hay algo que me quite el sueño. Lo único que quisiera es nunca haber sido policía.

Siempre viví tranquilo, incluso cuado secuestraba: Noé

Cua Cua, todos me dicen así: mi familia, mis amigos, mis compañeros del Cereso, todos me llaman así. Ese sobrenombre nació cuando iba a visitar a mi hermana; ella tiene siete hijos chiquitos, y esos niños se juntaban con otros chamaquitos de la cuadra; entonces, cuando yo llegaba, todos se me aventaban y me abrazaban, me querían mucho. Yo soy muy niñero, quiero mucho a mis sobrinos. Cuando los saludaba les decía: "¿Qué pató, Cuac Cuac?" De ahí que ellos me empezaron a decir tío Cua Cua. Siempre los traté bien, no me gusta maltratar a los niños, incluso cuando veo chamaquitos en la tele me emociono, me gustan mucho los niños.

Soy el menor de cuatro hijos, tres mujeres y yo. Todas mis hermanas tienen hijos; a todos los vi crecer, incluso crecí junto a ellos, yo creo que de ahí nació mi amor por los niños, con mis sobrinos.

Tengo 38 años, nací en Coyoacán, en el Distrito Federal [hoy Ciudad de México], pero desde los 2 años viví en Iztapalapa. Nos mudamos para allá por una riña que tuvo mi papá en los XV años de mi hermana. Vivíamos en una colonia muy conflictiva, la López Portillo, apenas se estaba formando y la gente que vivía ahí era muy fea. En los XV años de una de mis hermanas se quisieron colar a la fiesta unos pandilleros, y cuando mi papá los quiso sacar, se peleó muy feo con ellos, mató a uno. Por eso tuvo que huir de ahí. Así que las que realmente me cuidaron fueron mis hermanas; con ellas me fui a vivir a Iztapalapa.

No le guardo rencor a mi papá. La verdad nunca lo conocí bien; era velador y venía de Oaxaca, es lo que sé. Y bueno, cuando pasó eso, nos fuimos todos juntos —mis hermanas y yo— a casa de mis abuelos. No sé si sea coincidencia o destino, pero mi papá se fue a vivir donde, años después, yo me fui a vivir. Era una pequeña ciudad en la frontera, estaba muy bonita, cuando éramos niños nos llevaban a pasear allá.

Ese lugar me trae buenos recuerdos de infancia. Me acuerdo que paseábamos por su plaza, nos sentábamos a ver a los niños jugar. Rentaban unos carritos y había varios puestos de comida. Yo vendía nieves.

En general tuve una bonita infancia, fui un niño muy feliz. No éramos ricos, pero mi papá —así le digo a mi abuelo— trabajaba mucho para darnos lo que queríamos. Lo único que nunca me dieron fue una avalancha, ésa se la pedí a los Reyes muchas veces y nunca me la trajeron. Pero de ahí en fuera me daban lo que yo quería; si quería ir al cine o al parque, me llevaban; también íbamos de vacaciones seguido, no nos faltaba nada. Fui un niño muy querido, las decisiones que tomé de adulto fueron por pendejadas mías, nada que ver con mi niñez.

Mi grupo favorito son Los Tigres del Norte. Tengo varias canciones preferidas, pero hay una en especial que me marcó, se llama "Padre nuestro", esa canción me pone a reflexionar sobre mi vida, sobre los errores que cometí. Viví muy rápido, me casé muy joven, todo lo viví de manera acelerada. Tenía 31 años cuando me agarraron.

La canción de "Padre nuestro" la escuché por primera vez cuando era niño. Mi abuelo la ponía en un casete y yo la escuchaba, aunque en ese tiempo no la comprendía. La entendí realmente cuando caí en la cárcel.

Cuando llegué a COC, en el 2009, me encontré con Raúl Ortiz, un *valecito* que sentenciaron por el secuestro de Silvia Vargas Escalera. Él era cantante, y durante los 30 días que nos tuvieron aislados en COC platiqué mucho con él acerca de la música, nos gustaba a los dos. Le dije: "Yo a veces canto, pero nada más para mí". Él me convenció de cantar la de "Padre nuestro", y ahí me cayó el veinte. Pensé: "Me tenía que pasar algo así de cañón como para que yo entendiera el significado de esta canción". Recapacité de todo lo que hice.

Hoy que mi alma necesita fe
ven a darme la paz y el consuelo
que hace mucho tiempo
por ahí dejé…

Fui una persona muy mala, honestamente. Pasé por alto todo lo que me dijeron que no hiciera. Pero ya no soy aquel que era antes; me arrepentí y cambié. Bueno, cambié muchas cosas; otras la verdad no, porque todavía queda mi esencia, todavía conservo mi espíritu.

Mi familia siempre supo a qué me dedicaba, mi abuela, mis hermanas y Gaby —la mamá de mis hijos—. Extraño mucho a mis hijos. El mayor ya es un adolescente, ahorita tiene 21 años, se llama Sergio; el otro tiene 15, Carlos. Con Gaby estuve casado cinco años, luego nos separamos. Vino a verme hace unos años; platicamos y todo bien, pero ya no funcionó lo nuestro. Mi hijo el mayor también sabía lo de los secuestros. Él escuchaba cuando yo platicaba con mis compañeros: "No van a pagar, no quieren soltar el varo los hijos de la chingada", y los niños son muy listos, saben de lo que hablas. Doy gracias a Dios que él no es como yo, él es un chavo bien tranquilo. Carlitos es más destrampado, pero es por la edad, anda en sus ondas de adolescente. Sergio, el mayor, trabaja en un campo de gotcha... o trabajaba, no sé, tiene tres años que no los veo. Siempre les dije que no me gustaba que vinieran a verme. Les mentía con eso, porque obvio me encanta que vengan, pero la entrada al penal es muy difícil.

Cuando vino Carlitos la primera vez tenía 9 años, se puso muy nervioso. Las cosas aquí están feas y no es justo para ellos. Porque al momento de entrar te humillan; eso de que te quiten la ropa y te estén manoseando se me hace denigrante. Se supone que tienen la tecnología para revisar sin hacer tanto desmadre, pero sus chingaderas ni sirven.

Ahorita casi no tengo contacto con mis hijos. Con el último que hablé fue con Carlitos, de eso ya tiene meses. Él me dijo que me extrañaba y me quería mucho, pero yo sé que, como dice el dicho, ojos que no ven, corazón que no siente. Y con mis hijos así es, ellos están haciendo su vida allá afuera. No les exijo nada, no tengo por qué hacerlo, los amo, pero no estoy en condiciones para exigir que vengan a verme. Apenas supe que Carlitos andaba de vacaciones en Cancún. De Sergio ni qué decir, él está en su onda, es un chavo muy estudioso, un excelente deportista, trabaja de domingo a domingo, es otra cosa. Gracias a Dios sacó a su mamá en ese aspecto. Ella viene de una familia de profesionistas: su hermano es veterinario; su hermana, contadora. Ella es la única que no terminó su carrera porque se fue conmigo cuando tenía 19 años. También mis suegros eran buenas personas. La señora no era santo de mi devoción, pero su esposo era un señorón; lo respeto mucho porque fue como un padre para mis hijos, y a pesar de eso, siempre me dio mi lugar. Por ejemplo, un día estábamos en una reunión con la familia y los vecinos me empezaron a preguntar: "¿Cómo te va Cua Cua? ¿A qué te dedicas?" Yo les decía que era policía, siempre dije eso. Pero me empezaron a hacer más y más preguntas y de repente no sabía qué contestar. Entonces mi suegro les dijo: "Lo que sea que haga es su problema. Mientras mantenga a su familia, no importa a lo que se dedique". Porque mis suegros sabían lo que hacía y nunca me dijeron nada, me respetaron mucho.

Pero, bueno, yo le decía a mi hijo Sergio: "Te voy a meter a la policía, hijo. Mira esta pistola, ¿no te gusta?" Pero él nunca quiso, siempre me contestaba: "No, papá, mejor así de lejitos". Ya no le insistí más. Cómo me alegro de no haberlo hecho...

Apenas me avisaron que me va a tocar visita en Navidad, pero le dije a mi hermana Perlita que ni vinieran, que mejor se la pasen bien allá en su casa, que preparen una cena rica y se tomen unos *drinks* por mí, yo me la voy a pasar también bien aquí.

Extraño a mi familia. Nos llevamos muy bien, tenemos problemas como cualquier otra familia, pero en general nos llevamos bien. Mi carnala, la Satanás, es la más canija; bueno, ella y yo, los demás son muy tranquilos. La cicatriz que tengo aquí en la cara me la hizo ella: me dio un sartenazo, se me dejó ir como gato, yo la sometí en lo que mi mamá nos calmaba. Cuando me vio sangrando se soltó a llorar: "Perdóname, estoy de malas y me descontrolé". Hablamos y nos arreglamos. Es mi carnala y la quiero mucho.

Todo lo que hice es totalmente mi culpa, mis decisiones, porque mi papá me enseñó a trabajar desde que era chavo. Él era chofer de un taxi. En las mañanas llegaba y me decía: "Toma, llévate el taxi; lo que saques quédatelo, para que le des de comer a tu mujer".

Yo solito me fui metiendo en esto. Me llamó la atención el dinero, el poder, los carros, todo ese ambiente de lujo. La ambición de tener lo que otros tenían, ésa fue mi perdición.

Tengo encima 34 secuestros y ocho homicidios

Cambié mucho a raíz de mi arresto. Aquí tienes mucho tiempo para pensar. Llegué en el 2009 y estuve un tiempo en COC. Después, en el 2012, me mandaron a Población, al módulo 8; ahí estuve cuatro meses, de los cuales tres tuve compañero. En enero del 2010 me mandaron a Tratamientos Especiales; la verdad no sé por qué. Luego me externaron del penal y me mandaron a Almoloya de Juárez. Al poco tiempo me enviaron a un penal de máxima seguridad en Otumba, Estado de México, donde me tuvieron aislado alrededor de cuatro meses.

Cuando estuve en Otumba también tuve problemas: ahí me dieron una madriza los pinches custodios. ¿Por qué? Porque se les dio la gana, me humillaron. Y bueno, no es que me haga el mártir, porque yo en mi vida hice muchas cosas malas, mucho peores, pero a mí nunca me habían humillado como lo hicieron esa vez.

Yo empiezo a contar mi estancia en la cárcel desde que ingresé al Cereso. Todo lo anterior es como si no hubiera pasado. Mi caso es muy complicado. Estoy aquí por violación a la ley federal contra la delincuencia organizada y por privación ilegal de la libertad. Tengo encima 34 secuestros y ocho homicidios.

Cuando llegué al Cereso me mantuvieron en observación por varios meses, no me dejaban salir al patio ni convivir con los otros reos, hasta que me mandaron dos años a COC. Cuando me enviaron a Tratamientos Especiales ya estaba un poco harto por tanto aislamiento. En ese entonces estaba una directora más comprensiva; le escribí una carta diciendo que no era necesario tenerme en aislamiento, que no les iba a causar problemas; si me tenían ahí encerrado por cuestiones de seguridad de los demás reos, no tenía de qué preocuparse. Gracias a eso me mandaron al módulo 8, luego al 5, y luego al 1, que es el de Medidas Especiales. Ahí hay dos secciones, ambas tienen las ventanas cerradas, pero al menos mantienen la puerta abierta.

Estuve así unos meses hasta que se fugó el Chapo Guzmán. Entonces el director hizo muchos cambios y nos fregó a todos.

La fuga del Chapo estuvo cabrona. Me acuerdo bien, estaba en Tratamientos Especiales, en el módulo 2B, cuando escuchamos mucho movimiento en el área: "Revisión, guarden sus chunches", decíamos entre los compañeros. Las ventanas en esa área están selladas, así que saqué un espejo para ver lo que estaba pasando. Había muchos policías de arriba para abajo. Empezamos a escuchar helicópteros: "Traslados, a ver a quién se llevan", platicábamos los compañeros. En eso pasaron una lista extraordinaria. Cuando el oficial llegó a pasarme lista vi su cara: estaba pálido. Ahí me di cuenta que algo no iba bien. "Algo pasó, estos cuates están muy raros. Llevo muchos años aquí y sé que esto no es normal", le dije a mi compañero. Pero, bueno, pasó todo el desmadre y ya en la noche nos fuimos a acostar. En eso estábamos cuando escuchamos: "¡Se escapó el Chapo!" Todos nos paramos, nos asomamos y vimos que el módulo 10 estaba en silencio, todo apagado. Al otro día lo vimos en las noticias: "Se fuga del penal de máxima seguridad Joaquín Guzmán Loera, *el Chapo*". Yo estuve en esa área, en el módulo 6, sólo hay 10 celdas ahí, sé cómo es la estructura del penal. En ese momento pensé: "A este cuate lo sacaron o por la puerta grande o por abajo, no hay de otra". Ya después empezaron a salir las imágenes digitalizadas de cómo se supone que se escapó, puras mamadas. Hablan mucho del área de regaderas y no sé qué tanto; es pura mentira.

Los días después de la fuga del Chapo fueron pura felicidad aquí adentro. En ese entonces estaban aquí mismo unos que eran escolta de Zambada García, estaban felices: "¡Se fue el Chapo!"

Dicen que al Chapo lo soltó el director del penal, pero no creo. Si hubiera sido así, lo hubieran sacado por la puerta grande, pero no. Nosotros no escuchamos nada, ni taladros ni nada. Te aseguro que tampoco escucharon nada los de Tratamientos Especiales. No se fue por el dichoso túnel; esa área es muy silenciosa, por eso me gusta mucho; cada uno está en su onda, se ponen sus audífonos y nadie molesta a nadie.

Como dije, todos estaban muy felices por su fuga, yo también. Qué bueno por él; todos tenemos el derecho de buscar nuestra libertad, y si él lo hizo así, qué bien. Si yo tuviera todo el dinero y el poder que él tiene, a lo mejor también me hubiera fugado.

A partir de la fuga del Chapo empezó el cortadero de cabezas. Se llevaron a muchos de mis mejores amigos, al Chris, al Theo, al Z-40, al Duende, a mi carnal el Fructus —él es de la banda del Mochaorejas, es a todo dar ese pinche diabético—. También nos quitaron las televisiones; estuvimos bien aburridos por meses. De por sí la biblioteca está horrible, y luego sin tele, peor. Mínimo nos hubieran dado unas novelitas chidas, unos *best seller* que te transporten a otro mundo, pero ni eso; hay puros libros bien aburridos, por ejemplo, poesía; ya me imagino yo leyendo unos poemas, no chinguen. Otros compañeros piden muchos libros de superación personal, pero a mí no me gusta eso. Me dicen que lea a Carlos Cuauhtémoc Sánchez, pero esas son chingaderas. Yo lo leí en la secundaria y se me hizo una basura. He leído novelas de García Márquez, ésas sí me gustan.

Pero, bueno, después de todo eso, me mandaron a módulo 7, es el de los sentenciados; yo no estoy sentenciado, sigo en proceso. Llevo siete años preso, pero el caso no avanza; hay que esperar unos 15 o 20 años en lo que metemos los amparos y hacemos todo el proceso. Y la verdad, prefiero estar 30 años preso a no salir nunca.

Vengo por el secuestro de Fernando Martí, y eso es un broncón. Estamos ligados a ese secuestro como veintitantos. Algunos están aquí mismo, como los Petriciolet y Jiménez; luego me los encuentro en los pasillos, somos amigos de la calle. Somos dos bandas involucradas, la Flor y los Petriciolet. Entre todos nos conocemos. Apenas salió la Lore; qué bien por ella, ya había pasado mucho tiempo encerrada.

Desde que llegué aquí he sido muy franco: sé lo que hice y no lo oculto. Tengo la conciencia tranquila. Sé que hice mal, lo sabía en su momento y lo sé ahora, pero ni modo, son cosas del pasado. Platico mucho con mis psicólogas, les cuento todo. Con mis compañeros también hablo mucho. Es bueno hablar, desahogarse. Con los que casi no platico sobre mis asuntos es con mi familia; ellos siempre me están regañando y diciendo que lo que hice estuvo mal, pero eso ya lo sé, por algo estoy aquí.

No tengo propiedades, me gasté todo mi dinero en drogas, mujeres y alcohol; lo demás lo desperdicié. Fui drogadicto, fumaba crack, mariguana y siempre fui teporocho, me gustaba el alcohol.

No me considero una persona agresiva, muchos piensan eso de mí, pero la verdad no lo soy. Siempre trato de ser muy cauteloso en mi forma de actuar, porque sé cómo soy: sé que la ira me puede cegar y puedo llegar a hacer cosas muy feas como matar a alguien, por eso me controlo. Le contaba a un *valecito* de aquí que un día, en un partido de fútbol, se me acercó un güey del equipo rival: "¿Cuánto vamos?" Yo le dije: "1-0". Y ese güey se puso como loco, me empezó a insultar y a buscar pleito, y como yo no le saco, nos dimos en la madre. Pero, fíjate, me tuvo que dar siete golpes en la cara para que yo reaccionara, porque en ese momento no estaba dispuesto a pelear. Pero cuando reaccioné, pobre tipo, casi lo mato. Ese cabrón tocó mis límites, y con eso hay que tener cuidado, porque me descontrolo feo, empiezo a golpear y me pierdo, me dan ganas de matarlos. Por eso siempre trato de estar tranquilo.

En otra ocasión llegó un compa a buscar pleito, me mentó la madre como 15 veces. Yo le dije: "Dame chance, no quiero pedos". Pero él seguía: "Hijo de tu perra madre", y chale, mi mamá no era perra, y si lo hubiera sido, muy su pedo. Entonces me calenté, le puse una buena madriza, me perdí. El güey se levantó y se fue como pudo. Me dijo: "Ahorita te voy a traer a mi banda cabrón". Le dije: "Tráela, puto, no te tengo miedo". Ya estaba muy enojado, estaba como loco.

Hace unos meses murió mi mamá. Yo me enteré como un mes después. Mis hermanas no me habían venido a ver y yo estaba preocupado. Entonces le hablé a una amiga y le pregunté qué onda. Ella me dijo: "No te vayas a alterar, se acaba de morir tu mamá". Yo le dije: "Ni pedo... Dile a mis hermanas que me depositen mi feria, la vida sigue, ¿no?" Ella murió de diabetes, al igual que mi papá. Yo no padezco de eso, mi hermana la Satanás sí, pobrecita.

La muerte de mis padres —mis abuelos— me dolió mucho. Mi mamá [abuela] todavía vino a verme un par de veces. Se murió hace como un mes. Un día me habló y me dijo: "Mijito, voy a ir a verte pronto, nada más me alivio de mis rodillas", pero ya no alcanzó. He ido a muchos entierros, no me gustan, es una chilladera horrible. Cuando mi papá [abuelo] murió, hicimos un convivio muy bonito. Brindamos por él y todo bien; yo no lloré en ese momento, se me hace ridículo estar chillando. Lo que me quebró fueron las palabras que dijo su amigo, me sentí orgulloso de ser su hijo. En el entierro se nos quedaban viendo como diciendo: "Chale, estos güeyes no lloran", pero yo ya le había llorado mucho antes. Lo fui a reconocer al Semefo, ahí me solté a llorar. Pero en el panteón me contuve. Yo era el encargado del papeleo y estaba muy ocupado como para llorar... Bueno, al final, cuando estaba solo al lado de la tumba de mi padre, le lloré por última vez. No le tengo miedo a la muerte, es lo único que tenemos seguro.

¿Reclusorio? No, voy a acabar en un penal de máxima seguridad

Casi no tengo estudios, sólo terminé la secundaria, nunca fui un buen estudiante. Empecé con esto de la delincuencia cuando estaba chavo. Saqué mi licencia de conducir a los 16 años, era una licencia de adulto para manejar camiones. Entonces, como la colonia en la que vivía era muy peligrosa y había mucha delincuencia, me empecé a juntar con gente que robaba autos.

Yo les servía de chofer y poco a poco fui viendo cómo estaba el negocio.

Todo empezó porque tengo una hermana que le decimos la Satanás. Es la bandita mi carnala. También le decían la Pras, porque ella no mediaba palabra, ella se iba directo a los madrazos: "¡Pras, pras!" Y bueno, mi hermana conocía a la Rata, un maleante de por ahí. Ella me decía siempre que la acompañara a verlo; era su amigo. Así fui conociendo a más y más gente que estaba metida en malos pasos. Conocí a unos cuates que robaban camiones de Chips, Marlboro, etcétera. Yo les movía su mercancía. Ahorita todos estamos en la cárcel, ¡qué mala onda!

De ahí me hice amigo de Abel, uno de la banda de los Petriciolet, fue de los primeros que conocí. Yo lo admiraba, veía su casa, sus carros, su dinero, en fin, veía todo lo que él tenía y pensaba: "Si él puede, ¿por qué yo no?" Pero, bueno, él no fue quien me invitó a meterme en todo esto, fue un compadre que tenía; ya lo mataron al pobre, le secuestraron a un hijo y cuando fue a entregar el rescate lo mataron. Bueno, él fue el que me metió en esto. Me dijo: "Acompáñame, tienes que abrir un zaguán. Haces eso y te vas". Así empecé, abriendo casas. Es que así se forman las bandas: de repente ves a un chavo que le mueve a ciertas cosas y lo jalas contigo. Todo es cuestión de conectes.

Yo sabía que tarde o temprano iba a acabar en la cárcel, sabía que me iban a traer a este penal. Desde que estaba chavo era una idea que tenía. Lo platicaba con mi cuñado el Toro. Fue la época en la que me fui a vivir a Tamaulipas para pensar en lo que iba a hacer de mi vida. En ese entonces ya estaba bien metido en el robo, ya había matado a gente. Mi cuñado me decía: "Ten cuidado, vas a acabar encerrado en un reclusorio", y yo le contestaba: "No, cuñado, yo voy a acabar en un penal de máxima seguridad". Yo sabía lo que estaba haciendo.

Dentro de la banda a la que pertenezco hubo muchos problemas, nos desviamos del camino. Teníamos un líder, esa persona se encargaba de orquestar todo el secuestro, desde decidir la persona a la que íbamos a plagiar, la logística, la negociación y el cobro de dinero. Entonces, cuando ese líder manejaba a la banda, teníamos ciertas instrucciones: no podíamos tocar nadie, nada de maltratar a las víctimas. Y no era necesario, porque, con el simple hecho de que llegue un comando con armas largas y te levanten, ya con eso tienes suficiente susto.

Para seleccionar a la víctima teníamos varias opciones. Muchas de las veces —la mayoría—, la misma familia o amigos ponían a la víctima; otras veces, las escogíamos nosotros porque veíamos los carros o las casas que tenían. Entonces decíamos: "Este güey tiene lana. Sobres". Pero eso no es siempre seguro. Por ejemplo, una vez secuestramos a unos cuates que tenían unos carrazos, pero esos carros los habían sacado a crédito; apenas los estaban pagando y tenían broncas con el dinero; ahí la regamos.

Estuve con los Petriciolet un tiempo y luego me separé de la banda. Fue chistoso porque, por mucho tiempo, ellos me estuvieron buscando para que regresara a la banda, pero yo siempre los rechacé, y ahora que estamos presos todos en el mismo penal les digo: "Mira, tanto que los mandaba a la goma, que no los quería ver, y ahora estamos juntos aquí, y vamos a estar toda la vida".

Al principio yo me ocupaba de limpiar el cuarto donde estaba la víctima, pero no tenía contacto con ella. Y un día, mi compadre Correa me habló: "Jálate para acá, quieren hablar con nosotros". Fuimos a un cuarto donde tenían a dos muchachos secuestrados, estaban ahí tirados en el piso. No soy asustadizo, ni me inmuté; además, ya había visto cómo estaba la onda porque me encargaba de limpiar. El cuerpo reacciona ante una situación de peligro, así que actué como mejor me convenía. Entré y me senté. Además de nosotros —mi compadre y yo— iba un chavito: él si se espantó cuando vio a las víctimas, cuando entró se puso rojo rojo, como de estrés. Y bueno, el jefe le dijo a mi compadre: "Escoge uno de los dos para que se quede a cuidar", y me escogieron a mí. Después de eso yo me encargué de cuidar a la víctima, es decir, de darle de comer, limpiar y vigilar.

Desde el principio yo sabía a lo que le estaba entrando. Sabía que las personas con las que me relacionaba estaban metidas en una banda. Nosotros somos personas de barrio, vivimos en colonias peligrosas y nos forjamos en la calle, entonces sabemos cómo están las cosas. Por ejemplo, mi carnal Abel, él y yo nos odiamos y nos queremos mucho; crecimos en la misma situación. Ahora nos odiamos porque estamos metidos en este pedo, yo lo culpo a él y él me culpa a mí por estar aquí encerrados, pero en el fondo nos queremos.

A Abel lo conocí de chavo, siempre tuve muy buena relación con su familia. Un día estaba en casa de su mamá viendo el programa *Duro y directo*, en el que pasaban noticias amarillistas, cuando lo vimos asaltando un banco. El güey se saltó por el mostrador. Cuando llegó a su casa su mamá le dio una regañiza tremenda, porque la señora no sabía a lo que se dedicaba su hijo. Ya después se tuvo que acostumbrar. Porque, cuando estás metido en eso, no hay nada que te saque de ahí más que tú mismo. Por mucho amor de tus padres o hermanos, tú ya eres un ser independiente que sabe lo que hace, y no vas a cambiar si tú no quieres… Bueno, a lo mejor si llega un amor que te atrape, que te motive a cambiar, puedes hacerlo, pero nada más. A mí me estaba pasando, justo antes de que me agarraran.

En otra ocasión, también en casa de la mamá de Abel —me la pasaba ahí—, vimos de nuevo en la tele, en el noticiero con Zabludovsky, la noticia de una balacera en San Antonio. Lo primero que llamó mi atención fue una camioneta que estaba en medio de la calle: era la misma camioneta que yo había lavado para unos compas hace unos días. En las noticias dijeron que había sido un secuestro. Y todo se complicó porque, en medio de la balacera, a uno de mis compas se le salió un tiro que perforó el tanque de gasolina, ¡y la víctima seguía adentro de la camioneta!

Total, en ese momento, las cosas ya estaban muy complicadas, así que Abel se dio a la fuga, tiró el cuerno de chivo que traía y se echó a correr. Nos habló para que lo recogiéramos en Galerías Coapa, me acuerdo bien. Cuando lo vimos estaba pálido, de por sí es güero; tenía un kilo de tortillas en las manos y una penca de plátanos, porque en la movida se tuvo que meter a una recaudería para despistar. Le dije: "Parece que agarraron a Memo —un compita nuestro—, pero no estoy seguro, en la tele nada más pasaron la balacera". A final de cuentas nos enteramos que no, que todos se pudieron escapar, incluso alcanzaron a llevarse a la víctima y todavía cobraron por él.

Lo que me pagaban por mi trabajo era una miseria: 10 mil pesos o 15 mil; lo máximo fueron 60 mil pesos; pero eran secuestros de millones de dólares, entonces lo que a mí me daban no era nada. No la hice de a pedo porque en ese entonces yo no era nadie en la banda, ni siquiera le dirigía la palabra al jefe. Tenían un bar y yo era el encargado de atenderlo. Cuando llegaba el jefe, tenía la instrucción de servirle un vaso de coñac al instante. Un día me dijo: "¿Trabajas aquí? Siéntate". Yo al principio no quería, me daba desconfianza, pero el jefe insistió: "¡Que te sientes! Tómate una copa conmigo". Yo tenía 19 años, estaba verde. El jefe sacó un fajo de billetes y me los dio: "Es por el favor que nos hiciste, por abrir el zaguán". Eran 5 mil pesos; fue mi primer pago.

Yo le hablaba con mucho respeto al jefe, lo veía imponente. Ahorita ya no, a veces me lo encuentro aquí adentro y lo saludo como a cualquier otro: "¡Quiúbole!" Ya no me transmite nada.

Pero, bueno, me pagaban una miseria por mi trabajo, y eso que hacía muchas cosas: limpiaba, hacía de comer, cuidaba a las víctimas, todo eso mientras los demás estaban acostados en los sillones, echando la hueva. Teníamos a las víctimas en un cuartito, nunca las amarramos o les vendamos los ojos, no había necesidad.

Ya después, cuando yo me salí de esa banda, formé otra donde yo era el encargado de la seguridad de toda la casa; nada más yo, nunca metí más gente a esto... Bueno, nada más a mi cuñado; ahorita él también está preso, pobrecito.

Un tiempo me tuve que ir para Tamaulipas porque nos cayó un operativo de la Fuerza Federal de Investigaciones. Yo estaba en casa de Abel cuando oímos a los policías tumbar la puerta. Me paré en chinga, me vestí y vi desde la azotea a los AFI entrando a la casa. Eso fue porque un amigo, Gonzo, me delató. No se aguantó y soltó todo. Ahorita también está aquí preso. Y bueno, yo iba a salir huyendo, pero toda la manzana estaba rodeada. Entonces el papá de Abel me escondió en la cajuela de un carro. El pinche Abel salió huyendo, ni me avisó, me dejó ahí el güey. Afortunadamente, los policías no revisaron la cajuela del coche donde estaba, así que me salvé.

El 4 de agosto llegué a Tamaulipas, después de secuestrar a Laura Zapata y a Ernestina Sodi. Estuve en Tamaulipas todo el 2006, en lo que se calmaba el desmadre. En el 2007 decidí regresar a la Ciudad de México, ya no aguantaba.

Todo lo que se me imputa lo hice, la verdad. Soy culpable de los 34 secuestros. Aquí conocí a mucha gente a la que le achacaron secuestros que nada que ver. Había uno que le metieron el secuestro de Laura Zapata; él me quiso *chacalear* cuando llegué; pero está mal, le quiso vender papas a Sabritas. Le dije: "Estás pendejo, a ti te metieron como el líder de la banda y te condenaron porque tú solito te atoraste, confesaste todo". Él me dijo que lo había hecho porque lo torturaron, pero ése no era mi pedo. Ya después le quitaron de encima el secuestro, pero al principio me quiso chingar.

Yo ya conocía a gente del penal, cuando llegué todos me saludaban: "¿Qué pasó, Cua Cua? ¿Necesitas algo carnalito?" O sea, la gente de aquí me aprecia, porque si yo tengo la oportunidad de ayudar a alguien, lo ayudo. Por ejemplo, ahorita le acabo de hacer unos agravios a un *valecito*; con él viví un tiempo en COC, es muy buena persona.

La mayoría de las veces los asfixiábamos

Me dediqué a secuestrar desde 1998. Para ese entonces ya había mucha gente involucrada en el negocio, por ejemplo, los Arizmendi ya eran famosos por eso. El Fructus, el Mochaorejas, todos ellos ya estaban en la cárcel.

Y bueno, cuando regresé a la Ciudad de México, estuve un rato escondido en la casa de mi mamá, pero la calle me llamó, ya no aguantaba el encierro.

Es que ya estaba acostumbrado a un estilo de vida; me gustaba el dinero fácil, la verdad, por eso le entré al secuestro. En todo hay cosas buenas y cosas malas, pero con el paso del tiempo te acostumbras a lo que sea; aunque no te guste lo tienes que hacer. Me preguntan mucho si me gustaba matar a la gente, y por supuesto que no, pero era parte de mi trabajo. También me preguntan: "Oye, ¿quién violó a la Ernestina [Sodi]?", y les contesto: "¿Tengo cara de violador? No seas pendejo". Los violadores luego luego tienen la cara, son la lujuria en la cárcel esos cabrones. Yo no hice nada, sólo estuve al momento del levantamiento, y hasta ahí. No me dejaron cuidarlas ni nada, no me dieron ni un peso por ese *jale*. Sólo sé que cobraron 700 mil pesos en efectivo y un millón de dólares en joyas, pero hasta ahí.

Cuando me tocaba cuidar a la víctima dormía siempre con el cuerno de chivo en las manos, y si era un arma corta, con el cañón hacia el frente, cualquier ruido que escuchara me paraba luego luego apuntando. Un día hicieron una fiesta afuera de la casa de seguridad, había mucho ruido y música; yo nada más le subí a la tele, le puse una venda y unos tapones en los oídos al chavo que teníamos secuestrado, y me salí. Me encontré a la vecina, una señora ya grande: "Hijo, pásale a comer. Tómate una cervecita". Le dije que muchas gracias, pero que no podía. Me fui al carro y le dije a mi cuñado —que estaba cuidando la casa conmigo—: "Ponte abusado, hay mucha gente y mucho ruido, si por cualquier cosa llega a venir la policía, te pones las esposas y les dices que te acabamos de secuestrar". En eso se cortó la luz: ésa ya me la sé, la aplican siempre los policías para sacarte de onda. Mi cuñado se puso las esposas y lo tiré al piso. Me asomé a la ventana y vi que estaban poniendo una escalera. Le dije a mi cuñado: "Que Dios te acompañe, yo me voy a ir a matar con los tiras; antes muerto que terminar en la cárcel". Cuando subí a la azotea a ver qué pedo, me di cuenta que eran los vecinos que se habían saltado a arreglar la luz, porque el poste estaba al lado de mi casa. Si hubieran sido policías, estaría muerto ahorita.

Nosotros no matábamos por matar, lo hacíamos por situaciones específicas. Por ejemplo, nos llegaban a decir: "No tenemos el dinero, si quieres mátalo". Nos retaban pues, y ahí el jefe daba la orden directa: "¡Ah, bueno! Chíngatelo entonces".

Me acuerdo que en una ocasión teníamos secuestrados a unos hermanitos como de 13 o 14 años, estaban chicos. Entonces llegó mi jefe y me dijo: "Mira, la familia no quiere soltar lana, así que tenemos dos opciones: una, darles una putiza, tomarles fotos y mandarlas a la familia; dos, maquillarlos para que parezca que los golpeamos y tomarles las fotos". Cuando escuché la primera opción salté luego luego: no le iba a pegar a unos niños, eso estaba mal; ya la segunda opción me pareció más razonable. Es que yo no soy un cabrón para andar maltratando niños, ¿me entiendes?

Total, a la niña —porque era un niño y una niña— la desnudamos, y ahí yo hablé con ella, le dije: "Me dijeron que te madreara para presionar a tu papá, pero no lo voy a hacer, te vamos a maquillar para que parezca que te golpearon; tú le vas a escribir una carta a tu papá diciéndole que estás muy mal y que te dé el dinero. Para esto te tengo que quitar la ropa, pero tú tranquila, te doy mi palabra que no te voy a lastimar".

Y bueno, les quitamos la ropa, les pusimos en la espalda unas líneas como si les hubiéramos dado unos chicotazos, con sangre artificial y todo el pedo. Si tú ves las fotos, te espantas: parece que les dimos una madriza, pero no les hicimos nada. Incluso cuando entraron los otros compañeros a tomar las fotos, les dijimos: "Si te atreves a tocar a la niña, no te la vas a acabar, te damos todos en la madre". No digo que yo sea un santo, pero de los males el menor; preferí hacer eso a madrear a los niños.

También llegamos a mutilar: cortamos orejas y dedos. Tampoco estaba de acuerdo con eso, porque en el momento en el que tú mutilas a alguien, matas a un acompañante o lastimas de alguna forma a la víctima, estás faltando a tu palabra, eso te hace perder credibilidad. Por ejemplo, si la familia te dice: "Dame chance, no tengo el dinero completo, pero te lo puedo conseguir, sólo aguántame unos días", y tú le mandas la oreja de su hijo, entonces van a pensar: "Estos cuates me mintieron, entregue o no el dinero, de todas formas van a lastimar a mi familia". Así pierdes la negociación, quedas mal.

Lo que hacía Arizmendi, por ejemplo, ese cuate pedía 15 millones; no los entregaban y cortaba una oreja. Volvía a llamar, pedía 10 millones, no los tenían, cortaba la otra oreja; volvía a llamar pidiendo 5 millones, ¿ni eso tenían? Los mataba. Ésas son chingaderas. En vez de darle valor a tu víctima, le vas restando y restando.

Para secuestrar a alguien nos fijábamos en la zona donde vivían. Por ejemplo, en el Distrito Federal [hoy Ciudad de México], principalmente en el sur, hay muchos lugares de dinero; tan sólo Tlalpan: ahí hay fraccionamientos con unas casas increíbles. Otro punto a considerar es la misma seguridad privada que contratan algunas personas; eso los hace ver ostentosos, salta luego luego a la vista. Una cosa importante es su estilo de vida, qué tan monótono es; por ejemplo, les decía a las víctimas: "Debes tener mucho cuidado con las rutas que tomas. Porque si tú usas diario el mismo camino, estás en peligro. Fíjate bien que no te estén siguiendo, porque en cualquier momento te pueden levantar. Yo te fui siguiendo por horas, antes de secuestrarte, y nunca te diste cuenta".

Yo me la sabía. Cuando a mí me agarraron, me estuvieron siguiendo los federales durante dos meses. Yo lo sabía, pero eso no me preocupaba. Pensaba: "Síganme, véanme, no me pueden hacer nada". Porque, aunque contaran con orden de aprehensión para Noé Robles Hernández —mi nombre—, tenía otros documentos con una identidad diferente: también me llamo Mario Abraham Soto García. Porque mis abuelos, cuando me llevaron con ellos, me registraron de nuevo, con otro nombre y todo.

Y bueno, los federales andaban tras de mí porque querían agarrar a Beto, un compita, pero ¿sabes por qué nunca lo agarraron? Porque yo sé moverme en la ciudad, nunca pudieron seguirme la pista al 100%. Para empezar, manejo muy bien; además, conozco perfectamente la ciudad, nunca me voy a perder. Desde chiquito mi abuelo me llevaba de aquí para allá, así que me ubico muy bien, y súmale que fui taxista, me sé todas las rutas.

Trabajé "honestamente" de forma intermitente entre secuestro y secuestro. Fui taxista, chofer, etcétera. Es que el jefe de la banda era un dolor de huevos, me peleaba muy seguido con él, siempre fue muy acelerado. Incluso aquí, es una persona muy desesperada. Luego viene a gritarme que por qué no he metido tal amparo o tal escrito, pero yo le digo: "Tranquilo, vamos a estar aquí muchos años todavía, hay tiempo para todo". Por eso, por desesperado, a él le dieron 400 años de condena.

Fui una persona muy mala, maté a mucha gente inocente. Todavía me acuerdo de la primera vez que maté a alguien: me tocó hacerlo, eran órdenes de arriba. Me dijeron: "Este güey no pagó, chíngatelo". Me dijeron que lo ahorcara. Al principio no lo quería hacer, era mi primera vez y no sabía cómo. Unos amigos me ayudaron; ya después lo hacía sólo. La gran mayoría de las veces los asfixiábamos; no usábamos armas porque era mucho ruido y deja más huella.

En Tratamientos Especiales conocí a banda muy pesada, casi todos están extraditados, eran gente peligrosa. Uno de ellos decía:

"Yo ni batallaba, como estaban amarrados, les ponía una bolsa en la cabeza y ahí los dejaba, solitos se mueren". Y sí es cierto, para morirse asfixiado tardas tres o cuatro minutos máximo.

Nos deshacíamos de los cuerpos tirándolos a la calle, no nos hacíamos mucho lío con eso. Los envolvíamos en una cobija, y órale, a la calle. Parecían encobijados del narco. También era una manera de demostrarle a la gente de lo que éramos capaces de hacer, de lo que podía pasar si no pagaban lo que pedíamos. Aunque eso también fue contraproducente, porque a veces les decían a los familiares: "Lo van a matar, des o no el dinero, lo van a matar".

No pienso mucho en la primera vez que maté a alguien, fue algo que pasó y punto. En su momento sentí mucha adrenalina, pero después se me quitó; lo empecé a ver como algo normal dentro del trabajo.

Pienso que también la policía tuvo mucho la culpa al momento de asesorar a la familia en la negociación de los secuestros, porque ellos son muy insensibles. A ellos lo único que les va a importar es agarrar a los secuestradores, tener una medalla y hasta ahí; no les interesa la seguridad de las familias. Una de las pendejadas más grandes que hacían eran cambiarnos al negociador de un día para otro. De repente nosotros hablábamos y nos decían: "Pedro no puede contestar el teléfono porque está en el hospital, se le subió el azúcar". Ahí ya sabíamos que estaba metida la tira. O sea, ya nos sabíamos las tácticas de la policía, son muy predecibles, ése es su error. Lo digo porque yo trabajé con policías. En nuestra banda estaba el Panda, el Gato, el Comandante; a todos ellos me los traje para acá adentro, como venganza porque, cuando me agarraron, ellos me dejaron solo, entonces me los chingué. Desde el principio tuvimos nuestras diferencias, no me gustaba trabajar con policías, les hablaba porque no había de otra, pero no me gustaba. Ellos decían que estaban ahí para protegernos, pero no mames, es mentira, nosotros nos protegíamos solos, ellos nada más recibían dinero. Aparte, son los primeros en correr, porque saben que van a tener más pedos.

Un día estábamos comiendo, teníamos secuestrado a un chavo, y le dije a mi jefe, nada más de guasa: "Oiga, jefe, necesito que me mande a dos tiras para que se queden a cuidar en lo que yo salgo a comprar las cosas para la comida". En cuanto escucharon eso [los policías] se pusieron blancos, dejaron de comer y se voltearon a ver unos a otros, temblando los condenados: "No, jefe, no voy a poder, mi esposa está embarazada y necesito llevarle medicina", "No, jefe, tengo que pasar lista a esa hora, no puedo", "Híjole, tengo que comprar unas cosas para mis papás, no puedo". Ninguno quiso, pinches maricas.

El otro día me dijo mi amigo el Cholo: "¿A quién crees que vi? A tu amigo el Parada —un tira viejito—. ¿Qué crees que me dijo? Que por tu culpa él estaba aquí encerrado, que tú lo inculpaste". Nos reímos los dos, ahora resulta que no me conoce.

Nunca gané mucho dinero de los secuestros, nunca me tocaron cachos grandes como a otros compañeros: a ellos les daban un millón de pesos, a veces más. Yo siempre sacaba 300 mil o 400 mil pesos juntando de varios lados, no sólo de un secuestro; y eso que ellos cobraban un chingo de dinero, hasta en dólares, pero a mí no me daban casi nada. Y aun así preferí dedicarme al secuestro antes que a otra cosa. Es que es dinero fácil, dinero rápido. Por ejemplo, para comprarte un coche en un trabajo normal, tardas tres o cuatro años; yo me lo compraba en 15 días. Pero así como ganaba dinero, así me lo gastaba. Un día me pagaron 100 mil pesos por un secuestro, fue poquito. Me pagaron el martes y para el sábado ya no tenía nada.

Lo primero que hacía con el dinero era ir a Mixup: buscaba discos de la Sonora Santanera o de un grupo que me gustara, y compraba hasta 6 mil pesos en música. Me gustaba también comer bien, no en restaurantes caros, pero luego me iba a marisquerías y entre comida y alcohol me gastaba mil varos. Luego que me hablaba mi hermana: "¿Dónde andas?" Ya me tocaba invitarla a ella y a mis sobrinos; ahí se me iban otros 2 mil pesos.

Y a pesar de eso, nunca les robé ni un centavo. Hay un compa aquí que me la hizo de a pedo porque según le robé no sé qué chingados, pendejadas la verdad. Le dije: "Mira, güey, yo manejé maletas llenas de billetes, dinero que en tu pinche vida vas a ver. Si ahí no me chingué nada, ¿qué te voy a estar robando tus porquerías?" Porque aquí, si te robas algo, aunque sea una pluma, es un pinche desmadre, puedes meterte en muchos problemas por eso.

A mí no me van a venir a contar, yo sé cómo funcionan las cosas, tanto aquí dentro, como en la calle. Hace tiempo vino una prima a verme, desde que entró al patio la vi llorando. Pensé: "Ya se murió alguien", porque es lo primero que se te ocurre. Le pregunté qué onda, qué había pasado, y me dijo: "Secuestraron a Ángel", a su hermano. Medio me contó cómo estuvo la onda. Fue un relajo porque Ángel chocó con otros güeyes, y para no pagar el seguro, que lo levantan. Estaban pidiendo 100 mil pesos por él. Yo le dije a mi prima: "Perdón que te lo diga, pero, lo van a matar. Estos cuates no van a dejar vivo a alguien que los vio, que sabe por dónde andan y que los puede reconocer. Denuncien". Sé que he dicho que los policías son unos pendejos, y no me retracto, pero en este caso no sabía qué más decirle. Además, los que secuestraron a Ángel operan de forma diferente a la banda en la que yo estaba. No es lo mismo pedir millones de dólares a pedir 100 mil pesos; porque nosotros éramos más estructurados, pensábamos en nuestras víctimas y las vigilábamos; los otros güeyes nada más se agarraron a Ángel porque no les quedaba de otra. Estos güeyes no tienen orden, por eso mismo cometen muchos errores. Y sin ser arrogante, puedo decir que, a nosotros, a la hora de cobrar los rescates, nos quisieron atorar infinidad de veces. Puedo decir que de 100 secuestros, 100 veces nos quisieron agarrar, pero nunca lo lograron. ¿Sabes por qué? Porque nosotros sabíamos hacer las cosas bien.

Me tocó un día secuestrar a toda una familia: al papá, la mamá y a un chavito. Pobre, le tuve que matar a sus papás. Llevaban 15 días secuestrados y un día me dieron la orden de matar al papá. Agarré al chavito y lo saqué del cuarto. Le dije: "Te voy a llevar para otro lado, te voy a poner una venda y prender la tele. Tu papá ya va a salir". Le tuve que mentir, no le iba a decir: "Te voy a sacar del cuarto porque voy a matar a tu papá". Horas después se llevaron el cadáver de su papá. Yo me quedé cuidando al chavito, pero lo veía mal, sentía la vibra pesada. Le dije: "¿Qué pasó, chaparro? Todo va a estar bien, te prometo que vas a salir de aquí, te doy mi palabra que te vas a ir a tu casa, aunque no me den un centavo, yo me hago cargo que te vayas sano y salvo". Porque si yo algo tengo es palabra, si te prometo algo, te lo cumplo. Aunque me hubieran dicho que lo matara, no lo hubiera hecho.

Era un niño, me recordaba a mis hijos, eso lo respeto mucho. Además, podía oler su miedo. Cuando me iba, me dijo: "No te vayas, no me dejes solo". Ya empecé a bromear con él, le dije: "Cálmate, ¿o qué, eres jotito? Tú tranquilo, no te va a pasar nada. Me voy a quedar contigo hasta que te duermas, pero después me tengo que ir". Nos abrazamos y se quedó dormido.

Así tuve varios encuentros con los secuestrados. Me acuerdo de otro que le puse el Chillón: era un cuate ya grande, se la pasaba llore y llore. Cuando lo levantamos, yo venía manejando, desde que iba en el carro se soltó a llorar. Llegamos a la casa y le pregunté: "¿Traes droga?" Me dijo que no. Estaba bien nervioso el chavo, pero cuando le quitamos sus cosas vi que traía una bolsita de mariguana: "¿No que no traías nada, cabrón?" El cuate casi se me desmaya: "Perdón, perdón, no me peguen, por favor, no me lastimen". Me empecé a reír: "Ya cálmate, pinche chillón".

Ese día no quiso cenar; al siguiente no quiso comer. Fue hasta el tercer día que entré a ver cómo estaba. Yo me había fumado su mota, estaba bien buena. Le pregunté: "¿Dónde la consigues? Está rebuena". Él me dijo dónde la compraba, era un chavo bien fresa. Después le dije: "¿Quieres un toque?" Y ahí nos pusimos a fumar un rato mientras me contaba su vida. Le dije: "Oye, güey, tú tienes varo, ¿por qué te juntas con puro mugroso?" Porque siempre andaba con gente fea. Me contestó: "¿Qué tiene? Son mis amigos". Y le dije: "Ésos no son tus amigos, carnal, ésos fueron los que te pusieron para que te levantáramos". Él no lo podía creer, se puso a llorar otra vez.

Cada que yo entraba a darle de comer o a limpiar se ponía a llorar: "No te vayas, quédate conmigo, platícame algo". Y ya me tenía que quedar un rato con él platicando; lo hacía porque si no se podía suicidar, es muy difícil estar encerrado tanto tiempo. En otra ocasión me dijo que le dolía mucho su espalda. Yo le contesté: "A ver, acuéstate, te voy a dar un masaje". Él no quería, yo creo que pensaba que le iba a hacer otra cosa, pero no, lo tumbé y le sobé la espalda, se quedó bien dormidito el muchacho.

Total, cuando lo soltamos me dijo: "¿Te puedo dar un abrazo?" Yo al principio no quería, no soy homosexual, pero luego le dije: "Órale, cuídate mucho, ya no andes con esa gente, ellos te pusieron. Cambia de carro, no andes de ostentoso, nada más das tentación. Échale ganas pues". Entonces me abrazó y se despidió: "Si todos los secuestradores fueran como tú, otra cosa sería". Pero no siempre fui así.

En otra ocasión secuestramos a una chava bien bonita, todos andaban volados. Un día el jefe me dijo: "A ver, date una vuelta por allá, voy a visitar a la niña". La iba a violar. Yo no me cuadré, le dije: "No, jefe. ¿Qué pasó? No le voy a permitir que haga eso, ahí sí vamos a tener problemas. Ésta es mi casa y aquí mando yo".

A pesar de que yo era un miembro inferior de la banda, todos me respetaban. Tanto los hombres del jefe Toño y los de Petriciolet me tenían miedo, saben que soy una persona de arranque, una persona de huevos. Si a mí me decían que hiciera algo, lo hacía y punto. A veces le pedían lo mismo a otras personas y ellos no lo hacían, lo pensaban mucho.

Siempre he sido muy consciente de que me voy a morir, no le tengo miedo a la muerte. Cuando me agarró la Federal y me torturó, les decía: "Haz paro, valedor, dame un tiro, mátame como quieras, pero mátame". Y ellos me decían: "Tú eres menos que un perro, no vale la pena gastar una bala en ti". Porque yo no quería terminar aquí en el Altiplano, ya sabía de banda que habían traído aquí y decían que la cosa estaba muy gacha. Si yo hubiera tenido la oportunidad, me hubiera dado un tiro, antes que venir aquí. Pero me agarraron desarmado, así que ni modo.

Entiendo que él diga lo peor de mí: no le robé un carro, le maté a su hijo

Yo sé quién soy, sé qué hice y sé qué tengo que hacer. Si llego a salir, lo primero que tengo que hacer es irme de la ciudad: tengo muchos enemigos aquí, le causé daño a mucha gente. Hay gente que se va a vengar, otra no.

Hablé con el señor Alejandro Martí en el 2010, lo trajo la SIEDO para que platicara conmigo; era parte de un acuerdo que yo hice con ellos. Les dije cuando me agarraron: "Si ustedes quieren que les ayude a capturar a los demás integrantes de la banda, les voy a pedir dos cosas: una, sáquenme de aquí, no quiero estar en el penal, llévenme a una casa de seguridad o a cualquier otro lado; dos, quiero hablar con el señor Alejandro".

Mi idea principal al decir "Sáquenme de aquí" era ver a mi mamá. Ella se puso muy malita cuando me vio en la tele. Quería tomarme unos alcoholes con ella, por eso pedí también mi traslado al Reclusorio Sur, ahí era más fácil que me fuera a ver. A final de cuentas no me cumplieron eso, pero sí me trajeron al señor Martí. Vino él y doña *Chabelita*, Isabel Miranda de Wallace; ella lo acompañó nada más, creo que son amigos.

Yo quería ver al señor Alejandro para contarle la verdad, porque él vivía engañado, le dijeron muchas mentiras, lo quisieron timar. Eso no me parecía justo, por eso pedí hablar con él. Sólo hice eso con el señor Martí, era la víctima que más me interesaba ver. Él podía ayudarme a salir de aquí, por eso lo contacté. Hablamos, me preguntó por qué habíamos matado a su hijo, cómo habían sido sus últimos momentos, cuál había sido el trato que le habíamos dado, etcétera. Todo eso me hizo sentir una basura, peor que eso…

Alejandro Martí es una gran persona, si lo hubiera conocido antes, a lo mejor no hubiera hecho lo que hice. Y entiendo que él diga lo peor de mí: no le robé un carro, le maté a su hijo. Pero a pesar de todo, él es un caballero. Cuando hablamos me dijo muchas cosas que me ayudaron a cerrar el círculo. Me perdonó. Aunque, bueno, perdón por lo que voy a decir, pero tampoco es que yo necesitara que me perdonara, yo tengo tranquila mi conciencia, no me quita el sueño nada. A final de cuentas el que necesitaba conocer la verdad era él, y a pesar de que dice que me perdona, sé que en el fondo todavía me guarda rencor, y lo entiendo.

Porque cuando me pasaron en la tele me hicieron ver como un monstruo sin sentimientos, y yo no soy así. Sólo contestaba a sus preguntas: "¿Quién mató al niño Martí? ¿Por qué lo mataste? ¿Cómo lo mataste?" También por eso quería ver al señor Alejandro, para explicarle las cosas cara a cara.

Es que a mí me dijeron: "Vente, vamos a hacer un jale. Te toca hacer esto y esto, punto". Y yo accedí sin preguntar. Me dijeron que tenía que preparar el cuarto, limpiar y ordenar todo.

Cuando llegaron ya traían al chavito; también traían al escolta y a un chofer. Los separamos, al chavito en un lado, y a los demás en otro. ¿Por qué? Porque uno era el jefe; los otros, los empleados. Además, yo presentía que los iban a matar [al escolta y al chofer], era algo que siempre hacíamos para meter presión, para que supieran que estábamos hablando en serio. Yo no estaba de acuerdo en eso, se lo dije al jefe. Un día me habló y me dijo:

"¿Qué onda, mi niño? Vamos a darle 33 al 31, encárgate". Le contesté: "¿Cómo? ¿Vamos a matarlos? No estoy de acuerdo", y él me dijo: "Sí, ¿qué tiene? ¿A poco te da miedo?" "No, no es eso", le dije, "pero, el dinero que nos van a dar va a ser el mismo, los matemos o no". Pero el jefe era muy necio: "Para que vean con quién se están metiendo". Y yo no estaba de acuerdo, los que nos estábamos metiendo en la vida de la gente éramos nosotros, no se me hacía justo. Luego decidían cortarle una oreja a la víctima, o darle en la madre, y yo siempre me enojaba por eso, porque al que mandaban a hacer eso era a mí.

Y esto lo he pensado siempre, no porque ahorita esté en la cárcel; yo siempre he sido el mismo, desde que estaba libre en las calles hasta hoy. Cometí muchos errores, lo sé. Pero no me arrepiento de casi nada, y si pudiera caminar hacia atrás y hacer algo diferente, sería no obedecer todas las órdenes, no matar a nadie. Me hubiera gustado decirles: "No, no lo voy a hacer". Porque a mí me aventaban todo: "Vete a hacer esto", "Mata a tal", "Avienta el cuerpo para allá". Si me hubiera negado a eso, ahorita no tendría tantos pedos. Pero, bueno, también dejamos libres a muchos, no todo es malo.

El problema con el chavito Martí fue que alguien se robó dinero del rescate, creo que fue el mismo jefe de la banda. El caso es que el dinero llegó incompleto, por eso lo tuve que matar; bueno, por órdenes de los de arriba. El jefe mandó a un equipo de tres; yo lo hubiera hecho solo, pero el jefe quiso que fuéramos los tres. Había uno que era bien fresa, la Botarga; llegó con guantes y todo el pedo. Pero estos cuates lo asfixiaban un poco y luego lo soltaban, prácticamente lo estaban torturando.

Para esto, habían pedido 30 millones de pesos por el chavito, pero sólo entregaron dos maletas con 3 millones cada una: en total 6 millones, estaba bien, de todas maneras era una feria. El problema fue que llegó nada más una maleta, la otra se la chingaron. Y aparte, a esa maleta le rascaron como 300 mil pesos; me di cuenta porque, cuando la abrí, estaban todos los fajos deshilachados. Desde ahí desconfié. Le dije a mi jefe, pero, como todos los que estábamos en el pedo éramos de la misma banda, no sabía a quién voltear a ver. Yo digo que fue el mismo jefe el que hizo eso, pero él lo niega todo.

Si yo hubiera podido hacer algo por el niño Martí, lo hubiera hecho, pero no pude hacer nada, no me dio tiempo. Porque cuando entregaron el dinero me dijeron: "Órale, vete a repartir la nómina", y me sacaron del cuarto donde estaba el chavito. Fui a darles la nómina a mis compañeros y cuando regresé me dijeron el Toño y el Petriciolet: "Sale, ahí nos vemos. Ya mandamos al equipo". Yo ya le había comprado ropa al niño Martí para que saliera, lo mandé a bañar y le dije: "Ya te vas". Pero en eso escuché la orden de los jefes: "Equipo en camino, va a ser un 33". Ahí supe que lo iban a matar. Si hubiera sabido desde antes que lo querían matar, hubiera intervenido, y no porque me cayera bien, era bien pesadito el escuincle, pero lo entiendo, fue alguien que vivió en cuna de oro. He conocido gente que tiene mucho dinero y son bien mamones, se creen la gran cosa; yo pensaba: "Pobre gente, si supiera que en cualquier momento se les puede aparecer el diablo". Pero a final de cuentas yo pequé de eso, de la arrogancia de saber lo que podía hacer.

Y bueno, cuando contamos el dinero vimos que era un millón 700 mil. Todos se encabronaron: "Vamos a matarlo, se pasaron de pendejos". Pero yo no estaba de acuerdo, el chavo tenía la misma edad de mi hijo, eso me sacaba de onda, no me sentía a gusto. Total, cuando entré al cuarto y vi que lo estaban torturando, pensé: "No, estos cuates ni lo van a matar y nada más lo están haciendo sufrir". Mejor lo maté yo. Tampoco estoy justificándome, ni diciendo que soy piadoso, no, pero preferí matarlo a que el chavo sufriera. Porque esos güeyes —los que lo iban a matar— dejaron vivos a muchos, no sabían hacer las cosas, los dejaban medio muertos y los iban a aventar; eso le pasó a la escolta.

Bien dicen que si quieres que las cosas salgan bien, debes hacerlo tú mismo. Si mandas a otras personas a que hagan tu trabajo, va a salir mal.

A partir de la muerte de Martí yo me vine para abajo, quería que ya me atraparan, sentía que no valía como persona. Fue el primer asesinato a un niño… bueno, un joven, porque ya tenía 14 años. Pero, bueno, me sentía muy mal por eso. Ese último año que estuve activo me la pasé muy mal: tomaba y me drogaba diario. A veces veía a mi hijo y pensaba: "¿Qué voy a hacer si me lo hacen a mí? No lo soportaría". Me equivoqué mucho con eso, no sólo con matarlo: desde su secuestro estábamos haciendo las cosas mal.

Se lo dije a don Alejandro una de las veces que vino a verme; fueron cuatro o cinco: la primera se la pedí yo, las otras fueron porque él quiso. La última vez vino porque quería que lo ayudara con algo, pero no lo hice. Resulta que, cuando vine aquí, declaré muchas cosas, di los nombres de los integrantes de la banda y su participación en el secuestro; dentro de esa declaración mencioné a un comandante que le decían la Rana; nunca lo había visto, pero había escuchado de él. Entonces, cuando agarraron al comandante, don Alejandro y doña Chabelita fueron conmigo para pedirme que declarara contra él. Pero yo no podía hacer eso, ni lo conocía. Me dijeron: "Tienes que declarar en su contra, no lo podemos dejar ir". Pero yo no iba a declarar contra un inocente. A pesar de todo, le dieron 35 años por la supuesta participación en nuestros secuestros. Pura corrupción. Manipularon la información que les di para que pareciera que yo lo había puesto. Por ese dejé de colaborar con la SIEDO.

Doña Chabelita también tenía sus intereses para venir a verme, por lo de su hijo. Ella pensaba que yo sabía quiénes le habían matado a su hijo, pero estaba equivocada, yo no sé nada. A lo mejor pensaba que porque yo estaba acá adentro podía conseguirle información. Viví un tiempo en COC con uno de los que estuvieron involucrados en su secuestro; era un güey nefasto, me caía muy mal, pero fuera de eso no tengo idea de lo que pasó.

No me gusta meterme en los asuntos de la demás gente, no soy así. Y el hecho de que me hayan puesto la trastada de manipular mi declaración para chingar a un compañero me enoja bastante. Pero, bueno, también fue mi culpa: confié en la señora Isabel y en la SIEDO. No lo vuelvo a hacer.

Sé que lo merezco, pero no quiero estar toda mi vida en la cárcel

Siempre he vivido tranquilo, incluso cuando estaba secuestrando. Vivía en la misma casa que las víctimas, como dije, yo era el encargado de cuidarlas. Nunca tuve miedo ni remordimiento.

A mí me agarraron por pendejo, yo solito me puse el pie, fui muy arrogante, me sentía intocable. Si no fuera por eso, ahorita estaría afuera ya retirado. Pero, bueno, ni modo, las cosas pasaron de alguna manera y no hay nada que se pueda hacer.

Primero agarraron a mi cuñado. A él le cayó la Federal, se lo madrearon y él les dijo dónde encontrarme; no lo culpo, ya nos tocaba. Lo torturaron y todo el pedo, ya sabes cómo es la policía de cabrona.

Me vino a ver varias veces al Cefereso el comandante que me agarró. Vino él y otro güey que trabajó en muchos casos de secuestros, le dicen el Coyote. Ese güey también fue a ver a Abel. Y cuando habló conmigo me dijo: "Mis respetos, estás cabrón. Cuando te agarramos acabamos con 80% de los secuestros en Ciudad de México". ¿Te imaginas? De 100 secuestros, 80 los hacíamos nosotros. Llegamos a tener tres o cuatro personas al mismo tiempo en la casa.

A pesar de todo, no soy un monstruo como me pintan en la tele. No digo que sea un santo, pero no soy aquel ser despiadado que sacaron en las noticias. Mi misma familia y amigos se sacaron de onda cuando me vieron en la tele, ése no era yo. Me lo decían: "Pinche Cua Cua, tú no eres así, yo te conozco desde morro y sé que no eres así". Porque yo era muy querido por mucha gente, pero a veces tienes que hacer cosas que no quieres hacer, no tienes opción.

Hay varias cosas que tienes que tener en cuenta para no terminar como yo. Primero, la familia: si desde chico tienes el apoyo de tu familia, ya la llevas de gane; ellos están para guiarte y protegerte de las malas amistades; por ejemplo, si yo veo que mi hijo se junta con un güey que toma, le llamaría la atención; si veo que anda en drogas, no le diría nada, no sé por qué. La escuela también es muy importante, te enseña a socializar; a mí me faltó eso, yo quería estudiar la prepa, pero no pude, a lo mejor desde ahí empecé mal.

Cuando estaba chavo tenía problemas con uno de mis dientes, no me había salido, estaba medio chimuelo. Y en esa época me llamaba mucho la atención ser guardia presidencial, iba a darme mis vueltas por Los Pinos. Un amigo y yo íbamos a ver a los guardias, nos gustaba mucho verlos uniformados y haciendo fila. Un día uno de ellos se nos acercó y nos dijo: "¿Por qué quieren ser guardias presidenciales?" Mi amigo le dijo que porque su hermano era militar y que era su ejemplo a seguir; cuando me preguntó a mí, le dije: "Quiero servir a mi patria, por eso estoy aquí". El guardia me vio de arriba abajo y me dijo: "Nunca ha habido chimuelos en el ejército". Ese comentario me marcó, me di cuenta que en el gobierno hay gente bien ojete que piensa que lo importante es el físico. Pensé: "Me los voy a chingar, acaban de crear un monstruo". A lo mejor si me hubieran dejado pertenecer a ellos no hubiera agarrado el camino que agarré. Y no estoy diciendo que es su culpa, pero yo tenía una ilusión y ellos me la rompieron.

A partir de ahí creció un rencor muy fuerte hacia la figura de autoridad. Aquí me pasa, hay custodios con los que me llevo bien, pero hay otros que no soporto, me hierve la sangre cuando los veo.

Porque si hay algo que no aguanto es la hipocresía, se creen muy rectos y son unos corruptos de lo peor. Se sienten investigadores los cabrones; lo único que hacen es orillarte a hacer cosas que no están bien. Por ejemplo, llevo más de 10 años preso, y en todos esos años sólo he tenido una sanción; para que te des una idea de la persona que soy: así como hice cosas muy malas, puedo ser una persona muy tranquila. Bueno, debido a mi buena conducta en estos años, tengo derecho a una petición extraordinaria: yo pedí tener una foto de mi familia. Y, fíjate, a pesar de todo, me dijeron que no procede. ¿Por qué? No lo sé, pero no procede. Entonces, ¿a qué me orillaron? A conseguir las fotos por otro lado, de la manera ilegal. Cuando quisieron llevárselas, les dije: "No, carnal, estas fotos son de mi expediente, las necesito para mi proceso, no te las puedes llevar". Es a lo que orillan a uno. Apenas hace unas semanas metí una petición para que me trajeran tres revistas, todo conforme a la ley, la cual nos da derecho a tener eso. Pedí la *National Geographic*, la *Q* y la *Muy Interesante*; todas estaban en la lista de revistas permitidas, y bueno, me contestaron que tampoco procedía mi petición porque según apelan al artículo 22, el cual dice que los directivos tienen la facultad para negar las peticiones que consideren. Son pendejadas.

Los directivos de aquí quieren tapar el sol con un dedo. Por ejemplo, no tenemos permitido leer libros sobre narcotráfico. ¿Creen que así se va a acabar el problema? No, señor, el narcotráfico va a existir siempre que esté prohibido. Cuando sea legal la droga, van a cambiar las cosas, a lo mejor van a tener que buscar otra sustancia u otra cosa para traficar, así como le hicieron con el vino o el tabaco en sus tiempos.

Aquí hemos hecho varias huelgas de hambre, nos manifestamos porque no nos toman en cuenta. A veces los compañeros están bien enfermos y los directivos no hacen nada, los dejan morir solos.

El director que teníamos antes, Cárdenas Lerma, era a todo dar, al menos conmigo siempre se portó muy bien. Yo pinto, no soy un Picasso, pero me gusta mucho pintar; ahorita le estoy haciendo un cuadro del Capitán América a mi sobrino. Y cuando estaba Cárdenas Lerma, yo no tenía problema para conseguir mi material de pintura, me hacía responsable de él.

Pero cuando llegó el nuevo director nos quitaron todo, dijeron que iban a reestructurar los talleres. Puras mentiras. ¿Cómo iban a reestructurar los supuestos talleres si sólo tenemos dos maestros en todo el penal? Nada más eran ganas de chingar. Yo hablé con él, le expliqué que pintaba en mi celda, que muchos compañeros lo hacíamos, pero el señor es un déspota, me dijo que sí me iban a vender el material pero que iba a tener que trabajar en la cafetería. Tiene unas formas muy groseras de decir y hacer las cosas. Por eso se va la gente, ya le renunciaron dos maestros, trata mal a todo mundo.

Apenas nos regresaron las televisiones, y eso porque le ganamos un amparo, no porque el güey sea buena onda. Odio a ese cabrón.

Estos años en la cárcel me han enseñado que tengo dos caminos para obtener mi libertad: una, ponerme la de licenciado, o sea, ponerme la corbata y salir por la puerta grande —escaparme, pues—; dos, irme por la manera legal.

Me arrepiento de muchas cosas, por ejemplo, de no haber puesto un alto en situaciones que me podían perjudicar. Pero de lo demás no, el pasado se quedó atrás, lo que hice o no hice ya no puede ser cambiado. Más que arrepentirme de lo que hice, me arrepiento de lo que no me atreví a hacer, de no poner un alto y decir: "No estoy de acuerdo, no lo voy a hacer", como me hubiera gustado hacer con Fernando [Martí]. Fue el más chico que maté, las demás personas ya eran grandes, pero él era un chavito.

Maté alrededor de 15 personas, de forma directa o indirecta. Secuestré a muchos más, perdí la cuenta. Robé autos, hice muchas cosas mal, pero voy a pelear por mi libertad, agotaré todas mis posibilidades. Sé que tengo que pagar por lo que hice, por eso estoy aquí, y aquí estaré por mucho tiempo, pero no quiero quedarme toda la vida en la cárcel. Sé que lo merezco, porque no robé un puesto de pepitas, pero no lo quiero.

Vivimos en un país hermoso, la mayoría de su gente es muy bonita, el problema es el pinche gobierno. Por ejemplo, cuando estuve prófugo por el secuestro de Laura Zapata, anduve rodando por los pueblos de la frontera, y de 100 personas, 98 me querían: eso habla de la bondad de la gente mexicana. También viví un tiempo con un compa, Tabito; él me dio asilo durante seis meses sin esperar nada a cambio. Sus papás me trataban hasta mejor que a él, son gente buena. Cuando le dije que me iba a regresar a la Ciudad [de México], me dijo: "No te vayas, carnalito, quédate aquí", y se fue a esconder para no tener que despedirse de mí. Eso me hace sentir bien, o sea, algo bueno debo tener como para que la gente me quiera. Todos tenemos una dualidad, vive en nosotros el bien y el mal. Yo no me considero el peor ser humano en la tierra, sé que hice cosas muy malas, pero no soy un monstruo.

Soy un guerrero, siempre veo para adelante. Hay compañeros que llegan y andan chillando: "Este penal está muy feo". Carnal, no sabes lo que es estar en un lugar jodido. Cuando estaba en Otumba nos tenían esposados y con grilletes todo el tiempo, como animales. Pero, bueno, a la gente le gusta quejarse de todo; a mí no.

Yo sólo voy a mirar para adelante y conseguir mi libertad, cueste lo que cueste.

Mandar las orejas de las víctimas era la mejor forma de presionar a las familias: Aurelio

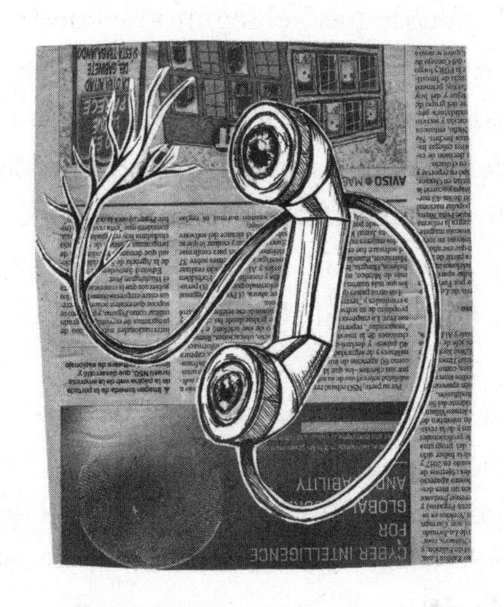

Llevo más de 20 años en prisión, me encerraron en 1998. Han sido tiempos difíciles. He tenido muchos problemas con mi familia a raíz de que caí aquí. Después de que me agarraron, sufrimos dos secuestros dentro de mi familia: uno a todos mis hijos y otro a mi hijo el más chico, todo cuando yo estaba aquí adentro. La vida es muy curiosa.

Un año después de que me encerraron, secuestraron a mis tres hijos, el más pequeño tenía nada más 8 años. Agarraron a la banda que los secuestró, me parece que eran del Reclusorio Oriente. Lo sé porque un muchacho que estuvo aquí me lo platicó; yo no los conozco. Pienso que todo en la vida se paga, en un momento u otro, la vida solita te castiga. Muchas personas dicen que cuando te mueres vas al cielo o al infierno, y ahí pagas todo lo que hiciste, pero yo no lo creo. Pienso que somos materia, como las plantitas, y que todo lo que hacemos en esta vida, aquí mismo la pagamos. No hay de otra.

No soy muy creyente, o sea, cuando era chiquito me bautizaron y toda la cosa, pero ya de grande fui perdiendo la fe. Siento que sí hay un ser superior; no lo sé describir, sin embargo, lo siento. Pero eso de que exista la Virgen y todo eso, no, no lo creo.

Pero bueno, cuando pasó el segundo secuestro —el de mi hijo pequeño—, mi suegro me dijo: "Mándame a los niños para acá, no les vaya a pasar algo más". Y sí lo pensé. Mis suegros viven en Los Ángeles y siento que es más seguro allá. Además, una de mis cuñadas se iba a ir a vivir allá, eso me convenció. Y así se fueron todos, mi suegra, mi cuñada, su familia y mis tres hijos, todos se me fueron para allá. Tenían 8, 10 y 12 años cuando los vi por última vez.

Es que aquí sí está fea la cosa. Cuando secuestraron a mis hijos, me platica mi esposa, los levantaron en una avenida, por la delegación Venustiano Carranza, en un estacionamiento. Ellos venían para acá, a visitarme, cuando los agarraron. Me cuenta que iban saliendo del estacionamiento cuando se le cerraron unos carros, ahí empezó todo. Pasaron a mi esposa y a mis niños a la parte de atrás de la camioneta y los estuvieron paseando un rato. Le dijeron: "Adriana, sabemos cómo está la onda. Tu esposo tiene lana y queremos que nos la entregues". Ella se supo controlar, les contestó: "Okey, tranquilos, podemos llegar a un acuerdo". Entonces la bajaron y se llevaron a mis hijos. Me cuenta que todavía se despidieron de ella: "Nos vemos al rato, mamá". Ella se preocupó mucho, pensó: "¡Chin! Qué tal si les hacen algo".

La onda es que se llevaron a mis hijos y los tuvieron retenidos todo el día, como desde las 6 de la mañana hasta las 5-6 de la tarde. Ya después ella les entregó el dinero y los soltaron, los botaron por Tlatelolco. Me cuenta mi hijo el mayor que paró un taxi y le dijo: "Llévame a la delegación Venustiano Carranza, a unos edificios que están por ahí. Ahí está la casa de mi abuelita, ella te va a pagar". Subió a sus hermanos y se los llevó. Él siempre ha sido muy protector. Me cuenta también que no les hicieron nada, que los tuvieron en un cuarto oscuro y que nada más les decían: "Agachen la cabeza y pórtense bien".

Para ese momento, yo no sabía nada. Le hablé a mi esposa y le pregunté: "Oye, ¿qué onda? ¿Por qué no vinieron?" Y ella me contó un cuento que según habían chocado, que el seguro tardó en llegar y no sé qué tanto. A la semana siguiente, cuando vinieron a verme, ya me contaron la verdad. Es que ella no me quiso contar nada por teléfono porque la policía tiene intervenidas todas las líneas, eso a raíz de que a mí me agarraron.

Y bueno, como a los seis meses, fue el segundo secuestro. Ahí nada más se llevaron a mi hijo Carlos, el más chico, porque mi hijo mayor estaba en la escuela y el de en medio estaba enfermito, se había quedado con su abuela, entonces nada más venían Carlos y mi esposa. Prácticamente el secuestro fue igual que el primero: los atoraron en la camioneta y se llevaron a mi hijo. Nada más que esa ocasión lo tuvieron en cautiverio como tres o cuatro días.

Entonces, al momento de negociar, mi esposa les dijo: "No me hablen a este número, está intervenido por la policía, márcame mejor a otro lado". Pero ellos se pusieron bien locos, le dijeron: "No, yo quiero que tú me contestes a ese número y punto". Y ella pensó: "Pues bueno, si así lo quieren…".

Total, por ahí se hicieron las negociaciones. Le pidieron unos centenarios de plata que teníamos y un dinerito ahí ahorrado. Y bueno, cuando mi esposa iba a entregar el dinero, la agarraron, una comandante de la Policía Federal Antisecuestros y otro comandante. La interceptaron: "¿Qué lleva ahí?" Y cuando vieron el dinero le dijeron: "Usted tiene una orden de aprehensión, nos la vamos a llevar detenida". Ella intentó protestar, explicar lo del secuestro de mi hijo, pero no le hicieron caso. Obviamente ellos —la policía— ya habían oído todo y nada más se la querían chingar. La llevaron con los mismos fiscales que me agarraron a mí y ahí ella les explicó todo. A partir de ese momento se empezó a negociar con los secuestradores de mi hijo por medio de la policía. Cuando le llamaron nuevamente a mi esposa, les contestó la comandante: "Soy la hermana de Adriana, ella ya iba a entregarles el dinero cuando la detuvieron los policías. Pero el trato sigue en pie, a partir de ahora, yo voy a negociar con ustedes. Dime en dónde quieres que te entregue el dinero". Y así fue, los secuestradores le dieron santo y seña de dónde entregar el dinero. La verdad estos individuos eran muy tontos. Ahorita están aquí, en otro módulo, dos de los que estuvieron involucrados en el secuestro de mi hijo, pero ni les hablo. Muchos me dicen: "Oye, ¿qué onda? ¿Por qué no les das una madriza?" Pero una madriza no va a solucionar nada, ésos son asuntos mayores que se van a resolver tarde o temprano, y a final de cuentas ellos están pagando aquí dentro, lo mismo que yo estoy pagando por lo que hice.

Pero, bueno, estos tipos fueron muy tontos en todos sus movimientos, no sólo en el secuestro de mi hijo. Tengo amigos aquí dentro que los conocen, y me cuentan que ellos estuvieron en tiros de bancos, pero que les mataron gente y por eso tienen muchos enemigos. Por ejemplo, un amigo es cuñado de una chava que andaba con ellos en un tiro de banco, pero en una balacera la mataron y la fueron a aventar por ahí. Me han dicho, incluso, que me pueden dar información para que les metamos más porquería y se fundan aquí dentro, pero no quiero hacer eso. Si la suerte me da la oportunidad de ajustar cuentas con ellos, lo voy a hacer. Mientras, no quiero que me llenen la cabeza de cochinadas. Porque siempre fui muy consciente de la situación, de lo que le podía pasar a mis hijos, pero ni modo, así son las cosas y uno tiene que aguantar.

Cuando atoraron a estos chavos, en su primera declaración, yo fui al juzgado. Iba con César Guadarrama Martínez y Daniel Villegas Martínez, mi compadre; él tiene un hijo con mi cuñada.

Todos estamos presos por secuestro, íbamos por causas propias, nada que ver con los chavos estos.

Íbamos para los juzgados. Para entrar hay unos pilares muy grandes y luego un pasillo largo. Por ahí íbamos caminando cuando Villegas me dijo: "Mira, ahí están los que secuestraron a tu chavo, los acaban de atorar". Volteé y los vi: eran cuatro. A uno de ellos le faltan varios dedos de la mano; es de la banda de Los Mutantes.

Cuando los vi, me quité un peso de encima. Le grité a mi esposa: "Ya soltaron a Carlitos". Es que mi esposa estuvo aquí en el Altiplano por dos años, cuando tenían habilitado un espacio para mujeres. Yo no la podía ver ni platicar con ella, pero la escuchaba cantar. Ella estaba en el módulo 2, celda 1, justo como yo. Sólo nos dividía un muro, casi casi. Y a pesar de eso, no podíamos hablar, de repente nos encontrábamos en los pasillos, o cuando nos llevaban al juzgado, pero sólo podíamos saludarnos de rápido: "Hola, mi amor, échale ganas", y hasta ahí. Los policías no nos dejaban hablar más, pero está bien, así son las cosas aquí adentro.

Ella cayó por los cargos de procedencia ilícita, por comprar cosas con dinero ilícito pues. De ahí le fincaron cosas de delincuencia organizada, lo cual es mentira: ella nunca participó en nada de eso, se lo dije al juez y a los fiscales, pero nunca me creyeron. Les dije: "Yo para eso contrato gente, no voy a meter a mi esposa, a la madre de mis hijos, en esos *biznes*". Quiero mucho a mi esposa, todavía nos carteamos, nuestro matrimonio sigue en pie, pero es muy difícil aquí dentro. En fin…

Llevo meses en este dormitorio, antes estaba en el 7, pero ahí era mucha bronca, había gente muy loca, me metieron varias madrizas. Es que hay muchas bandas en esa zona, te quieren chamaquear, y pues no, ¿qué pasó? Entonces surgen problemas porque no concuerdas con su forma de pensar y de actuar. Ellos quieren que les sirvas y que hagas lo que dicen, pero no, yo no me voy a dejar. Un día, mientras estaba comiendo, me agarraron como entre tres. Llegaron dándome un patín en las costillas, ése fue el que me desinfló; además estaba comiendo, me agarraron flojo.

Llevo muchos años aquí, he visto cómo cambiaron las cosas. Ahorita el problema son las nuevas bandas que van llegando. Apenas trajeron a muchos de Villa Aldama, ellos vienen por delitos comunes, cosas pequeñas como robos, pero vienen bien locos, arman mucho desmadre aquí dentro.

He estado en el Reclusorio Norte, Barrientos y ahorita en el Altiplano, y todas las cárceles son iguales. El sistema no funciona.

Cuando caí en el Norte fue por robo de vehículos. Me acuerdo que entró al mismo tiempo un cuate por violación; lo violaron ahí dentro, al otro día se ahorcó, no aguantó. Pero de ahí en fuera todo es un desmadre, todos cotorrean y hacen los que quieren, la pura fiesta. Además, entran bandas completas, amigos que se la pasan a toda madre en la cárcel. Yo siempre entré solo, cuando me dedicaba al robo de vehículos lo hacía solo. Igual en la onda del secuestro, nunca me gustó meter a otra gente en mis jales.

La vida del Mochaorejas

Nací en Morelos, allá me registraron. Mi mamá es de Tepito; mi papá nació en Villa Guerrero, antes de Ixtapan de la Sal, pero de chavito se vino al Distrito. Él se robó a mi mamá y de ahí nacimos nosotros; nunca hubo amor entre ellos, nada más la conoció, le gustó y se la robó. Mis hermanos y yo le preguntamos que por qué se fue con mi papá así tan fácil, y ella nos contesta: "Es que tu abuelo era un hombre muy enérgico, si me quedaba más tiempo con él, me podía maltratar. Mejor me fui con tu papá, ya después nacieron ustedes y no hubo de otra". Cuenta mi mamá que cuando tuvo su primer novio, como a los 15 años, mi abuelo la rapó, la dejó pelona para que nadie se le acercara: "Nunca nos dimos ni un beso. Nada más llegó y me dijo que éramos novios y ya. Pero tu tío Carlos fue de chismoso con mi papá y ahí me agarró tu abuelo". Eso yo no lo veo bien, pienso que es violencia. Como la que hacen aquí en la cárcel, también los rapan, eso es una forma de sometimiento.

Mi papá también tuvo una vida difícil. Me cuenta que cuando vivía en su pueblito trabajaba en el campo; su papá lo obligaba a darle la pastura al caballo, cuidar la siembra, cosas así. Entonces él dijo: "Ya me quiero ir de mi casa, en cuanto pueda voy a agarrar un dinerito y me voy a ir". Y así le hizo, se salió de su casa, agarró un camión y llegó a México. Él tenía un tío que le decía: "Mira, Catalino, yo soy de México, cuando tú quieras puedes venirte para acá, te quedas en mi casa". Cuando llegó a la ciudad, empezó a preguntar dónde estaba el aeropuerto —por ahí vivía el tío—, y se fue caminando hasta allá, tenía 8 años apenas. Y cuando llegó, vio el montón de casas: "¡Chin!, ahora ¿cómo le voy a hacer?" Mejor se regresó por donde había venido y llegó a La Merced —porque antes había una terminal de autobuses por ahí—. Eran como las 7 de la noche, ya tenía mucha hambre. Se acercó a una construcción donde estaban trabajando unos albañiles y uno de ellos le dijo: "¿Qué haces aquí?", y mi papá le explicó todo, que no conocía a nadie, que no tenía dónde dormir, estaba hambriento y solo. Entonces el señor le dijo que no se preocupara, que podía dormir ahí en la construcción mientras encontraba a su tío. Eso sí, podía dormir ahí, pero durante el día tenía que irse para otro lado.

Entonces se fue caminando ahí, por el mercado de La Merced, a un parquecito que está afuera de la iglesia de la Soledad. Tenía mucha hambre y se sentó en una de las bancas. En eso llegaron un montón de niños, de todas las edades; le preguntaron de dónde venía y qué hacía ahí. Mi papá les explicó y ellos le dijeron: "Ah, tú tranquilo, si quieres júntate con nosotros, no vas a pasar hambre". Ahí le entró a robar.

Un día estaban paseando por La Merced, cuando de repente, me cuenta mi papá, todos los niños se echaron a correr. Mi papá no sabía lo que pasaba, se sacó de onda. Cuando de pronto lo agarró un señor de la mano, don Guillermo Mendoza, un señor alto, güero, de ojos azules; lo subió a un carro del año y se lo llevó. En el camino le iba preguntando: "¿Cómo te llamas? ¿De dónde eres? ¿Qué haces aquí? ¿Dónde está tu familia?" Y mi papá le contó su historia, que se llamaba Catalino, que era de un pueblito y que estaba solo. Entonces don Guillermo le dijo: "No me gusta tu nombre, Catalino se escucha muy feo. De hoy en adelante te vas a llamar Miguel. Te voy a llevar a mi rancho y ahí te vas a quedar. Si te escapas, te voy a buscar, y si te encuentro, no te la vas a acabar". Y se lo llevó al rancho.

Vivían en el rancho 5 de la colonia Pantitlán; eran vecinos de mi mamá, aunque en ese entonces no lo sabían. Cuenta que a veces llegaba don Guillermo con el carro todo balaceado, llevaba una vida muy peligrosa. También cuenta que tenía un cuarto, todo forrado en madera, donde iban agentes de la Procuraduría a torturar gente. Los encerraban, los interrogaban y les metían unas buenas golpizas. Él me cuenta que había un sillón grande que siempre terminaba bañado en sangre; eso lo tiene muy grabado porque don Guillermo lo hacía limpiar todo el cuarto, y con el sillón siempre tardaba mucho, no podía quitarle toda la sangre.

Mi papá era muy bueno para los caballos; conoció a mi mamá cuando se daba sus vueltas a caballo por la colonia. Ahí se la robó. Ella estaba sentada con una amiguita afuera de su casa cuando lo vieron pasar montado en uno de los caballos: "Mira, María, ése es Miguel, es del rancho de don Guillermo. Dile que te dé una vuelta en su caballo". Eso le dijo la amiga, mi papá la subió al caballo y ahí se la llevó; así se hicieron novios. Por eso digo que no hubo amor, pero, bueno, cada quien.

Somos cuatro hermanos: Juan, Daniel, Aurelio y Diego. De chiquito no recuerdo ver a mi papá muy seguido en la casa, fue un padre ausente. Pero tampoco recuerdo que haya sido golpeador. Sólo una vez vi que le pegara a mi mamá, le dio una cachetada porque ella le empezó a discutir no sé qué cosas; es que él era alcohólico. Tenía un taller donde hacían puras cositas para bebés, todo en estambre, y se la pasaba encerrado ahí tomando. A veces me llevaba con él a vender la mercancía, pero era muy ocasionalmente.

Vivíamos en Neza, en unas casas de cartón. Eran las llamadas casas "a flor de tierra", sin cimientos, nada más puestos así los tabiques y las láminas; ya después le pusieron piso, pero todo muy austero. Comida nunca nos faltó, siempre hubo frijoles, arroz y guisado, hasta nos hacíamos agua de sabor. Nunca tuvimos realmente carencias, pero mi papá no invertía en darnos una mejor vida.

De ahí, mi mamá se metió a trabajar. Estuvo 25 años trabajando y nunca tuvo una falta; era bien chambeadora.

Aquí, las psicólogas me preguntan: "Usted sufrió violencia cuando era niño, ¿verdad? ¿Le pegaba su papá?" Yo les digo que no, pero no me creen. Ellas piensan que yo hice lo que hice porque tengo traumas en la infancia, pero no es cierto, yo hice lo que hice porque quise. Quién sabe por qué no me creen.

En fin, cuando mi mamá se metió a trabajar, le dieron una casita de Infonavit. Además, mi mamá convenció a mi papá para que comprara un terreno que vendían al lado de donde estaba la primera casa, la de lámina. Mi mamá siempre tuvo más visión, ella convencía a mi papá de comprar lo necesario para vivir más o menos bien. Si a mí o a alguno de mis hermanos nos hacían falta zapatos, ella forzaba a mi papá a que nos comprara otros, porque mi papá se lo gastaba todo en alcohol. Le decía: "No tengo dinero, María, ¿quieres que robe? Porque con lo que tengo no me alcanza. Mejor vive tu vida y déjame vivir la mía".

Mi hermano Juan, el mayor, estudió Economía; era catedrático de la universidad; también trabajó para la Conasupo, hasta salía en la tele. Me decía: "A las cuatro voy a dar una conferencia en equis canal, prendes la tele". Todos estábamos orgullosos de él, pero cuando pasó mi problema, lo afectamos mucho, a él y al menor, les cerramos las puertas.

Daniel y yo sólo estudiamos hasta segundo de secundaria. Cuando salimos de la primaria, mi mamá nos pagó un curso de preparación para hacer el examen a secundaria. Yo en ese entonces no sabía muy bien qué quería hacer. Un amiguito me convenció de aplicar para una secundaria técnica, porque según ahí te enseñan oficios y cosas de ésas. Pero el día del examen, me di cuenta que no sabía nada, así que me rechazaron. Mi mamá se portó muy alivianada, me dijo que no me preocupara y me metió a una escuela de paga que está en Neza; se llama "Adolfo López Mateos", ahí hice primero y segundo de secundaria. Pero de un momento a otro dije: "Hasta aquí, ya no quiero estudiar", y se lo dije a mi mamá, yo quería trabajar. Ella se sacó de onda: "No, hijo, una persona preparada siempre va a ganar más, va a tener mejores trabajos. Tienes que estudiar para que te vaya mejor en la vida". Pero yo no quería, de repente me entró la idea a la cabeza de no querer estudiar y de ahí no me la pude sacar.

De ahí, mi mamá me dijo: "¿Ahora qué vas a hacer? No te puedo tener de vago aquí en la casa. No quisiste estudiar, pues a trabajar mijito". En ese tiempo mi papá trabajaba para Mexicana de Aviación, sacando el desperdicio de las cocinas y llevándolo para una granja. Entonces me fui con él a trabajar.

Estuve ayudándole a mi papá alrededor de dos años, porque no era tal cual un trabajo, a él sí le pagaban, a mí me daba nada más 500 pesos, o menos. Lo que sí era negocio para mí eran los perros de pelea, tenía dos: un bull terrier y un dóberman. Del desperdicio que sacábamos de las aerolíneas sobraba para alimentar a mis perros, eso era la ganancia. Eran perros agresivos, los entrenaba diario, salíamos a correr, los enjaulaba, los *topeteaba* con otros perros y me gustaba salir con ellos a pasear. Un día unas vecinas me dijeron que iban a llamar a los de protección animal, que porque estaba prohibido pelear perros, pero eso no se puede, eran mis perros y no podían hacer nada.

Las peleas de perros me causaban mucha emoción, era un sentimiento como de adrenalina muy fuerte, así como los secuestros. A mi familia no le gustaban las peleas de perros, siempre me regañaban porque lo hacía, y al principio les hacía caso, pero no podía evitarlo, era algo que me llamaba mucho la atención, y no tanto por el dinero, sino que me gustaba verlos pelear. Los fines de semana me iba con mis amigos al rancho, donde había peleas de gallos y de perros. Me hice adicto a eso.

Cuando tenía 16 años empecé a robar, me junté con unos amigos —que ahora están detenidos igual aquí— que conocí en mi barrio, en la Campestre de Aragón. Hacíamos robo a transeúntes, y con el dinero que saqué de los robos me compré un Ford Falcon. Después empecé con robo a mano armada; es que un amigo me vendió una pistola, una 45 con tres cartuchos. Un día, andaba en Aragón con mis amigos, fuimos a comprar un pomo y nos lo echamos en la banqueta. Entonces, uno de mis amigos dijo: "Vamos a hacer la *vaca* para otro pomo". Pero les dije que ya no traía billete, además tenía que ponerle gasolina al carro y andaba bien roto. Mi amigo me dijo: "No hay pedo, ahorita nos bajamos a alguien y con eso se arma". Yo pensé: "Pues va, que se arme". Y nos bajamos a Eduardo Molina a esperar a alguien. En eso vimos a un vecino que traía un reloj chingón, y le dije a mi compa: "Jálate a ver si no hay una patrulla". Nos dimos una vuelta a la manzana y vimos que no había peligro; entonces ¡pum!, que lo bajamos: "¡Cáele con el reloj, los zapatos, la chamarra y el dinero!" Le quitamos todo. Ésa fue la primera vez que delinquí.

Ahorita que me acuerdo, desde niño ya tenía esta onda del robo. Cuando iba en segundo de primaria nos llamaron a varios compañeritos para que fuéramos a pintar la primaria, pero a final de cuentas la maestra no llegó y nos quedamos ahí solos los niños. Estaba con otros dos compañeros y, paseando por la escuela, vimos un mapamundi bien bonito que tenía la maestra en su escritorio. Entonces el Güero, mi compañerito, dijo: "Pues hay que llevárnoslo, al fin no hay nadie". Yo al principio como que no quería, pero me convencieron y entramos al salón, nos subimos al escritorio de la maestra, que era uno de esos pesadotes, y nos llevamos el globo y un cajón con cosas. Nos echamos a correr llenos de adrenalina, nos fuimos a un terreno baldío que había atrás de la escuela. Nos robamos un libro, el mapamundi —que se llevó el Güero— y otras cosas de papelería. Al lunes siguiente nos llamaron a la dirección. ¡Chingue su madre! Estaba la directora, la maestra que era dueña de las cosas y mi maestro. Nos sentaron: "Ustedes se robaron esto y esto. Unos muchachos los vieron". Mi compañero y yo aceptamos la culpa, pero el Güero decía que no y que no. Total, hablaron con nosotros: "¿Saben lo que están haciendo? Esto es un robo, y si vuelven a hacerlo, vamos a llamar a la policía y los vamos a meter a la cárcel, esto es muy grave". Nosotros nos espantamos mucho, dijimos que no lo íbamos a volver a hacer, pero que no les hablaran a nuestros papás. Ya cuando vimos que no iba a haber consecuencias nos relajamos. ¡Qué suave!

Y bueno, empecé a delinquir cuando estaba chavo; todo lo vendíamos o nos lo repartíamos entre nosotros. Ya después, cada ocho días, cuando iba al barrio, nos íbamos a Aragón a robar, se nos hizo costumbre. Nuestras zonas eran Aragón y Neza. De ahí sacaba para la gasolina y para el vicio, no era mucho. Éramos tres los que nos juntábamos para robar.

Después me metí a trabajar a Euskalduna, hacíamos acero inoxidable. También trabajé de chofer de una combi. Además me compré una camioneta y la metí para trabajar. Es que siempre me ha gustado chambear, a pesar de todo, soy bien chambeador.

Un día, saliendo de una chamba que tenía, me fui a Neza a un centro nocturno con mi hermano Daniel; en ese entonces él era chofer de un señor de Neza. Ahí empecé a tener una relación más unida con mi hermano; bueno, siempre fuimos cercanos, pero en esa época nos unimos más. Llegábamos y pedíamos unas cervezas, todo tranquilo; estaban ahí las chavas, prostitutas, la verdad, y todas nos conocían, eran nuestras amigas. Ya llegamos tarde, como a las 3 de la mañana, cuando había pasado todo el reventón. Las chavas ya andaban medio borrachonas; todo estaba más leve, bailábamos gratis y hasta ellas nos invitaban el pomo. Fue una época padre.

Robar me daba una sensación de adrenalina

Siempre me llevé muy bien con mi hermano Daniel, desde que éramos niños. Uno de esos días en los que íbamos a los centros nocturnos, vimos cómo un señor alto, de traje, con un carro bien bonito, empezó a madrear a los que estaban afuera del antro. Ya estaba bien borracho el don, creo que se enojó porque no lo dejaron entrar al antro, la cortina ya estaba cerrada, eran como las 6 de la mañana. Entonces le dije a mi hermano: "¿Cómo ves? ¿Le bajamos el carro?" Daniel como que no estaba muy convencido, él nunca había delinquido, yo le prendí la mecha en todo este jale. Total, me dijo: "Órale va, súbete a mi camioneta y ahorita vemos qué onda". Yo ya había visto cómo le hacían, tenía amigos que se dedicaban a eso. Agarré un tabique y ¡pum!, que me reviento al don; le quité rápido las llaves, me subí al coche y me arranqué. Daniel me siguió hasta un baldío, donde nos estacionamos y discutimos qué íbamos a hacer con el carro. "Pues le quitamos las llantas y lo aventamos por ahí", le dije. Pero mi hermano tenía una mejor idea: "Llévalo con Juanillo, se lo vendes y él lo desaparece". Juanillo es un amigo de la infancia, también está atorado aquí, él trabajaba en Morelos. A él lo conocimos porque, de niño, se quedó huérfano; mis papás lo recogieron en lo que llegaban por él sus familiares, pero creció y nunca fueron por él, así que se quedó con nosotros.

Y bueno, llevé el carro con Juanillo; ahí ya no nos acompañó Daniel, fui con otros amigos. Juanillo nos dijo que mejor lo lleváramos a otro lado, no lo podía tener en su taller. Entonces lo fuimos a aventar a un estacionamiento donde trabajaba Juanillo. Como a los cuatro días hubo pedos: los ingenieros, jefes de Juanillo, le empezaron a preguntar que qué onda con ese carro, que por qué estaba botado ahí. Él les dijo que era suyo, pero como que no le creyeron. Total, fuimos por el carro y nos lo llevamos a un pueblo, por el penal de Villa Aldama; le quitamos las llantas y el carburador, lo desbalijamos todo entre mi hermano, unos amigos que están aquí presos y yo; éramos cuatro.

Como a la semana vino Juanillo a la ciudad, nos preguntó por el carro, nos dijo que tenía un amigo que era trabajador de un narco y que quería comprar el carro. "Nombre, ya lo desbalijamos", le dije. Juanillo nos dijo que todos los carros que nos fueran cayendo se los vendiéramos a él; además, podía hacer negocio con nosotros para que le consiguiéramos carros.

El primer carro que le conseguimos fue un bocho. Nos lanzamos Daniel, otro chavo y yo al centro. En eso, vimos un bochito, y de ahí dijimos: "Ése es nuestro". Llevábamos la camioneta de mi hermano, yo iba de copiloto. Nos fuimos emparejando poco a poco y, en cuanto pudimos, le cerramos el paso y le bajamos el carro al güey del bocho: "Bájate, cabrón, bájate y córrele".

Después nos fuimos con Juanillo y nos presentó al don que nos iba a comprar los carros, era un norteño. Nos dijo: "¿Cómo consiguieron el carro?" Y ya le explicamos cómo estuvo la movida. "¡No! Así no quiero, si es robo a mano armada son un buen de pedos. Les voy a comprar éste, pero ya no los quiero si son así. Mira, vente conmigo, te voy a llevar a un taller y te voy a enseñar a abrir un carro, no necesitas violencia, es pura maña". Me gustaba robar, me daba una sensación de adrenalina como ninguna otra.

En ese entonces nos daban mil 500 pesos por carro; robados valen poco. Bueno, empezamos a robar coches, puros bochos; quién sabe por qué nos pedía sólo ésos. Vimos que sí salía el *bizne*. Con el dinero nos íbamos a los centros nocturnos, nos lo gastábamos en alcohol, fiesta y mujeres; también me compraba ropa, me gustaba andar bien vestido; además, le ayudaba a mi mamá con los gastos de la casa, siempre tuve bien mi casa. Tiempo después me casé, tenía 22 años. Con el tiempo fui ahorrando para comprarme una casa, todo con el dinero del robo de vehículos.

Fuimos creciendo poco a poco. Al poco rato juntamos para bardear un terreno donde metíamos todos los coches que íbamos robando. Perdí la cuenta de cuántos autos robé, a lo mejor más de 100… más de mil. Ahí fue cuando me agarraron: me llevaron al [Reclusorio] Norte por el robo de tres camionetas y dos autos. Salí absuelto. El abogado de oficio hizo unos movimientos con las autoridades, me dijo: "El juez quiere tanto, ¿lo pagas?" Les di unos carros que tenía en el taller, todos con papeles, y gracias a eso salí. El abogado se quedó con una camioneta azul, y el juez, con una verde. Salí a los tres meses. Al día siguiente de salir de prisión, volví a robar carros.

Después, en otra ocasión, me mandaron a Barrientos. Ahí dentro conocí a varia banda que estaban interesadas en mi negocio. Me dijeron: "Cuando salga de aquí te voy a contactar, quiero que me vendas unos carros". Así fui conociendo a más y más gente, a tener mis clientes, por así decirlo. Así estuve robando autos por siete y ocho años, hasta que empecé con el secuestro.

Le cortamos las orejas, pero no la violamos

Mi banda no tenía nombre, el nombre de Mochaorejas nos lo pusieron en la Procuraduría. La banda inició en la oficina de mi hermano Daniel. Yo fui para que me prestara unas facturas, y fue él quien me dijo: "Oye, el güey de la gasolinera me está proponiendo un *bizne*, un secuestro. Vamos a entrarle". Al principio yo no quería entrarle, era mucho desmadre, y si nos agarraban iba a valer madre todo, así que no, no quería. Pero Daniel supo convencerme, y a final de cuentas, le entré.

Así que agarramos unos carros, vigilamos por unos días al chavo que íbamos a secuestrar, y cuando estábamos seguros de sus rutas, lo levantamos. Pedimos 500 mil pesos por él y sí lo pagaron. Pero todo ese dinero se repartió entre los demás muchachos; a nosotros no nos dieron ni un quinto y eso que pusimos los carros y mi taller, donde guardaron al chavo —Martín se llama—. Pero a nosotros no nos importó, nuestro negocio era el robo de autos, lo del secuestro nada más fue por la adrenalina, para demostrar que sí podíamos.

En ese entonces yo tenía dinero ahorrado, del robo de autos; no era mucho, pero alcanzaba para vivir bien: tenía dos casitas, unos terrenos y mi taller. Y bueno, le dije a mi hermano: "Ya nos dimos cuenta cómo es este negocio. Sí lo pudimos hacer. Fin". Porque, como dije, lo del secuestro nada más lo hicimos como experiencia, para ver qué onda con eso, pero no era nuestro negocio, nosotros seguimos en el robo de autos... al menos por un tiempo.

Un día llegó un señor, amigo de mi hermano; le pidió unas llantas para un ADO. "¿Dónde vamos a conseguir eso? No seas pendejo", le dije a mi hermano. Pero él ya había hecho el trato, así que ni modo, a conseguirlas. Buscamos en la Sección Amarilla un taller de camiones o algo parecido, y encontramos un lugar donde había un montón de esos camiones de pasajeros. Pero, para suerte nuestra, también llevaban ahí camiones de carga, y había uno que transportaba llantas. ¡Ya la hicimos! Estuvimos un rato dando *viada,* atentos a cómo cargaban el camión. Una vez que se arrancó, le dije a mi hermano: "Vámonos, sobre de él". Pero había un problema: ni mi hermano ni yo sabíamos cómo robar un camión. Teníamos un amigo, el Chiligüili, él era transportista, así que le hablamos para que nos hiciera el paro. Él nos fue indicando cómo hacerle, nos dijo: "Vamos a ir siguiéndolos, en dos carros, y cuando se pare el camión, en un alto, nos bajamos y los rodeamos, tú del lado del copiloto, yo del lado del chofer, así nos los cargamos y les robamos el camión". Y tal cual lo dijo, lo hicimos, no tuvimos ningún problema. Misión cumplida. A ellos no los secuestramos, no había necesidad, era gente trabajadora, además ya les habíamos quitado el camión. Sólo los llevamos un rato a mi taller, en lo que descargábamos el camión, ya después los botamos por otro lado.

El primer secuestro oficial, por así decirlo, que hicimos mi hermano y yo, fue a un señor de Ixtapaluca. Lo puso su propio trabajador. Nos lo cargamos mi hermano y yo mientras iba a trabajar. Pedimos 5 millones. El señor tenía para pagar, pero nunca puso a alguien como representante para administrar su dinero, entonces fue un problema. Yo negocié con su esposa —este primer secuestro lo negocié yo, los demás los negoció Daniel— y ella nos decía: "Sí tenemos el dinero, nada más que mi esposo no puso a nadie más para sacar y mover el dinero, el único que puede firmar es él". Entonces me fui con el señor: "¿Qué pasó, cabrón? Me dicen que eres el único que puede sacar el dinero". Él me dijo que sí, que por cuestiones de seguridad habían hecho eso. Pidió hablar con su esposa y le dimos chance, pero cuando le marcó le dijo: "Florinda, saca lo poco que tenemos ahorrado y dáselos". Pero ni madres, nosotros no queríamos poquito, ellos tenían para pagar todo. Así que lo matamos. Le dimos un balazo en la cabeza.

Después de eso, Daniel ya no quería hacer otro, se desanimó. Pero le insistí: "Uno más". Pensaba que a lo mejor el primero nos había salido de chiripada, así que quería probar que sabíamos hacer las cosas, que no había sido cosa de suerte. Del siguiente secuestro no me acuerdo muy bien, sólo recuerdo que nos salió bien, nos dieron 20 millones.

Ahí se empezó a crear la banda de secuestradores. Mi hermano y yo éramos los que orquestábamos el secuestro; los que trabajaban en mi taller cuidaban a la víctima, la levantaban o cobraban el rescate. Cada quien tenía su función en la banda, la cumplía y punto; no se metían en otra cosa. Por ejemplo, el que levantaba a la víctima me la entrega y ya, lo corría, ésa era su única participación. Los únicos que sabíamos cómo iba avanzando el secuestro, de principio a fin, éramos mi hermano y yo, los demás sólo cumplían su función y se iban. Así nos fuimos formando. Ahorita en el Reclusorio estamos alrededor de 50 personas, las que participamos en la banda.

La repartición del dinero era más o menos igual, los que nos llevábamos la mayor parte éramos Daniel y yo. Por ejemplo, si hablamos de 20 millones, Daniel se llevaba 10, yo 7, y los otros 3 se repartían entre los demás.

En una ocasión, secuestramos a un alemán, vivía en Lindavista. Le pedimos 15 millones. Eso se acordaba entre mi hermano y yo, con base en la información que nos había dado el informante, ahí calculábamos cuánto podían pagar. Sabíamos que podía pagar más, pero le dijimos 15 para que los soltara rápido. Ese día no estaba Juanillo, quien era el que se encargaba de cobrar el dinero, así que lo tuve que hacer yo. Así funcionaban las cosas: si alguien no estaba, yo tenía que hacer su trabajo; eso también ayuda a que no te pierdan el respeto, porque si ven que tú sabes hacer de todo, que le entras a todo, pues te respetan. Total, ese día tenía que ir a cobrar el rescate, y al principio iba a ir con mi hermano, pero le dije: "No, tú quédate aquí. Le voy a hablar a Chucho, *el Loco*, él me va a acompañar". Chucho *el Loco* era un cuate de la colonia que estaba aferrado a vivir una experiencia con nosotros. Según él, estaba escribiendo un libro y quería sentir la adrenalina que nosotros sentíamos. "Vas a escribir tu libro en la cárcel, cabrón. Jálate para acá, te voy a llevar conmigo." Y me lo llevé, nos vimos por la salida a Puebla. Los lugares que elegíamos tenían que estar casi vacíos, para así saber si llegaba la policía; eran lugares que ya teníamos bien ubicados.

Llegamos al lugar. En eso vimos la camioneta que iba a entregar el rescate, era una Grand Cherokee color plata; lo sabía porque mi hermano iba dirigiendo a los familiares y, a su vez, nos iba diciendo a nosotros cómo iba la cosa. Bueno, le dije a Chucho: "Ahorita te bajas, te van a dar el dinero. Lo recibes y te regresas a la camioneta. Eso es todo". Chucho se empezó a reír: "¿Eso es todo? Ahorita lo hago". En eso, me habló mi hermano y me dijo: "Están subiendo otros dos coches, alerta". ¡Madres!, la policía. "¡Tírales! Si no, ahorita nos chingan." Mi hermano no me creía, me decía que me calmara, que terminara la entrega y que luego veíamos, porque en ese momento estaba la mera acción del intercambio. Entonces se bajó Chucho y recibió el dinero. En eso estábamos cuando empezó la balacera. Chucho se quedó paralizado en medio de la balacera. Yo le grité: "¡Súbete! ¡Rápido!" Nada más estaba esperando que se subiera para arrancarme. Mientras, yo seguía dándoles de balazos a los policías y gritándole a Chucho para que se apurara. Cuando Chucho reaccionó, se quiso subir a la batea de la camioneta, pero el menso resbaló y se cayó. Como pude, lo ayudé a subir y nos fuimos de volada.

Le hablé a mi hermano contándole el pedo, y él me dijo: "Vamos a matarlo". Pero la culpa no era del secuestrado, la culpa la tenía mi hermano porque desde un principio no me hizo caso cuando le dije que nos había caído la policía. Total, nos estuvimos peleando un rato, hasta que llegamos a un acuerdo: sabíamos que este tipo tenía los millones, así que le íbamos a hablar a la familia pidiendo el doble, como castigo por mandar a la policía, y si no nos lo daban en menos de 24 horas, le dábamos un balazo y lo tirábamos por ahí.

Para ese entonces ya teníamos experiencia en los secuestros, ya lo habíamos hecho unas cinco o seis veces anteriormente. Llegamos con el secuestrado y le dije a mi hermano: "Córtale las orejas, que se chingue". Agarramos una navaja, le cortamos las dos orejas y las pusimos en una bolsa. Después fuimos a una Procuraduría cercana y pusimos las orejas en un teléfono público. Le hablamos a la familia. Nos contestó otra persona, habían cambiado de negociador. Era una psicóloga, nos dijo que sabía lo que había pasado, que los perdonáramos. La familia se había dejado llevar por los nervios y por eso había llamado a la policía, pero que todo iba a estar bien, que las negociaciones iban a ser con ella. Le dije: "Está bien, no hay ningún problema. Le voy a dar una dirección, vaya, ahí va a encontrar las orejas de su marido".

Escogimos la Procuraduría porque era un lugar seguro, donde pasaba mucha gente. En otra ocasión hicimos un cobro en Cabeza de Juárez, también por la Procuraduría. Es que algunas veces la gente nos decía: "Hagamos el intercambio en un lugar seguro, no me vayan a llevar a un lugar donde mi vida peligre. Por favor". Y bueno, nosotros no teníamos ningún problema con eso.

Algunas veces los secuestrados nos hablaban derecho, nos decían: "No te puedo dar esa cantidad por tales razones. Es dinero que no tengo. Podemos llegar a un acuerdo", y negociábamos bien. Les bajábamos 5 o 10 millones. Todo para que saliera rápido el secuestro. En promedio duraban 15 días, más o menos.

Nunca secuestramos mujeres ni niños. Eso está mal. Ésa era una regla en la banda. Porque desde mi casa me enseñaron que a las mujeres y a los niños se les respeta.

Sólo una vez secuestramos a una mujer, era una chava. Un muchacho llegó y nos dijo: "Oye, tengo un jale fuerte, ¿cómo ves?" Nos explicó de lo que se trataba, pero yo le dije que no, que nosotros no hacíamos eso, que con las mujeres no nos metíamos. "Pero no es cualquier mujer, es manflora, lesbiana. Tiene tres casas, anda con puras modelos, si quieres date una vuelta para que veas", me dijo. Y nos fuimos mi hermano y yo a una de las casas para ver si era cierto; estaba por Lindavista. Estuvimos viendo desde lejos, ahí la conocí, era una chava flaquita, de pelo corto con rayitos, parecía hombre. "Es un muchacho. Eso no puede ser una mujer", le decía al chavo que nos puso el jale. En eso, vimos cómo salió una chava guapísima, en bata de baño transparente, así como en las comedias, y le plantó un beso a la chava. Yo no lo podía creer. Ella se subió a su coche y se fue a otra de sus casas, donde tenía otra mujer. Y lo mismo, llegó, la besó y se metieron. La seguimos a la última casa, ahí yo ya estaba sorprendidísimo. Total, el chavo nos dijo: "¿Ya viste? Mira, yo te la estoy poniendo porque ella es bien mala con sus empleados, los maltrata mucho, ése es mi coraje".

Y bueno, se armó el jale. La secuestramos y nos la llevamos a una de las casas de seguridad. La tratamos como a cualquier otro. Ahí la encueramos, la amarramos con una cadena y esperamos el pago del rescate. Cuando estábamos en el baño, quitándole la ropa, nos preguntó: "¿Me van a violar?" Eso me sacó mucho de onda. Le dijimos: "No somos violadores, somos secuestradores, no te va a pasar nada". Mi hermano y yo nos empezamos a reír; la chava pensaba que éramos como cualquier piojoso, bien valemadristas. Es que ven tanta cosa en la tele que piensan que todos somos iguales. Le cortamos las orejas, como lo hacíamos con todos, pero no la violamos.

Cuando nos detuvieron, tuvimos un careo con ella. Estábamos en el proceso, cuando le tocó declarar a la chava. Entró con sus Ray-Ban, una boina y un traje camuflajeado bien padre; dejó afuera a sus guaruras y entró con sus abogados. Vio a mi hermano: "Hola, Daniel". Él la saludó: "Hola, güera", así, normal, es que nunca le hicimos nada.

Ésa fue la única vez que secuestramos a una mujer, los demás fueron hombres mayores, dueños de negocios. Secuestré entre 20 y 30 personas, no me acuerdo de sus nombres. Yo no tenía mucho contacto con las víctimas, sólo al momento de levantarlas, al momento de la mutilación y en la entrega, pero nada más; había otras personas que se encargaban de cuidarlas.

A los secuestrados los teníamos amarrados y desnudos en un cuarto. Cuando necesitábamos entrar a darles de comer o a limpiar, les pedíamos que se voltearan y cerraran los ojos. Nunca tuvimos problemas.

Las casas de seguridad a donde los llevábamos tenían ciertas características. Desde que las compré pensé en eso: debían tener cierto espacio entre la casa y los vecinos, que las ventanas de los vecinos no dieran hacia donde estábamos, y que estuvieran en barrios tranquilos; entre menos delincuencia, mejor. Una de las casas que ocupábamos estaba en San Juan de Aragón 506; tenía un módulo de policía en la esquina.

Nunca tuvimos nexos con la policía, todo lo que sacaron en las noticias fueron jaladas. Sí matamos a gente de ahí, pero nada que ver con el secuestro. Matamos a unos comandantes porque agarraron a unos chavos nuestros, o por viejas rencillas, casi siempre por cosas relacionadas al robo de autos, pero nada más. Es que no puedes confiar en los policías, menos en los judiciales, son personas muy traicioneras.

Pero así es el negocio, tienes que estar siempre al tiro. Porque así de rápido como ganas el dinero, así de rápido te pueden chingar. Y el dinero siempre mueve a la gente. Yo tenía mucho dinero. Una parte la invertí en propiedades; lo demás lo iba guardando. También me daba mis lujos, vestía bien, me iba de paseo.

Me gusta mucho la playa, pero a mi esposa no le gustaba tanto pasear. Un día le dije: "Vieja, vamos a recorrer todos los centros vacacionales de México. Porque si me llegan a agarrar, olvídate". Pero ella no quiso, decía: "No, a mí y a mis hijos no nos vas a dar esa vida. Ellos tienen que crecer normal, estudiar y ser profesionistas. Nada de andar de aquí para allá viajando". Porque ella no estaba de acuerdo con el estilo de vida que yo llevaba; siempre me reclamó que yo me dedicara al secuestro. Al principio se lo trataba de ocultar, pero llegó un punto en el que no pude más y le dije todo. Ella también se daba cuenta, o sea, me la pasaba en la calle con mi hermano; de repente tenía que salir a medianoche sin explicación alguna, llegaba con montones de billetes de la nada, ¿me entiendes?

Nosotros mutilábamos, era nuestra característica

La decisión de cortar orejas y mutilar gente fue de mi hermano y mía, nada más. Éramos los únicos de la banda con voz y voto, los demás nada más obedecían órdenes. Todo empezó a partir del segundo secuestro, con la persona que matamos. Al principio, la idea surgió de mi hermano: "Vamos a cortarle un dedo". Pero le dije: "No, mira, tú no eres doctor, ni yo lo soy. Si le cortamos un dedo se va a desangrar y se nos muere. Además, imagínate el dolor, y luego la sangre, se va a hacer un desmadre. Un dedo no, piensa en otra cosa". Estuvimos pensando mucho en eso, y de pronto mi hermano me dijo: "¡Ya sé! Una oreja". Eso me pareció mejor idea, una oreja es cartílago, no sale tanta sangre. El problema fue perfeccionar la técnica, porque la primera vez, cuando le arranqué la oreja a un señor, le corté un nervio de donde sale mucha sangre; fue un problema para pararla. Por eso, después, les empezamos a cortar la mitad, o sólo un cacho. Íbamos a la farmacia y decíamos: "Fíjese que tengo un familiar que tiene una herida profunda de un corte. ¿Qué le puedo dar?" Me vendían los medicamentos, las gasas, el desinfectante y todo, con eso los curaba.

Esa mutilación servía como presión para que los familiares pagaran, lo era todo. Porque nosotros queríamos hacer las cosas bien desde el principio, pero la familia la regaba. Por ejemplo, les hablábamos pidiendo 30 millones de pesos y ellos nos decían: "Nada más tengo 80 mil, ¿dónde se los dejo?" ¿Cómo? No era ni la cuarta parte de lo que les pedíamos. No era nada. Si no hubiéramos investigado desde antes a la familia, si no supiéramos cuánto dinero tenían, a lo mejor les creíamos, pero no era así. Entonces mi hermano les hablaba: "A ver, señora, esto es como una terapia, si usted coopera, todo va a salir bien y rápido. Piense bien las cosas, le hablo después". Como a la media hora les hablábamos para decirles dónde recoger los cachos de oreja de sus familiares.

También secuestramos a un español, uno muy rico. Era el que se encargaba de probar los vinos en México y ponerles un precio. Manejaba todo el mercado. Ahí nació el alias de mi hermano. Porque cuando marcamos para pedir el rescate, le dijeron: "¿De parte de quién?", y yo le dije: "Pues, mira, a nosotros nos vinieron a invadir los españoles, gente como este güey. A Cuauhtémoc, a una persona de nuestra raza, le quemaron los pies y eso quedó marcado en nuestra historia. Diles que hablas de parte de Cuauhtémoc".

Nosotros no queríamos hacerle daño a la gente, incluso cuando empezamos con lo de las mutilaciones, le dábamos chance a la familia de que nos diera el dinero sin contratiempos desde un principio, pero ellos se negaban. Entonces teníamos que meter presión de alguna manera. O sea, decidíamos que íbamos a mutilar cuando nosotros pedíamos millones y ellos nos ofrecían miles. Así no era el negocio. Si yo hubiera querido 80 mil hubiera vendido unos rines, no hubiera secuestrado a alguien. Pero todo eso lo decidía Daniel, él era el que aceptaba la cifra final. Sólo me decía: "Ya se hizo el trato, casi llegamos al monto. Está bien".

Fuera de eso, no las maltratábamos, de verdad, ya tenían suficiente dolor con el hecho de saber que estaban negociando por su vida.

Sólo matamos a tres personas, por cosas de la familia, porque no pagaron o porque llamaron a la policía. Pero nunca porque nosotros hayamos querido. Nosotros les dábamos la oportunidad de juntar el dinero, sabíamos que estábamos pidiendo demasiado, por eso se iba negociando con la familia, sabíamos que a lo mejor el dinero lo tenían invertido en algún lado. Por eso les decíamos: "No se preocupe, usted vaya a conseguir el dinero donde lo tenga que conseguir. Mientras, nosotros, aquí le cuidamos a su familiar. El tiempo que dure el secuestro va a depender de usted". Así negociábamos con la familia. A veces ellos nos decían: "¿Cómo sé que usted es un hombre de palabra?" Eso me molestaba mucho. Porque si yo estoy haciendo un trato es porque lo voy a cumplir, no soy cualquier gato que va a andar mintiendo.

He escuchado casos de personas que están aquí adentro, que pedían 100 mil pesos por una persona, y cuando se los pagaban, entregaban a la persona a otra banda de secuestradores. Eso no se hace. Ésas son chingaderas.

Bueno, mi hermano hablaba con los familiares y les decía: "¿No me cree que soy un hombre de palabra? Anote estos teléfonos, marque y diga que habla de parte de Cuauhtémoc, ahí le van a decir quién soy yo". Y cuando la familia marcaba a esos números le contestaban víctimas de secuestros anteriores, todas ellas le podían confirmar que mi hermano era un hombre de palabra, porque ellos seguían con vida ¿no?

Nosotros sabíamos cuando una persona tenía a la policía ahí, eso nos calentaba. Otras veces contrataban negociadores. Había uno muy famoso, que siempre andaba como camuflajeado; él negoció un secuestro con nosotros, el de la familia Nava. A ellos les secuestramos a su hijo, lo matamos porque no dieron el rescate. Mi hermano estuvo negociando tres o cuatro días, les mandamos la oreja del chavo y ni así soltaron el dinero. El negociador no le ayudó a la familia; en una ocasión le colgó el teléfono a mi hermano, fue le pendejada más grande de su vida. Nos daba largas, hasta que mi hermano le dijo: "Voy a marcar en dos horas, no quiero hablar con usted, si no me contesta el señor Nava, mato a su hijo", y así le hizo. A las 10 de la noche le marcó al señor y le dijo: "Mire, no nos hagamos pendejos. Usted tiene dinero, hace unos años recibió millones por parte del gobierno, ese dinero es del pueblo; además, en Tabasco, expropió tierras de gente humilde para poner sus negocios. Así que hagamos algo, en cinco minutos quiero que se termine esta negociación, si no, matamos a su hijo. Como usted vea". Pero el señor nunca quiso soltar, estaba aferrado a que no tenía dinero, mira cómo le fue.

Me acuerdo bien del día que nos enjuiciaron por el caso del hijo del señor Nava: nosotros —mi hermano, yo y otros cuates— estábamos atrás, viendo cómo iban entrando a declarar. Llegó el señor Nava, su esposa, el negociador y otros testigos; ahí me dio mucha pena, por todo el daño que le habíamos hecho a la familia; les matamos a su hijo, me sentí mal, la verdad. En eso, mi hermano se acercó al juez y le dijo: "¿Puedo hablar con los señores?" El juez les preguntó y los acercó con mi hermano. Él les dijo: "Señor Nava, señora Nava, perdónenme. Si yo pudiera pagar la vida de su hijo con la vida de uno de mis hijos, lo haría. Daría la vida de mi hijo para que me perdonen. Su hijo está muerto, yo por ambicioso, usted por avaro. Si usted me hubiera dado el dinero que yo le pedía por su hijo, ahorita estaría declarando en mi contra y usted hubiera recuperado su dinero". La señora volteó a ver a su marido: "¿No que les habías dado el dinero?" Tiempo después les mandó una carta, pidiendo perdón de nuevo.

En una ocasión, secuestramos al hijo del dueño de una flotilla de pipas, ese señor era un cabrón. Su hijo nos dijo: "Hablen con mi papá, él me va a apoyar, negocien con él, por favor". Pedimos 20 millones de pesos. El papá nos dijo: "Ahorita no tengo el dinero. Acabo de comprar otra flotilla de pipas y la neta no tengo con qué pagarles, lo invertí todo. Pero vamos a hacer algo, tengo 15 millones de pesos, se los doy ahorita. Agárrenlos si quieren, y si no, maten a mi hijo, ni modo". Aceptamos el trato. Después fuimos con el hijo de este señor, quien nos preguntó: "¿Qué pasó? ¿Pudieron hablar con mi papá? ¿Les va a dar lo que piden?" Le dijimos que sí, que el señor nos había dado todo el dinero, que no se preocupara. El chavo nos dijo: "¡Ya ven! ¡Se los dije! Mi papá no me iba a dejar morir solo". Nunca le dijimos la verdad.

Creo que cada banda tiene un patrón, una forma de hacer las cosas. Nosotros mutilábamos, era nuestra característica. Muchas personas me han preguntado: "¿Qué sentías cuando les cortabas las orejas?" Yo no sentía nada, eso era parte del trabajo y se tenía que hacer. Igual cuando matábamos a alguien. Le disparaba, tirábamos el cadáver y nos despedíamos: "Sale, nos vemos mañana, que descansen". Era una parte más de trabajar.

Cuando caí aquí lo perdí todo

Si tú lees mi expediente, puedes constar que ninguno de los secuestrados que nos imputan nos reconocen. Ninguno ha dicho: "Sí, son ellos, yo los vi", porque no se acuerdan. Ellos cuentan que, desde el minuto uno del secuestro, no nos vieron las caras.

Me agarraron un martes 30 de junio, en una casa que había comprado y estaba remodelando. Estaba en Tláhuac, a un lado de una casa-hogar para niñas huérfanas. Esa casa la compré todavía en obra negra; de ahí le hablé a unos albañiles que me habían arreglado otra casa por el Ajusco, arriba de Reino Aventura.

Total, el 30 de junio estaba con la familia de mi esposa; había venido mi suegro de Estados Unidos y estábamos reunidos con él. Le dije a mi esposa: "Vieja, ahorita vengo, le voy a dar una vuelta a la casa de Tláhuac, al rato pasas por los niños a la escuela". La familia de mi esposa no sabía que me dedicaba a secuestrar, se daban una idea, por lo mismo de mi estilo de vida, pero no estaban seguros. Hasta donde ellos sabían, yo me dedicaba a la compra y venta de autos.

Cuando me detuvieron me acusaron de robo de vehículos, no de secuestro. Salí en las noticias y todo. Mi suegro volteó a ver a mi esposa y le dijo bien tranquilo: "Ay, hija, que ratota tenemos aquí en la casa, ¿verdad?" Eso me chiveó un montón.

No tenía miedo a que me agarraran, era algo que iba a pasar tarde o temprano. Lo platicábamos mucho mi hermano y yo. A veces nos quedábamos de ver para comer o para platicar; lo esperaba en la caseta México-Cuernavaca y manejábamos un rato. Le decía: "Oye, está bien fuerte esto. Ya salimos en el periódico, la bronca se viene fuerte. El día que nos agarren, no la vamos a librar. No vamos a salir de la cárcel nunca. Hasta ahí llegamos".

Cuando caí aquí perdí todo: me quitaron todas mis propiedades, las casas, los carros, todo. También las autoridades hacen su agosto. Todavía nos quedaba un poco de dinero, pero eso se lo gastó mi esposa cuando secuestraron a mis hijos. Ese dinero lo pensaba usar por si había una posibilidad de meter amparo o de hacer algo por mí, pero ya no hay nada.

A mis hijos también los agarraron, ellos están presos por robo de vehículos. Su vida estuvo difícil. A ellos se los llevó su abuelo, mi suegro, a Estados Unidos cuando eran niños, después de que los secuestraran. Mi suegro ya era cliente de un coyote; él lo cruzó varias veces la frontera, con él se llevaron a mis hijos.

No soy muy creyente, como dije; me imagino que hay un ser supremo que nos cuida, pero hasta ahí. El caso es que, cuando se llevaron a mis hijos, empecé a rezar: "Dios mío, que mis hijos tengan un pan para comer, que mis hijos tengan un techo bajo el cual dormir". Chingaderas, pues. Pero cuando regresaron mis hijos a México, el mayor llegó todo tatuado, con una cara de maleante que no te imaginas, perdió toda su inocencia; el otro, el mediano, todo perforado de las orejas, con aretes y no sé qué tanto, bien feo pues. Les pregunté: "Oye, ¿qué onda? ¿Qué les pasó?" Ellos me contestaron: "No, pa, qué crees. Cuando vivíamos con mi tía Gabriela, la pasamos mal. Llegaba en la madrugada, no sé si borracha, y nos corría de su casa, nos sacaba bien gacho. Mis abuelos no decían nada, no nos defendían. Al único que no sacaban era a Carlitos, a él lo dejaban dormido. A nosotros nos decían: 'Ustedes lárguense de mi casa'. Y nos íbamos, a las tres o cuatro de la mañana, caminando por Los Ángeles. No podíamos dormir porque, si te quedas dormido en la calle, llega la migra y te deportan. Así andábamos hasta que amanecía, era cuando podíamos regresar a la casa, cuando mi tía ya estaba dormida.

Un día nos encontramos a un veterano: él nos ofreció chamba, nos daba droga y nosotros se la llevábamos a otras personas, eso era todo. Así pasábamos las noches: el veterano nos daba bolsas con droga, la cual llevábamos a diferentes puntos, cobrábamos y entregábamos el dinero al veterano; él nos pagaba por hacer eso. Un día, llegó la policía del gabacho y agarraron a mi hermano. Todos nos echamos a correr, pero a él se lo llevaron, lo esposaron y lo subieron en la patrulla por andar de vago en la madrugada. Pero él es chingón, se pasó las manos para enfrente y se escapó, corrió y corrió hasta llegar al barrio y ahí le quitamos las esposas. Pero a los ocho o 15 días regresó la patrulla y ahí sí se lo llevaron. Anduvo preso un rato. Lo llevaron a la cárcel para menores, pero ahí está feo, porque a fuerza tienes que pertenecer a una banda, si no, no te la acabas. Tuvo que vender droga y entrarle a los chingadazos, así es la vida en la cárcel".

No creo que Dios castigue, pero cuando vi a mis hijos así, pensé: "Bueno, Señor, tú tendrás tus razones". Y dejé de rezar.

Tiempo después los agarraron en México por robo de autos. No los juzgo, creo que todo lo que pasó fue porque les hicieron falta sus padres. Mi esposa en la cárcel, yo igual, ¿quién los iba a guiar?

Mis dos hijos, el grande y el mediano, están presos en el Reclusorio Oriente. El grande por homicidio, le dieron 40 años; el mediano por robo de autos, igual que el Carlitos, pero Carlitos está en el Bordo.

Mi hijo el más grande mató, pero a mano limpia. Les hizo el paro a sus hijos, porque había un chavo que los estaba chingando, entonces ellos le dijeron a mi hijo y mi hijo fue a hacerle frente al chavo ese. Se agarraron a cuchilladas y mi hijo lo mató, por eso está preso.

Mi hermano también estaba aquí, conmigo. Pero hace algunos años se lo llevaron a Puente Grande, todo por chismes de las autoridades. Sacaron muchas cosas en la televisión, salieron las esposas de unos internos de aquí diciendo madre y media de mi hermano, por eso lo trasladaron, pero todo fueron puros chismes.

No nos gustaba matar gente, siempre procurábamos un secuestro limpio

Las nuevas bandas de secuestradores están quemando al gremio. Hacen pura pendejada que no es; roban y matan gente a lo güey. Sus secuestros ya son por nada, hacen mucho daño y no lo vale.

Ahorita ya no hay lealtad entre compañeros, todos se venden entre todos. Eso lo sabe todo mundo. El mismo procurador, cuando me agarraron, me dijo: "Las bandas de ahora ya no son como eran antes. Ustedes tenían honor, lealtad. Qué bueno que entre ustedes hayan sido así. Porque ahorita están haciendo muchas chingaderas". Y no estoy diciendo que lo que hicimos nosotros haya estado bien, porque no, eso sería mentir. Pero lo que están haciendo las nuevas bandas está de la chingada.

No sé si existan reglas para evitar ser secuestrado, la verdad no sé. Las cosas allá afuera están difíciles, pero hay algunas cosas que te hacen propenso a que te secuestren, por ejemplo, no cambiar las rutas que utilizas frecuentemente, confiar en toda la gente que llega a ti. No sé, es muy difícil. Las personas que tienen negocios, va a ser muy difícil que se escondan o que no tengan algún problema. Porque ni la seguridad privada los salva: nosotros tuvimos varios enfrentamientos con los guaruras, eran nuestro mole. Una ocasión, secuestramos a un señor que tenía una fundidora de cobre, vendía cobre en México y Estados Unidos; él tenía cuatro guaruras, unos señores altotes y gordos. Nosotros los veníamos viendo desde lejos. Les dije a mis muchachos: "Escojan, ¿cuál se quieren chingar?" Y sobres. Los sometimos, les quitamos las armas, los amarramos y los echamos a otra camioneta que traíamos. No nos gustaba matar gente, siempre procurábamos un secuestro limpio.

No odio a la gente que tiene dinero, nunca lo he hecho. Y sé que cuando los secuestrábamos los lastimábamos, porque les quitábamos parte de su patrimonio, pero también sé que ese dinero lo recuperan rápido con todos los negocios que tienen.

Una cosa más, si ven a mi esposa, díganle que la quiero mucho

Me arrepiento de muchas cosas. Si hace unos años me hubieran puesto una bolita de cristal donde pudiera ver cómo iba a acabar todo, cómo iba a perder a mi familia, no hubiera hecho nada, porque yo amo a mi familia: mis hijos y mi esposa lo son todo para mí. Y ahora mírame, me alejaron de ellos, eso es algo que me duele en el alma.

Además, como si fuera una loza que pesa en mis hombros, cargo en la conciencia el daño que le hice a mis hijos, de la manera en la que ellos acabaron gracias a mí.

La cárcel me quitó todo, en primera, se llevó lo más preciado que tenía: mi esposa y mis hijos. En segundo lugar, las propiedades, mi patrimonio. Ahorita estoy en la ruina. También se llevó mi libertad, me cambió la forma de ser.

Afortunadamente sigo teniendo una buena relación con mi familia: mi hermano y yo somos todavía muy unidos, a nuestra manera. Los dos sabemos que no vamos a salir nunca de aquí, pero no perdemos la esperanza. La condena de él es casi igual a la mía, pero él tiene un secuestro más por el que lo agarraron. Ése se le murió a medio secuestro, se lo chingó el Fructus, un chavo que viene igual que nosotros; se le salió un balazo y mató a la víctima. Mi hermano siguió con la negociación como si nada. Fue ahí cuando me zafé, le dije: "Estás mal, ¿en qué habíamos quedado? Cualquier muerto durante el cautiverio acababa con el secuestro, ahí la dejábamos. Pero tú fallaste". Mi hermano cometió muchas tonterías con ese secuestro; por ejemplo, para seguir negociando con la familia, conservó el cadáver en hielo y lo maquilló para mandar la prueba de vida. Eso no se hace. Pero, bueno, eso lo está pagando ahora.

Cuando llegué era una persona más agresiva, cualquier cosita me ponía al brinco; ahora soy más pasivo, más calmado, no la hago de tos por casi nada. De eso se han dado cuenta aquí en el Centro. Hay una psicóloga que me vio cuando llegué, apenas vino a dar sesiones a unos compañeros; cuando me vio me dijo: "Aurelio, ¿cómo estás? Te noto cambiado, no eres el impulsivo que conocí, la cárcel te hizo tranquilo. Te felicito, porque hay personas que llevan años aquí y no entienden. Tú aprendiste".

Ahorita mi sentencia pasa los 2 mil años. Durante el proceso, el juez segundo le dijo a mi hermano: "Oye, Daniel, ustedes no han pedido nada en todo el proceso. Pidan algo, sus expedientes o las declaraciones, no sé. Habla con tu abogado". Pero ¿para qué? Éramos culpables, no tenía caso. El juez insistió: "Es que es muy raro. A ver, manden a pedir a la SEP informes de la cédula de su abogado". Y cuando nos trajeron los resultados, ¡zas!, nos dimos cuenta que la cédula que tenía no era para practicar derecho, era para otra cosa; además, el nombre de la cédula no era el mismo que el de mi supuesto abogado. Ahí nos dimos cuenta de las cosas, porque ese abogado nos lo puso la Fiscalía. Tenemos un amigo, Morgan, coprocesado nuestro, quien es hijo de una exsecretaria de Durazo, ella nos ayudó. Se entrevistó con Juan Velázquez, quien le dijo: "Señora, esto está muy mal hecho, déjeme seguir el caso, para presentarlo en la Procuraduría y demostrarles lo que siempre he dicho, que los ministerios públicos deben de estar bien preparados. Por eso tanta fuga, tanta incompetencia. Lo que tiene que hacer es poner una denuncia ante el procurador". Así le hicimos, lo denunciamos, presentamos la queja frente a las autoridades y giraron una orden en contra del procurador por ejercicio indebido de las funciones, y a mi abogado, por falsificación de documentos.

Otra de las irregularidades de mi caso fueron las pérdidas de mis casas. Al principio, el juez nos dijo a mi hermano y a mí: "Les tengo una buena y una mala noticia, ¿cuál quieren primero?" Pues la mala, para ir calentando. "Aquí los vamos a sentenciar a las máximas. Son 145 años por condena." Chinga, ahora la buena: "Les vamos a regresar sus bienes. Tienen 30 días para que sus familiares reclamen sus casas; si no van en ese tiempo, pasan a propiedad de la PGR". Esto fue por un fallo que tuvo el Ministerio Público al no poner el subsidio de mis propiedades; entonces el juez no podía hacer nada, tenía que regresarlas.

Pero había un problema, nosotros no teníamos ni un quinto para pagarle a un abogado que fuera a arreglar todo el problema. Un familiar se enteró y nos mandó a su sobrino, que se acababa de recibir en Derecho, para que siguiera el caso. Él vino a vernos y le explicamos la situación. Nos dijo que no había problema, que él nos arreglaba todo. Fue a las casas, buscó copias de las escrituras y trajo a un notario a que certificara todo. Pero a la hora de llevarlas con el juez, él le dijo: "Yo no quiero copias certificadas, quiero las originales". ¿Cómo le íbamos a dar las originales si ellos [la policía] se llevaron todo cuando nos agarraron? Todo lo tenían en su caja fuerte como evidencia. Eso lo usaron para incriminar a mi esposa y a la esposa de mi hermano, para meterlas presas por adquisición indebida de bienes. Pobres, ellas no tenían nada que ver en todo esto.

Y bueno, el juez no le aceptó esas copias; quería a fuerza las originales o que sacara nuevas escrituras, pero eso era meter en pedos al licenciado, lo podían meter a la cárcel por fraude. Es que aquí los jueces son muy mañosos. Nos dijeron que según sí nos iban a regresar las propiedades, pero pusieron muchas trabas. Total que ahorita están retenidas y quien sabe si nos las vayan a regresar algún día; la verdad, no creo.

Hay cosas que hubiera querido hacer de otra manera, pero no tengo remordimientos. Nunca he pensado en las víctimas, quizá estoy mal, pero es algo que no me preocupa, yo hacía mi trabajo. Sé que estuvo mal, por eso ahorita estoy pagando.

Lo único que me preocupa es mi familia, pensar en ellos me da mucha tristeza, porque ahorita ya no los veo, todos están encerrados. Dicen que cuando uno muere paga todo lo malo que hizo en vida; no es cierto, todo lo que hacemos lo pagamos aquí, por eso estoy aquí, por todo el daño que hice. Pero, bueno, así son las cosas: sólo queda mirar para adelante y aguantar. Una cosa más, si ven a mi esposa, díganle que la quiero mucho.

De todas maneras, me van a matar: Óscar

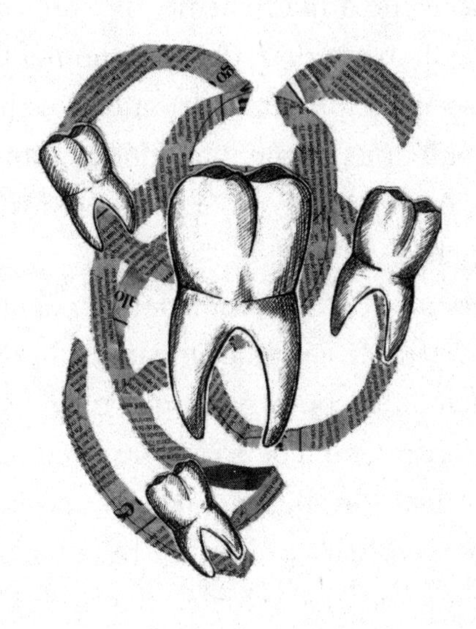

Estoy aquí por privación ilegal de la libertad, es decir, por secuestro. Vengo sentenciado a 48 años y nueve meses, apenas llevo 16.

Fue hasta que llegué a este Centro que mi vida mejoró. Aquí [Altiplano Central] es diferente a las otras cárceles donde he estado [Reclusorio Oriente, Penitenciaría Santa Martha y Cereso 3], todo es más tranquilo.

Me cambiaron aquí por cuestiones de seguridad, mía, y de la banda a la que pertenezco. Pero, la verdad, el mismo Centro es muy violento, las cosas que pasan dentro obligan al recluso a estar siempre alerta, a cuidarse muy bien del manejo que hay dentro de la cárcel. Por eso, doy gracias que me hayan cambiado. Ahora puedo hacer cosas que no podría hacer si no estuviera en una cárcel federal. Por ejemplo, aquí puedo estudiar, estoy cursando la preparatoria y, además, me dejan trabajar, me tratan bien, por así decirlo. Soy una persona muy tranquila; desde que me encerraron, nunca me he peleado ni he tenido problemas con nadie.

Como digo, aquí estoy más a gusto. Tanto por cuestiones personales como por cuestiones profesionales. Por ejemplo, la tranquilidad que me da saber que puedo dormir bien, sin temor a que lleguen en la noche a madrearme, o peor. Además, en otros Centros no me dejaban estudiar; desde el momento en que entras tipificado como secuestrador, te apartan de los demás. Si no me dejaban salir al patio, menos me iban a dejar estudiar; así son las cárceles estatales. Aquí puedo salir al patio y convivir con la gente, eso me ayuda mucho.

Estuve cuatro años en la penitenciaría, allá en el Distrito Federal, en el módulo 9. Me cambiaron para acá porque, dentro de la cárcel, me relacionaba con la gente que movía la penitenciaría, no la que movía la droga ni cosas menores, me relacionaron con los altos mandos. Esto fue porque yo vivía en el mismo pasillo donde vivían ellos y, entre los presos, me respetan como secuestrador. Entonces las autoridades se hicieron a la idea de que los altos mando y yo somos de la misma banda, por eso nos trasladaron a todos para acá.

Participo en varios talleres aquí dentro. Apenas nos metieron a un taller de costura, muy esporádico, pero algo es algo. Es que no tenemos la oportunidad de tener algo fijo por las medidas de seguridad: por ejemplo, no podemos conservar los accesorios de costura como las agujas.

También estoy cursando la prepa, apenas empecé con eso. Eso es algo bueno de las cárceles, todas tienen escuela. Estoy estudiando, más que nada, para matar el tiempo aquí dentro. Pero también lo veo como una oportunidad de crecimiento personal, de hacer algo que no pude, o no quise hacer, cuando estaba en las calles. Veo muy difícil la situación allá fuera, no creo que alguien me quiera dar trabajo con los estudios que tengo; a lo mejor me lo dan por las habilidades y los oficios que conozco, pero aun así está muy difícil.

Mi día comienza a las 5:30 de la mañana, ya tengo mi cronómetro natural prendido a esa hora. A las 6 nos pasan la primera lista: tenemos que estar muy pendientes para estar listos a esa hora, vestidos y con la cama tendida. Después, como a las 6:15, cuando se van los custodios, me pongo a hacer una hora de ejercicio ahí en mi estancia. Comparto la celda con otras dos personas; tenemos una litera y un colchón en el piso. Después de pasar la primera lista, el que vive en el suelo recoge su colchón y sus sábanas, y juntos hacemos ejercicio en ese pequeño espacio. Cuando acabamos, nos lavamos y esperamos el desayuno. Bajamos uno por uno, nunca todos al mismo tiempo; ese rol cambia cada semana.

Tenemos un desayuno normal, por ejemplo, hoy nos dieron huevo con longaniza, un bolillo, frijoles, café y pan de dulce. Es un desayuno completo, pero no sabe rico, la comida es de muy baja calidad. Acabando de desayunar, regresamos a la estancia y hacemos el aseo de la celda; eso le toca cada día a una persona diferente, mañana me toca a mí.

Una vez que acabaron de hacer el aseo, tenemos tiempo libre; ahí cada quien hace sus cosas. Yo me la paso pintando, me gusta mucho pintar al óleo, es lo que hago durante todo el día. Hago ejercicio, desayuno, pinto, bajo al patio, regreso a pintar, como, lavo la ropa, ceno y vuelvo a pintar. Ésa es mi vida.

A veces regalo esas pinturas a familiares o amigos, pero la mayoría las vendo.

Me gustaba estar con gente que tenía dinero

Nací en el Distrito Federal [ahora Ciudad de México], en la delegación Venustiano Carranza, enfrente del Foro Sol. Mi familia es grande: tengo a mi papá, mi mamá, cuatro hermanos —dos hombres y dos mujeres— y varios sobrinos. Soy el más chico y el único con antecedentes penales.

Mi hermana la mayor es cocinera en un Vips; mi otra hermana se dedica a hacer encuestas, anda por todos lados; mi hermano mayor fabrica muebles; y mi hermano el más chico tiene un taller donde fabrica la ropa para los militares. Mi papá se dedica al mantenimiento de casas; mi mamá, al hogar.

Al principio todos venían a verme, ahora sólo viene mi mamá. Así como pasa en una enfermedad o en un accidente, los primeros días estás rodeado de visitas, pero poco a poco va disminuyendo.

Y eso está bien, dentro de lo que cabe, porque cuando estaba en el [Reclusorio] Oriente, me angustiaba más que fueran a verme. Como dije, las cosas allá estaban más feas. Aquí podemos recibir visitas en un área grande, hay espacio; allá no, allá los recibíamos en nuestra propia celda. Entonces teníamos que levantarnos temprano, limpiar la estancia, sacar a los otros compañeros que vivían con nosotros para que la familia entrara. Además, teníamos un baño muy pequeño, que era para todos, y era incómodo para mi familia y para mí. Aunado a esto, se vuelven muy monótonas las visitas, ya hasta me aburría de lo mismo. Ellos siempre te dicen que todo va a estar bien, que hay que echarle ganas, estar unidos y demás.

Tuve una infancia con muchas carencias, no teníamos dinero, a veces no teníamos para comer: desayunábamos, comíamos y cenábamos sopa, en el mejor de los casos atún o sardinas en salsa; nos las veíamos duras. Es que mi familia tampoco hacía mucho por conseguir más dinero, sólo era lo que sacaban del trabajo y la bendición de Dios; eso los mantenía, ahí se quedaban. No me gustaba su actitud. Muchas veces, de pequeño, me fui de mi casa buscando otra vida; me gustaba estar con gente que tenía dinero.

Desde chico, trabajé para tener mi dinerito. Era el único niño de mi cuadra que trabajaba y estudiaba: repartía tortillas, hacía mandados, le ayudaba a una señora a tejer peluches, etcétera. Porque mis papás no me daban dinero, sólo tenía un par de tenis y un par de zapatos, y eran los de la escuela, o sea, tenía que cuidarlos mucho para que no se me rompieran. Todos mis compañeros tenían para ropa, zapatos, vacaciones, en fin, para sus gustitos. Todos menos yo. Eso fue algo que me marcó, me hizo querer tener dinero.

Y bueno, pasó el tiempo y, por azares del destino, conocí a gente mucho mayor que yo que se dedicaba al robo de vehículos. En ese entonces tenía 12 años. Mi papá me mandaba todos los días a la tienda por una Coca-Cola para la hora de la comida, y estos cuates siempre estaban ahí. Así que nos fuimos conociendo y un día me invitaron a Acapulco. Le dije a mi papá: "Oye, el hermano del vecino de la casa de allá me está invitando a Acapulco, que si me dejas ir". Y mi papá, entre desconfiado, me contestó: "No tenemos dinero para que vayas pero, a ver, que vengan a pedir permiso para saber qué personas son".

Ellos fueron a pedir permiso, y como eran personas mayores, pues a mi papá le dio confianza y me dejó ir. Les preguntó qué necesitaba llevar a Acapulco y le dijeron: "Una cobija nada más". Eso se nos hizo raro, pero bueno, me dieron la cobija y la bendición para ir a Acapulco.

"Sí vamos a ir a Acapulco, nada más que no tenemos dinero." Eso me sacó de onda: "¿Cómo nos íbamos a ir sin dinero?", pensé. "No te preocupes, nos vamos a ir robando, seguro llegamos." Y así le hicimos, fuimos robando y vendiendo gasolina, estéreos, tapones de auto y autopartes. Así llegamos a Acapulco. Así fue mi primer viaje a la playa; la verdad lo disfruté mucho.

Después de eso empecé a delinquir, y a pesar de todo, mi mamá siempre estuvo al pendiente de mí; mi papá no tanto. Tiempo después, cuando yo ya estaba en mi punto más alto de delincuente, cuando tenía mucho dinero, saqué de trabajar a mis papás. Al principio mi mamá no me quería aceptar el dinero, pero después la convencí; mi papá siempre lo aceptó. Ahora que estoy aquí dentro, ellos tuvieron que regresar a chambear, porque nunca ahorraron nada, vieron el dinero que les daba como una gotita que caía y se consumía; nunca pensaron que ese dinero se iba a acabar. Pero, bueno, en su momento lo disfrutaron, tanto ellos como yo, porque cuando les empecé a dar dinero, dejaron de reclamarme sobre mis asuntos, dejaron de molestarme.

Sabía cómo era mi vida, en cualquier momento me podían matar

Entré a la delincuencia robando coches y, algunas veces, comercios. Me enseñaron mis amigos los que me llevaron a Acapulco. Llevábamos los coches a un taller, donde se quedaban con el cascarón y lo vendían por partes, mientras nosotros nos quedábamos con el motor. Otro *bizne* era conseguir papeles falsos de los coches y luego venderlos como si fueran nuestros. Así estuve trabajando de los 13 a los 15 años. Creo que mi familia se daba cuenta de lo que pasaba, pero no me decían nada. Para ellos, lo más importante era que no dejara de estudiar; con eso sí me estaban chingando, pero con mis otros asuntos no.

Cuando cumplí 15 años me acerqué a mi papá y le confesé todo: "Papá, me dedico a robar autos. Esto es lo que me gusta y no lo voy a dejar de hacer, lo siento mucho. ¿Sabes por qué lo hago? Porque todas las cosas que tengo me las ha dado el negocio, y estas cosas nunca me las ibas a dar tú, ni mi familia, por eso lo hago. Me voy a ir de la casa, no quiero que me busquen, no voy a volver".

Y me fui con la banda. Rentamos un departamento entre todos. Ese departamento era casi casi para mí solo. Muchos de mis amigos estaban casados y tenían familia; yo era el más chavo, el que seguía me llevaba 12 años, así que la diferencia de edad era enorme. Bueno, me fui a vivir con ellos y seguí con lo del robo de autos. Entonces, un día, una persona —hermano del dueño del taller al que llevábamos los autos— invitó a uno de mis amigos a asaltar al dependiente de una farmacia; y a su vez, mi amigo me invitó a mí.

Fuimos al jale, el que había puesto al dependiente de la farmacia nos explicó cómo funcionaban las cosas, cómo estaba el movimiento dentro de la farmacia. Al principio nadie quería actuar, les daba miedo, porque ellos nunca habían asaltado a personas, solamente habían robado carros, así que nos tardamos mucho tiempo en lo que nos decidíamos a hacer algo. En eso, mi amigo me dijo: "Ya, hay que agarrarlo, cabrón. Ahorita va a pasar por aquí. Lo que vamos a hacer es que tú y yo nos vamos a bajar del coche y lo vamos a encañonar aquí afuera". Agarré valor, le dije que estaba bien, que ahorita nos lo chingábamos.

"Ahí viene", me dijo mi amigo. Volteé para todos lados, no había nadie en la calle, era el momento. Traía en mi bolsa un bíper y unas esposas; entonces, se me hizo fácil sacar el bíper y hacer como que era una pistola. Me acerqué a él, muy nervioso, y comencé a gritarle hasta de lo que se iba a morir. Yo creo que se asustó más de verme tan nervioso y agresivo que por el asalto, porque sin pensarlo me soltó un cuchillazo, yo le contesté con una patada en el pecho, lo cual hizo que se cayera al suelo. Rápidamente le quité la mochila y me eché a correr.

Ya en el auto, me preguntaron todos: "¡¿Qué agarraste?!" Abrimos la mochila y había un montón de cajas de medicina. "¡Revísale bien!" Abrimos las cajas, y en cada cajita había un fajo de billetes, así, uno tras otro. Eran, en ese entonces, como 80 millones de pesos, ahorita, a lo mejor, unos 80 mil. Total, nos repartimos el dinero y el cuate que había sido el conecte me dijo: "Tengo otro *bizne* como éste. ¿Le entras? Cómprate una pistola y jálate conmigo".

En esos tiempos, rentaban a niños de la calle para que vendieran armas en ciertos lugares. Uno de los puntos fuertes era cerca del metro Pantitlán, en la colonia Adolfo López Mateos. En todas las colonias que están por ahí puedes conseguir armas y droga.

Total, compré la pistola y me fui con el chavo a asaltar al otro dependiente. Todo fue mucho más sencillo en esta ocasión, ya no tuve miedo. Además, el dinero se repartió nada más entre él y yo, eso nos convino mucho más.

De ahí, conocí a otra persona que se dedicaba a robar comercios más grandes: farmacias, supermercados, vinaterías, etcétera. Con él le entré al negocio, éramos tres. Mi primera vez me dijeron: "Ahorita te vamos a calar. Vamos a asaltar una estética, para que te vayas acostumbrando a la gente". Yo iba muy nervioso, pidiéndole a Dios que no se hiciera, que algo pasara y que no tuviera que ir a hacer eso, tenía miedo. Así aguanté unas cuatro o cinco veces, evadiendo la situación. Pero llegó un punto en el que no pude más. Estos cuates me dijeron: "Ya te hiciste güey mucho tiempo. Si estás aquí vas a tener que entrarle".

Nunca pensé en salirme de todo esto, lo sentía como un fracaso. Pensaba: "¿Cómo voy a regresarme a mi casa después de haberles dicho todo?" Además, el dinero era mucha tentación para mí, ya no podía dar marcha atrás. Era un orgullo para mí poder comprarme mi ropa, mis zapatos, pagar la renta, en fin, poder mantenerme sin pedirle un peso a nadie; eso me daba mucho orgullo y no quería perderlo.

Para ese entonces ya no asaltaba negocios, robaba casas habitación, nómina o asaltaba gente, pero el robo a negocios ya no dejaba, no se comparaba con el robo a casa. Mis zonas eran Neza, los alrededores del aeropuerto, Polanco y otras colonias. Me iba muy bien.

Total, empecé a robar con un señor que me había presentado un amigo. Desde el principio lo reconocí: era un delincuente que se había fugado del Reclusorio Sur, lo supe porque había visto su foto en el periódico; era un tal Iván, pero no le dije nada, le di chance. Le hice paro varias veces, porque a veces él no quería meterse, y yo me metía por él. Me porté muy buena onda. Y él lo notó. Un día me dijo: "Has demostrado ser mi amigo, te aprecio y voy a ayudarte. Voy a hacer que ganes más dinero. Conozco a unos cuates que se dedican a asaltar bancos. ¿Le entras?"

Me los presentó, y tiempo después asaltamos un banco. De los cuatro que asaltamos el banco, dos murieron ese mismo día, no por el asalto al banco, sino porque, con el dinero que ganamos, se fueron a comprar droga, pero no les alcanzó y se metieron a robar un restaurante, ahí se los echaron. Por eso esa banda se quebró, nos quedamos sin miembros. Sólo estuve en el robo de bancos por medio año. Tampoco era buen negocio. En ese tiempo las medidas de seguridad ya eran más estrictas: no dejaban tanto tiempo el dinero en el banco, entonces nada más sacábamos 80 mil o 100 mil pesos, y eso, dividido entre todos, no salía.

Llegué a robar diario, era mi vida. Tuve mucho dinero, mucho más del que necesitaba, pero no me duraba, me lo gastaba todo. Como dije, cuando era niño no tenía dinero, era el único en mi colonia que padecía económicamente; entonces, ahora que era grande y tenía de sobra, me lo gastaba en mis lujos. Pero no sólo en mí, tenía muchos amigos de la infancia que no les iba tan bien como a mí, y de repente llegaban a pedirme prestado para llevar a sus hijos al doctor o para pagar su renta. Si necesitaban 300 pesos, yo les daba mil; siempre fui muy generoso con todos, aunque me vieran la cara, lo hacía porque de niño yo padecí mucho, y nadie me ayudó. Además, sabía cómo era mi vida, en un momento u otro me podían matar; prefería gastarme todo ese dinero antes de que eso pasara.

De 10 víctimas, siete fueron puestas por familiares, trabajadores o amigos

Cuando la banda de asaltantes de bancos se fracturó, nos quedamos sin chamba un rato. Y el mismo señor que me presentó a la banda de los asaltantes de bancos me presentó a la banda con los que empecé a secuestrar.

Al principio la idea no era secuestrar, íbamos a asaltar las oficinas del balneario El Rollo; estaban por la delegación Álvaro Obregón. El *bizne* era éste: se suponía que cada que se juntaban

400 mil pesos, los movían de las oficinas; nosotros íbamos por ese dinero. Cuando llegamos vimos que había como 12 policías, me dieron nervios, pero pensé: "De que se puede, se puede". Además, estaba el mero dueño. De ahí salió la idea: "¿Y si lo secuestramos?" Pero había otro problema: ¿Adónde lo íbamos a llevar? Total, les dije a los cuates con los que iba: "Si ustedes jalan, lo hacemos". Al final ya no se hizo, pero ésa fue la primera vez que pensé en un secuestro, el resto es historia.

Nunca dejé de estar en contacto con la banda de asaltantes de bancos, con ellos empecé a secuestrar. Me hablaban y me decían: "Te necesitamos, nos vemos en la noche en tal punto, vamos a secuestrar a alguien", y así le hacíamos.

El primer secuestro que hice siguió ese itinerario: me hablaron y nos quedamos de ver en un lugar. Ahí me dieron los datos generales, me enseñaron la foto de la persona a la que íbamos a secuestrar, su casa y las calles que frecuentaba, el lugar donde lo íbamos a atorar pues.

Toda esa información la dio su misma familia. Qué chinga, ¿no? Porque las personas que ponen a los secuestrados son trabajadores, familiares y amigos. Eso era común en la banda donde yo trabajaba. De cada 10 secuestros, siete eran patrocinados por una persona cercana.

Llegó también un famoso asaltante de bancos, el Guerrero, en ese momento. Yo no lo conocía, después supe que era muy famoso. Este señor tenía un taxi, y le dije: "Oye, ¿qué te parece si nos prestas tu carro? Cáele mañana temprano y cuando pase esta persona la subimos en tu carro". Entonces el Guerrero volteó a ver al que me había contactado y le dijo: "¿Qué le pasa a este pendejo? ¿No sabe quién soy yo?" Nos empezamos a hacer de palabras. Le dije: "No sé quién eres y la verdad me vale madres, ¿cómo ves?" El Guerrero se puso como loco, casi nos balaceamos ahí. Sentenció diciendo: "Ah, ¿sí? Pues mañana vamos a ver quién se carga primero al güey ese".

Al otro día acudí puntual a la cita. Estaba en una avenida grande, donde cada tres minutos pasaban uno o dos coches, estaba vacío. Mis compañeros ni siquiera traían sus armas cargadas, yo la tenía lista por cualquier cosa. Al poco tiempo me dijeron: "Ahí viene, ponte vivo". Volteé para los dos lados, pero no vi a nadie. "¡En el estacionamiento!", me dijeron. De ahí, corrí hacia el estacionamiento y lo agarré bajando de su coche, le solté un madrazo y lo metí de nuevo al carro. "¡Callado y con la cabeza abajo! Si haces una pendejada vales madre", le dije mientras daba reversa al carro. No tenía intención de matarlo, la persona que lo puso era su familiar y nos lo dio con la condición de que no lo maltratáramos, así que lo que le decía era nada más para espantarlo, para que facilitara las cosas.

Manejé el carro como unas dos calles, cuando vi a los otros güeyes que iban conmigo, ahora sí bien valientes, corrieron a apoyarme. Me pasé a la parte de atrás con la víctima, mientras se subían otros tres. Anduvimos unas cuatro calles cuando me dijeron: "Sale, ya bájate". ¿Cómo? No me iba a bajar y dejar a la víctima ahí. Además, yo ni conocía a los otros güeyes, sólo conocía al que me contactó, a Iván. Pero ellos me dijeron que Iván no iba a ir porque le daba miedo el broncón en el que nos estábamos metiendo. Me dijeron: "Bájate, cuando tengamos tu lana te la mandamos, pero no puedes estar aquí, ya cumpliste con tu parte. Para un taxi y vete". Eso me sacó de onda, en mi mente yo iba a estar presente durante todo el secuestro, pero como era la primera vez, no sabía cómo funcionaban las cosas.

Total, me bajé y no supe más. A los 15 días me hablaron para darme el dinero, 100 mil pesos. Estos cuates me dijeron: "Aquí está tu lana, lo hiciste muy bien. Tenemos otro trabajo igual, ¿le entras?" Les dije que sí. Me preguntaron si no conocía a otro como yo, porque les había gustado mi forma de hacer las cosas. Es que yo hacía las cosas y punto, no pensaba en las consecuencias ni en el miedo. Yo estaba segurísimo que me iban a matar a balazos, nunca pensé en la cárcel. Incluso, cuando me agarraron, mi familia no me buscó porque pensaron que estaba muerto, así de cabrona era mi vida.

Pero, bueno, seguí haciendo varios trabajos. Nada más levantaba a la víctima y la entregaba con los otros, muy mecánico. Pero todo cambia, poco a poco me empecé a involucrar más en el secuestro.

Por ejemplo, los coches que ocupábamos eran robados. Yo me encargaba de eso; días antes los conseguía con un chavo, miembro de mi primera banda —a él lo balaceó su esposa—. Ese chavo también era secuestrador, pero él se encargaba de cobrar, él me enseñó el negocio. Por ejemplo, tenía que buscar lugares donde la policía no tuviera fácil acceso, puentes escondidos o colonias que estuvieran solas, pero sin mucha delincuencia, porque en una de ésas los que resultaran asaltados podíamos ser nosotros.

Siempre es un riesgo para el secuestrador, porque son lugares que no conocemos al 100%. Por ejemplo, una vez me tocó ir a Tacubaya, por donde está la central de camiones de Observatorio, y me di cuenta que entre las calles había muchas escaleras; así que se me hizo fácil poner ese lugar como punto para el pago de un secuestro. Pero no contaba con que la policía nos iba a estar persiguiendo por esas escaleras, y como nosotros no conocíamos bien el lugar, no pudimos cobrar nada por estar huyendo de la policía.

Esto del secuestro tiene su chiste, está todo muy estructurado. Para el cobro, nos dividimos en tres partes: la primera son los ojos, los llamados halcones; la segunda son los negociadores, ellos van dirigiendo a la familia de la víctima, los traen de un lado para otro, a modo de despistar a la policía, van en conjunto con los halcones; la tercera tiene que ver con los que recogen el dinero, ahí estaba yo. Todos éramos parte de una misma cosa, no había jerarquías ni niveles, pero a la hora de dividir el trabajo, se tomaban en cuenta las cualidades de cada quien. También había mujeres en la banda, ellas se encargaban de acompañar al secuestrado al momento del levantón, ellas se recargaban en su hombro o los abrazaban, para despistar a la gente, porque pocas veces desconfías de una mujer.

A mí siempre me escogían para levantar gente o para cobrar el dinero, era bueno en eso. Todo el tiempo que estuve secuestrando seguí el mismo *modus operandi* a la hora de cobrar. El negociador le hablaba a la familia de la víctima y le indicaba el lugar al cual tenía que llevar el dinero; casi siempre elegíamos una calle que diera directo a donde yo me encontraba, para que la pudiera ver desde lejos. Entonces, el negociador me hablaba: "Ya están llegando a tu posición". Les pedíamos que prendieran las intermitentes para saber que eran ellos. Cuando se iban acercando, pedíamos que bajara el chofer o el copiloto a entregar el dinero; generalmente lo dejaban en lugares comunes, una coladera, un bote de basura, una banca, lo que fuera. Yo siempre estaba escondido viendo que todo saliera bien. Iba por el dinero, se lo daba a otra persona que iba conmigo y lo cambiábamos a una bolsa que llevábamos nosotros. Unas cuadras adelante, agarrábamos un coche y nos íbamos con el dinero.

Siempre supe cuánto dinero habían pedido por la víctima. Lo sabía porque yo, cuando recogía el dinero, lo contaba y le avisaba al negociador que estaba completo. Él, a su vez, se contactaba con la familia para decirles que todo había salido bien.

Nosotros no tenemos una cifra fija al momento de secuestrar a alguien, eso se va regateando con la familia. Tenemos un estimado del dinero que pueden pagar, porque, repito, la gente más cercana a la víctima es la que los pone, la que nos dice cuánto dinero tienen. Por ejemplo, si nos dicen: "Ellos te pueden dar 10 millones de pesos en 15 días", pedíamos 20; siempre el doble para que, al momento de las negociaciones, no perdiéramos nosotros. Por ejemplo, por el último secuestro en el que participé, el de Zaga, pedimos 20 millones de pesos. Por ése me agarraron.

También ahí influye mucho el negociador por parte de la familia, nosotros le pedíamos al secuestrado que nos dijera con quién podíamos hablar para arreglar lo del dinero; tenía que ser una persona que lo quisiera porque he escuchado que, a veces, a la familia no le importa la vida del secuestrado, entonces él mismo tiene que negociar por su vida.

Una vez que se pagaba el rescate, se soltaba a la víctima. Por lo que yo sé, les compraban ropa y los bañaban, para que salieran limpios. Los dejaban cerca de una zona concurrida, generalmente cerca de un sitio de taxis, y les daban un poco de dinero para que pudieran llegar a su casa.

Todos los secuestros son diferentes. Por ejemplo, la duración depende de las negociaciones; había secuestros de días, otros de meses. Por el que me agarraron duró cuatro meses. En este caso, la secretaria fue la que puso al patrón, pero ella no sabía que el dinero no era completamente de él, estaba dividido en el negocio familiar. Entonces, la familia de la víctima le dijo a la esposa: "Te vamos a dar dinero para el rescate, pero sólo una parte, la parte que le corresponde a tu esposo. Lo demás a ver cómo lo consigues". Porque tiempo atrás, la víctima ya se había autosecuestrado para irse a gastar el dinero a Las Vegas, por eso la familia no le creyó.

No sé por qué los familiares o amigos ponen a las víctimas, es algo que no entiendo. Porque ni siquiera nos piden dinero, o al menos a nosotros nunca nos pidieron, sólo nos dieron la información necesaria para chingárnoslos. Incluso hubo casos en los que los familiares cercanos, los que estaban con la familia al momento de la negociación, nos hablaban para decirnos: "Tengan cuidado, la policía ya está cerca de ustedes, cambien la táctica". ¿Puedes creerlo? ¡Los mismos familiares! A lo mejor los motiva la venganza, el odio, quién sabe, los seres humanos somos muy raros.

En cuanto a las casas de seguridad, debían tener ciertas características: que sean en una colonia popular, para que no salten a la vista, pero que tampoco sea de alta peligrosidad; que tenga visibilidad para todos lados, porque debes tener ojos en todas partes; que tenga buena circulación, en caso de que tengamos que salir rápido. Por dentro la casa puede ser cualquiera, porque una vez que están adentro, la víctima coopera.

Pero bueno, las bandas de secuestros funcionan más o menos de esta manera. No porque seamos superorganizados, es más bien una onda de comodidad. Cada quien tenía su rol y así la armábamos bien. Entre todos nos conocíamos: yo sabía quién era el negociador, el cuidador, los halcones, etcétera. Pero nadie se mete en el rol de los otros; entre menos sepas, mejor. O al menos eso es lo que yo pensaba.

Teníamos una regla: con mujeres y niños no. Siempre secuestramos a puros hombres. Y hasta eso los teníamos bien, lo más cómodo posible. Tenían una tele, una cama, alimentos, o sea, estaban presos de su libertad exterior, pero adentro podían hacer lo que quisieran. Los tratábamos bien, nunca ejercimos violencia. En mi acta hay un video donde se ve cómo, presuntamente, están golpeando a una víctima; pero si te pones a ver con detenimiento, todo es actuado; y eso va respaldado por el mismo testimonio de la víctima, él mismo dice que nunca le pegaron, que le pidieron amablemente que actuara como si lo estuvieran golpeando, pero que no lo tocaron. Esto lo hicieron para presionar a la familia, pero nada más.

Sé que hay muchas víctimas mutiladas, violadas, golpeadas, etcétera. Eso depende de lo que traiga en la cabeza el secuestrador, de qué tan violento sea. Una banda que viola va a violar siempre; una banda que mutila, lo va a hacer con todas sus víctimas; se vuelve un patrón en su comportamiento.

Por ejemplo, aquí adentro estuve platicando con un compañero que le dicen el Mochaorejas. Él, de ley, cuando secuestraba a alguien, le cortaba una oreja, un dedo, incluso una mano. Entonces, al momento de comunicarse con la familia, les decía: "Háblale a tal persona —otra víctima— y pregúntale cómo le fue por no querer soltar el dinero". Entonces le mandaba una parte del cuerpo de su familiar. Después les volvía a hablar y la familia luego luego le decían: "¿Cuánto quieres? Te damos lo que pidas". Está cabrón. Nosotros no éramos así, nunca lastimamos a nadie.

Di mi declaración a cambio de la libertad de mi hermano

Me agarraron saliendo de mi casa. Un cuate nos echó de cabeza. A él lo detuvieron por un secuestro anterior, pero al momento de hacer la investigación y la negociación con la policía, soltó todo, los lugares de las casas de seguridad y los nombres de los integrantes de la banda.

Entonces, cuando me agarraron, me imputaron el secuestro de Zaga y de Jorge Rivero —ése es artista—. Entre uno y otro había pasado alrededor de una semana. En el secuestro de Jorge Rivero participé incidentalmente, porque el cuate que lo secuestró cobraba el rescate en otros estados —Morelos o Hidalgo—, pero en esa ocasión quería cobrarlo en la Ciudad de México, así que nos habló para que le enseñáramos a cobrar en la Ciudad. Y él, de buena onda, nos pasó al secuestrado y nos arreglamos nosotros con la negociación y el cobro. Fue un intercambio, por así decirlo: nosotros le enseñamos cómo era el negocio en la Ciudad de México, y él nos "regaló" a su secuestrado.

Y bueno, hicimos las negociaciones y el acuerdo para Jorge Rivero. Al momento en que fuimos a hacer el cobro, estábamos cobrando sobre Zaragoza, enfrente de una cancha de fútbol, pero el cuate que nos había conectado con ese secuestro empezó a marcarnos y a portarse muy mamón con nosotros. Entonces le dije a mi compañero, el que iba manejando: "Sabes qué, ahora, por mamón, vamos a pararnos a ver el partido. Vente". Y nos fuimos a las canchas. Ah, para esto, el compañero con el que iba era amigo del cuate que nos dio el secuestro, entonces como que andaba medio molesto. Total, que se desesperó y se fue. No avanzó mucho y me llamó: "Oye, ya vi a la camioneta —la que nos iba a entregar el dinero—, está en la paletería de la esquina. Vente para que me digas cómo le vamos a hacer". Y yo, que también andaba enojado, le contesté: "A la chingada, ahorita no voy a ir. Es más, tengo hambre. Mándalos a Puebla en lo que nosotros nos vamos a desayunar". Durante toda la tarde, le estuvimos marcando al cuate que nos dio a la víctima, pero nada. Se me hizo raro, pero pensé: "Se encabronó, ni modo".

Después de un tiempo, le dije a mi compañero: "Bueno, márcales de nuevo y que se regresen. Diles que nos vemos en Aeropuerto". Siempre tuve a la suerte de mi lado. Ese día me bajé de la camioneta y fui a comprar un agua, a un puesto que estaba por ahí. En eso vi cómo pasó la camioneta con el rescate. Le hablé rápido a mi compañero: "Oye, güey, ya vi a la camioneta, diles que se paren". No sé si les dijo o no, pero en ese momento me di cuenta de otra cosa: atrás de la camioneta pasaron dos o tres Cavalier y otras dos o tres Suburban. Chingó a su madre, vámonos.

Me subí rápido a la camioneta de mi compañero y nos fuimos de volada a nuestra casa de seguridad, no donde estaba el secuestrado, sino a la nuestra. Llegamos y vimos todo vacío: se habían llevado nuestras armas, nuestra ropa, en fin, todo. Ahí nos dimos cuenta que al cuate que no nos contestaba lo habían agarrado, y que él había cantado.

Le hablamos a otro compañero y le explicamos lo que había pasado; le dijimos que se fuera a la casa de seguridad porque queríamos hablar. Ahí nos contó todo, que efectivamente, habían agarrado al cuate ese, en un superoperativo, y que había chingado las cosas.

En esa ocasión sí castigamos a la víctima, por hablarle a la policía. Además, nos aferramos a cobrar el rescate, creo que hasta pedimos un poco más. El secuestro duró 20 días más, y al final sí pudimos cobrar el dinero.

A la semana hicimos el otro secuestro, el de Zaga. A él lo puso una persona de su oficina. Ése fue más rápido, pero no pudimos cobrar el dinero. Porque me agarraron el martes 10 de noviembre y hasta el viernes 13 íbamos a cobrar, entonces ya no se pudo. Me agarraron afuera de mi casa, cuando estaba con mi hermano. A él lo salvé, aunque realmente no tenía nada que ver, pero aquí te chingan parejo. Les di mi declaración a cambio de su libertad. Me llevaron por el secuestro de Jorge Rivero, pero en la declaración confesé el de Zaga.

Nos mandaron al Campo Militar 1. Ahí me arraigaron durante 10 días. Todavía tengo cicatrices de las cuerdas con las que me amarraron; me madrearon sabroso. Eso lo hicieron para que confesara. Pero no hacía falta, yo cambié la libertad de mi hermano por mi declaración, eso valía más. Por él supe dónde estaba, porque él, como mencioné, se dedicaba a la venta de materiales para el Ejército, entonces reconoció el lugar. Cuando lo soltaron, lo aventaron en Conscripto y Periférico, eso lo confirmó.

A todas las víctimas, tengo algo que decirles: perdón

Llevo aquí desde el 98, y he visto cómo las cosas cambiaron. Ahorita veo a los chavitos que entran y están muy alocados, son muy explosivos, eso los hace peligrosos. Otro problema son los cárteles que dominan toda la ciudad, más bien, todo el país. Ellos contratan a esos chavos explosivos para que maten gente por 2 mil pesos, eso está cabrón. En mis tiempos, las bandas de secuestradores estaban organizadas, teníamos nuestros puestos establecidos y el rol era el mismo, todos éramos iguales. Ahora, con esto del narco, los meros meros no se meten en pedos, mandan a sus achichincles a hacer el trabajo sucio, a esos chavitos de 20-24 años que luego están aquí encerrados, los que antes eran sicarios o halcones y que ahorita no son nada. Además, ya no lo hacen por el dinero, sino por fama, está cabrón.

Aquí adentro me he dado cuenta de muchas cosas; tengo tiempo de sobra para pensar. Vi que todo lo que hice, el daño y las decisiones que tomé, fueron guiadas por el enojo que sentía hacia la sociedad y a la vida que me tocó vivir desde niño. Es una onda de resentimiento muy fuerte. Poco a poco lo he ido superando, me perdoné. Me siento más tranquilo.

Si llego a salir, estaría muy contento, sería un nuevo comienzo; pero si me quedo aquí, igual estoy tranquilo. Llevo cumplida la mitad de mi sentencia y todavía no agoto mis opciones, me falta meter mi amparo directo, eso me da un poco de esperanza.

En fin, las cosas no se pueden cambiar, sólo queda mirar para adelante. ¿Me arrepiento? Sí, me arrepiento de lo que hice porque mírame ahora dónde estoy, eso pesa. También me arrepiento por el daño que les causé a las víctimas y sus familias. Y por mi familia, me arrepiento de todo lo que les hice pasar. Cuando estaba en las calles pensaba: "No me importa nada, de todas maneras me van a matar", pero no pensaba en nada más. Y cuando me agarraron me di cuenta de todo lo que tenía cargando en la espalda, todo el sufrimiento que había causado. Y a pesar de tener 16 años aquí, es un peso que no me he podido quitar. A todas las víctimas, tengo algo que decirles: perdón.

HOMENAJE A LOS SOBREVIVIENTES

Reflexión
El valor/dolor de las víctimas

La justicia debe tener siempre en el centro a las víctimas, a las y los sobrevivientes que se ven forzados a vivir siempre con cicatrices.

El dolor de quienes sobreviven a las garras de la delincuencia en nuestro país se agrava al afrontar la realidad de nuestro sistema de justicia penal. Hace unos años, a la Coordinación Nacional Antisecuestro llegó una familia que había vivido un plagio. Un hombre, dueño de una dulcería y padre de familia, demandaba justicia. Sus tres hijas habían sido brutalmente mutiladas y no tenía respuesta alguna de las autoridades respecto a los responsables del delito. En impotencia absoluta, el padre, al rescatar a sus hijas del cautiverio, se dedicó a hacer lo que le correspondía a la policía de investigación.

Integró, prácticamente sin ayuda de nadie, la carpeta de investigación, y se la entregó al juez. Al correr de los meses, y tras ver que no se detenía a los agresores, el papá, desesperado, buscó al juez para exigir una explicación. El juzgador, completamente desensibilizado, le contestó al padre que le parecía que estaba siendo "goloso" al querer a todos los agresores de sus hijas en la cárcel, y le recomendó agradecer que había logrado meter a unos cuantos de los secuestradores a prisión, ya que "muchas víctimas no logran ver uno solo".

Los testimonios de los sobrevivientes de secuestro son desgarradores. Recordar esos días, esos meses de cautiverio, de incertidumbre sobre su vida y su futuro, mientras lo único que intentan a diario es vivir, tratar de comprender y humanizar lo inhumano. Estas voces desde el dolor adquieren un valor adicional porque, con sus relatos, generan conciencia y contribuyen a la búsqueda de paz.

El dolor ajeno se ha convertido en esa conversación incomoda que solemos callar sin entender que esas historias viven de manera permanente en quienes experimentaron un secuestro. No son cifras, no son estadísticas periódicas que nos presentan las autoridades. Son vidas, son personas como cualquiera de nosotros, como quienes hoy leen estas líneas.

Escucharlas nos aproxima a dimensionar qué hay detrás de las cifras que se reportan desde las instituciones y se replican en los medios, como algo cotidiano. Prestarles atención es comprender lo tristemente real: nos hemos vuelto un país de datos y nos hemos alejado de lo que realmente importa: los sentimientos detrás de estas historias. Contamos homicidios, desapariciones y secuestros con una normalidad aterradora.

Para lograr la reconstrucción del tejido social debemos entender, y no normalizar, que la delincuencia rompe sociedades y lastima familias mucho más allá de la duración de los hechos delictivos. Los secuestros se dejaron de contabilizar con nombre y apellido y se empezaron a consignar como simples números, englobados en datos de horror que acumulan decenas, cientos, miles.

Sí, miles de vidas destrozadas no sólo por lo que implican los minutos, horas, días, semanas y hasta meses de encierro, sino por lo que trastoca en cada familia —víctimas del "otro cautiverio"—, y las secuelas que dejan de por vida. Un secuestro no dura lo que el cautiverio. Recuperarse es algo que tarda años, o quizá nunca se consiga.

Darles voz a quienes en buena parte de las ocasiones son olvidados por las autoridades, si no es que revictimizados por ellas, es un mínimo acto de justicia. Los testimonios que a continuación se presentan son de mujeres y hombres valientes que tuvieron la fortuna de vivir para contar su tragedia. Historias que innegablemente nos llevan a pensar en quienes fueron asesinados durante su secuestro. Miles de mexicanos y mexicanas a quienes mataron, y miles de familias que han vivido o viven en estos momentos ese flagelo.

Tenemos un enorme respeto, admiración, empatía y agradecimiento para quienes nos abrieron su corazón y expresan sus sentimientos a continuación. Mujeres y hombres que alzan la voz y se atreven a recordar aquellos días terribles con la esperanza de que los lectores tomen conciencia de los delitos y se eviten para construir un México mejor. Estas víctimas, a pesar de lo que les sucedió, tienen la esperanza, el sueño utópico, de un país donde predomine la justicia.

Tengo miedo de que me secuestren: Ana

Me levantaron un 22 de noviembre, alrededor de las 6:40 de la mañana cuando iba camino a la prepa. Tenía 17 años. Entraba a las siete de la mañana y ya estaba muy cerca, a un par de cuadras. Días antes había tenido la sensación de que me seguían, incluso tuve varios encuentros con coches sospechosos, pero no le di importancia.

Un año antes secuestraron a mi abuelo, entonces, todos en mi familia estábamos alerta ante cualquier situación sospechosa; habíamos tenido algunas pláticas con especialistas que nos prepararon, en cierta forma, por si algo así ocurría de nuevo. Nos dijeron qué teníamos que hacer y decir, cómo manejarnos en la calle, en fin, consejos de ese estilo.

Un mes antes empecé a notar ciertos coches raros, pero me daba un poco de pena decir lo que estaba pasando. Pensé que a lo mejor estaba exagerando. Me percaté de una camioneta roja, tipo van, que aparecía recurrentemente muy cerca de donde yo estaba, de los lugares a donde iba; además, noté varios carros *tuneados* con música a todo volumen, de esos donde retumba el *beat* y sólo se escucha: "¡Bom, bom, bom!" Me sacó de onda porque esto era constante, pero preferí ignorarlo. Ya iban dos indicadores. El tercero fue un coche Mercedes Benz, gris, nuevo, se veía lujoso. Lo veía mucho cerca de mi escuela, en las mañanas.

Además, unas semanas antes, le dieron un cristalazo a mi camioneta. En ese entonces mi papá tenía una camioneta blindada, me la dio en lo que arreglaban la mía. Y un día, afuera de mi escuela, en la calle que usábamos de estacionamiento —porque no había en la escuela—, dejé la camioneta y al regresar noté que habían forzado la puerta. Todo esto me empezó a llamar la atención desde hacía un mes o dos, pero no hice nada.

La mañana del 22 de noviembre, en el cumpleaños de mi mejor amiga, vi de nuevo el Mercedes. Yo iba sobre Abasolo, en el centro de Tlalpan, y el coche estaba atravesado en la calle de Moneda, tapando completamente el paso. Me asomé, porque me llamó la atención, y en eso, una camioneta verde, tipo van, se me cerró. Todavía pude avanzar un poco más y alcancé a frenar de golpe. Cuando alcé la vista vi salir de la camioneta a unas personas con pasamontañas. En ese momento puse reversa e intenté escapar, pero fue imposible. Las calles de Tlalpan son muy chiquitas y me tenían acorralada. Además, el tráfico estaba a reventar. No pude hacer nada. En ese momento vi a 300 hombres, no sabía de dónde habían salido tantos. Ahora lo pienso mejor y creo que sólo eran cuatro o cinco, pero en su momento me impactó mucho. Lo único que pensé fue: "No mames. Está pasando".

En mi familia teníamos muy fresco el tema del secuestro por lo que le había pasado a mi abuelo un año antes; además, tiempo atrás, intentaron secuestrar a mi papá y también, por esos años, intentaron secuestrar a mi tía. Yo crecí con ese tema muy presente, sabía que existía la posibilidad y que teníamos que cuidarnos mucho. Tenía miedo, pero sabía perfectamente de lo que se trataba.

De hecho, unos meses antes, cuando empecé a ver indicadores de que algo no estaba bien, le comenté a mi novio: "Oye, tengo miedo de que me secuestren". Era algo que tenía muy presente.

Bueno, llegaron estos hombres y me dieron un cristalazo del lado del chofer: "Bájate, hija de tu puta madre o te vamos a matar". Agarré mi mochila, porque ahí llevaba mis celulares y dinero, fue lo primero que pensé. Todavía me dijeron: "Venimos por el coche". Me sacudí un poco los vidrios que me cayeron en la cara, me bajé e intenté irme hacia donde no estaban ellos. Fue ahí cuando me agarraron y empezamos a forcejear, me acuerdo que gritaba: "Por favor, suéltenme, se los suplico", pero en mi mente ya sabía qué estaba pasando, no había vuelta atrás.

Había unos árboles flaquitos de los que me traté de agarrar, luego intenté también agarrarme de los barrotes de una ventana, pero ya ellos me tenían completamente levantada, jalándome. En eso me dieron un golpe en la nariz con la pistola, y perdí el conocimiento. Desperté en la camioneta, supongo que era la van, me tenían en el piso y me decían que me agachara, pero no cabía, era un espacio muy angosto; me dieron una patada en la espalda y me hice como mantequilla, no sé cómo, pero me acomodé ahí. Me pidieron que cerrara los ojos y la camioneta empezó a avanzar. Me dijeron que nada más iban por la camioneta, pero que yo hice mucho desmadre, mucho ruido. Según, me iban a dejar en un hospital para que pudiera tomar un taxi; no me podían dejar en un lugar cercano porque iba a llamar a la policía. Eso me dio esperanza, porque sí hice muchísimo ruido, pataleé, peleé, según yo, les di batalla.

En el camino me fueron haciendo muchas preguntas. Preguntas personales como mi nombre y dirección, y cosas sobre mi hermano: ¿Dónde estaba? ¿De quién era la camioneta que traía? Por eso pensamos que el secuestro, en un principio, iba dirigido hacia mi hermano. Sólo que él, meses antes, se fue a vivir a Nueva York, entonces se fueron por la segunda opción, que era yo.

Mi papá, desde chiquitos, nos había dado la instrucción de que, en caso de que algo malo pasara, dijéramos que todo lo que teníamos estaba a nombre de la empresa en la que él trabajaba, nada era nuestro. Más o menos fue de lo que hablamos en ese trayecto.

Ellos [los secuestradores] me dijeron que si alguien los llegaba a parar —una patrulla o algo así—, tenía que fingir que venía con ellos. Pero para ese momento yo ya traía un costal en la cabeza. ¿Cómo iba a fingir? Decidí no abrir los ojos para nada y obedecer todas las indicaciones que me iban dando.

Recuerdo que traían la música muy fuerte, estaban escuchando la estación 100.9 FM; me retumbaban los oídos, era pura música electrónica. Sentí cómo la velocidad del coche aumentaba más, iban rapidísimo. Algunos hablaban en clave, así que no tengo idea de qué decían. El hombre que me iba agarrando empezó a sobarme las manos, me las limpió del vidrio y de las ramas; preguntó cómo estaba, cómo me sentía. Recuerdo sentir mucha calidez de su parte, sentía más tranquilidad con él ahí, hablándome y sosteniéndome.

Para esto, seguía con la idea de que me iban a dejar en un hospital, pensaba que a lo mejor me dejaban en San Fernando, por ahí hay un buen de hospitales. Yo no lo sabía, pero ya estábamos muy lejos. De pronto frenó la camioneta y escuché cómo se abrió la puerta corrediza, lo que quiere decir que no era una puerta abatible; me acuerdo mucho de ese sonido. De nuevo, un señor me preguntó cómo estaba, cómo me sentía. Se escuchaba muy profesional, llegué a pensar que era la policía.

Empezaron las preguntas: "¿Estás bien? ¿Cómo te sientes? ¿Te hicieron algo? ¿Te lastimaron?" Contesté que no, que me dolía mucho la nariz, me sangraba y tenía tos. Mi cara estaba hecha un desmadre, pero, en general, estaba bien. Ahí fue cuando me dijo lo que más me temía: "Esto es un secuestro, vamos a pedir dinero por ti". Y empezó a especificar ciertas cosas: "Nadie te va a hacer nada, no te van a golpear, nadie te puede tocar, te vamos a dar de comer todo lo que tú quieras, no la vas a pasar mal, pero tienes que seguir todas las indicaciones y en cuanto tu papá dé el dinero por ti, te vas a ir a tu casa. Pero si no cumples con las reglas, te vamos a matar".

En ese momento el miedo se apoderó de mí, sentí que tenían poder absoluto sobre mi persona, sobre mi cuerpo. De por sí, durante todo el trayecto fui muy nerviosa. Estaba en *shock*, paralizada del miedo, agitada. Pero en el momento en que me dijeron: "Esto es un secuestro", sentí una especie de terror, un vacío enorme, pensaba: "Ahora sí, ya valió".

Inmediatamente entré en modo supervivencia. Recuerdo haber vivido muchos momentos de miedo en su máxima expresión, pero creo que adopté la postura de "okey, vamos a ver qué sigue y a afrontarlo. Lo que ellos me digan, lo voy a hacer al pie de la letra. Es la única forma en la que puedo librarla".

Entramos a un zaguán, me bajaron, y en ese momento sentí la presencia de muchos hombres cubriéndome la espalda: me dijeron que no hiciera ruido y que caminara derecho. Entramos a una casa; pude sentir por última vez la luz de sol.

Tenía la sensación de que era alguien cercano

Nunca supe bien cómo era la casa, traté de imaginar su distribución, pero no estoy segura. Recuerdo que caminé, crucé una pequeña estancia e inmediatamente había una puerta con barrotes. Lo supe porque escuché el sonido del metal oxidado cuando abrieron esa puerta. La casa tenía dos pisos, aunque nunca subí. El baño donde iba estaba debajo de las escaleras que conducían a la planta superior, por eso lo sé. Todo el tiempo me tuvieron en una cocina; mi colchón estaba pegado a una ventana grandísima, iba de piso a techo. Me imagino que esa ventana daba al patio de la casa, porque los sábados escuchaba cómo lavaban cosas ahí y oía también el sonido de los coches tuneados.

Una vez que me metieron a esa cocina, me sentaron en el colchón y de ahí nunca más me volví a parar. Me pusieron de nuevo el costal en la cabeza, podía sentir el calor de mi respiración y lo agitado que seguía mi corazón, y aunque podía ver un poco lo que había a mi alrededor, preferí no hacerlo; cerré muy fuerte los ojos. Después me di cuenta que todo estaba oscuro: apagaron la luz y cerraron las cortinas.

Entró un señor con una voz medio actuada, se escuchaba que la hacía más gruesa a propósito. Me empezó a cuestionar todo, preguntó mi nombre, edad, el teléfono de mi papá y el de mi casa, me pidió que no mintiera. De todas formas, no tenía caso mentir, se veía que ellos ya tenían mucha información. Por ejemplo, me describieron a la perfección a mis amigas, a mi novio de entonces, me dieron muchos datos personales que, yo pienso, usaron para intimidarme, como para decirme: "Sí, lo sabemos todo, te conocemos perfectamente". En una ocasión les conté que acababa de terminar con mi novio —la verdad se ganaron mi confianza—, y ellos me dijeron que lo sabían, y si quería, podían hacerle algo, estaban en un plan tipo *aliados*, muy raro.

También estoy consciente que solita fui soltando información, jugaron mucho con mi mente. Por ejemplo, en la cocina de casa de mi tía nos reuníamos siempre en familia, mis primos y mis tíos; y estos tipos [los secuestradores] me la describieron a la perfección, lo que me hizo pensar que, tal vez, me *había puesto* alguien conocido, si sabían cómo era la cocina de mi tía, que estaba hasta el fondo de la casa; debía ser alguien cercano. Después me puse a pensar que quizás yo misma les di la información de esa cocina. No sé, fue mucho el "estira y afloja" entre lo que ellos ya sabían y lo que yo les fui diciendo.

Me dijeron las reglas: iba a estar vendada todo el tiempo, si quería ir al baño tenía que ser acompañada; eso iba a ser incómodo, pero nadie podía tocarme ni hacerme daño; iba a tener lo que quisiera de comida, lo que pidiera me lo daban; siempre iba a tener la tele o el radio prendido, nunca estaría en silencio.

Recuerdo que en este primer contacto pregunté cuántos hombres había, porque sentía una presencia densa en el cuarto. Me contestaron: "¿Por qué haces esas preguntas? ¿Quién te asesoró? ¿Quién te dijo qué preguntar?" Y aunque sí me habían asesorado, esa pregunta no me la dijeron, la hice por mera curiosidad. Pregunté también si eran los mismos que habían secuestrado a mi abuelo, ellos se rieron: "No tenemos idea de lo que hablas". Hasta ahí quedó la plática.

Se salieron y, supongo, le hablaron a mi papá. Es una conjetura que hicimos mi papá y yo cuando cuadramos el tiempo. Pasó un rato y, en algún momento del día, entraron a vendarme los ojos; ahí conocí a mi cuidador. Se presentó conmigo, lo apodaban el Doctor. Tenía una voz muy cálida y supuse que tenía sobrepeso, porque luego luego se sentía su presencia mucho más grande que la de otros. Era, en general, una persona cálida y cuidadosa; cada que me iba a tocar me avisaba: "Te voy a agarrar el brazo, voy a mover tu pie…" Él me tomó la presión, me revisó el corazón, limpió mis ojos, la nariz —nunca me arreglaron la nariz y con la venda me dolía horrible—, amarró mi pelo y me puso una venda en los ojos. Platicamos un rato y luego se fue.

Me ofrecieron un vaso de agua y una paletita. Después me quedé dormida todo el día. Creo que me dieron algo, un somnífero, porque me desperté hasta las 8 de la noche.

En mi afán por entender lo que pasaba y querer reconocer a alguien, me concentré mucho en identificar las voces y buscar similitudes con la gente que conocía. Tenía la sensación de que era alguien cercano a mí. Nunca tuve respuesta.

Entró otra persona a hablar conmigo y platicamos por un buen rato; se sentó al lado de mí y entonces me solté a llorar. No sabía qué iba a pasar, qué tipo de secuestro era, estaba muy confundida. Me acordé que mi abuelo logró escapar de sus secuestradores, entonces yo no sabía si intentarlo o quedarme callada y esperar.

Con este señor platiqué de cosas más íntimas, pero cuando le pregunté si tenía hijos, se molestó bastante. Entonces empecé a medirme. Traté de llevar las cosas poco a poco.

Todo el tiempo me dijeron que el secuestro iba a durar muy poco, tal vez un fin de semana, a lo mucho, siete días. Era cuestión de que mi papá pagara, que soltara el dinero.

Así se fue el primer día. No entendía nada. No dejé de llorar. Estaba aterrada. Era el primer contacto que tenía con la incertidumbre de la muerte. No sabía lo que vendría, pero estaba en un infierno.

Mi reflejo me incomodó tanto que decidí no verme más

Los primeros días en cautiverio fueron muy difíciles, estaba realmente desconcertada, absolutamente consternada. No quería ni comer. Cualquier ruido o movimiento brusco me espantaba; ni qué decir si alguien me llegaba a tocar, era una situación de mucho miedo y estrés. Pero después de dos o tres días me di cuenta que necesitaba comer, aunque no tuviera hambre; necesitaba estar fuerte y sana para enfrentar esto. Pensaba en escaparme, pensaba mucho en eso, y para eso debía estar bien comida.

Los fines de semanas eran los más estresantes porque todo se paraba. Ellos [los secuestradores] me dijeron que "trabajaban" nada más de lunes a viernes, así que el sábado y domingo eran días muertos. Muertos en el sentido en que todo era más lento, más despreocupado; la comida y la atención que me daban cambiaba, se aminoraba, por así decirlo. Porque entre semana estaban muy al pendiente de mí, pasaban mucho tiempo conmigo en el cuarto, de las 24 horas del día, 20 estaban conmigo.

Poco a poco conocí a las tres personas que me cuidaron durante el secuestro: el Doctor, el Amigo y el Pitufo. Su compañía, de cierta forma, me relajaba, porque sabía que no iban a hacerme daño, ése no era su fin.

Estar sola me ocasionaba ansiedad. El primer fin de semana fue horrible, no podía dormir, daba vueltas en mi colchón, tosía para ver si alguien venía a verme, pero nada. Pensé: "Me tengo que escapar, si no están aquí, es mi oportunidad". En mi mente empecé a idear todos los planes posibles, pero en el fondo tenía miedo. Era más la presión: "Si mi abuelo lo hizo, yo también lo tengo que hacer, aunque no quiera". Una cuestión más psicológica que de convicción.

Pero realmente nunca estuve sola en la casa los fines de semana; aunque no estuvieran conmigo físicamente, sabía que estaban en la casa, los escuchaba a través de la ventana lavando sus coches o echando chela. Incluso, cuando llegaban a entrar al cuarto, olían a alcohol o mariguana. Entraban, me daban unos tacos o cualquier cosa de comer, y volvían a dejarme sola con la tele prendida. Me fui acostumbrando a esa rutina, al abandono de los fines de semana.

Entre semana era algo totalmente diferente. Desde tempranito estaban conmigo. La tele la dejaban siempre prendida, escuchaba todas las novelas y los noticieros, eso me dio un poco de rutina. Aunque las cosas no avanzaban.

El Día de la Virgen, El Amigo me dijo que iba a regalar juguetes a los peregrinos. Me acuerdo que le pregunté mucho sobre eso; prácticamente fue mi primer acercamiento con la religión, porque en mi familia no somos creyentes. Le hice muchas preguntas, no tanto en un sentido religioso; más bien pensaba: "Cuando salga, voy a ir a buscarlo el Día de la Virgen, a ver si lo reconozco". Decía que preparaba tortas y regalaba juguetes; eso me causaba conflicto porque, por un lado, hacía estos actos de bondad, y por el otro, me tenía secuestrada.

Otra de las reglas que me dieron, tal vez la más importante, era que no podía gritar, lo tenía prohibido; me dijeron que había cámaras en el cuarto: si yo necesitaba algo sólo tenía que alzar la mano y ellos se presentaban. Los primeros días seguí las reglas al pie de la letra, a veces necesitaba ir al baño y alzaba la mano, pero nadie venía. Entonces empecé a toser fuerte para ver si alguien se acercaba y funcionó. Ésa se volvió nuestra forma de comunicación. Yo tosía, ellos entraban, me llevaban al baño y me regresaban.

El baño estaba muy cerca de donde me tenían, era una distancia corta. Me di cuenta que no iban a cumplir muchas de las normas que me habían planteado al principio, porque, cuando me llevaban al baño, me dejaban entrar sola. Decían: "Bueno, te vamos a dar chance, sólo no abras los ojos, no te quites la venda ni prendas la luz". Yo les hacía caso, entraba, hacía pipí, le jalaba y tosía.

Como dije, al principio estaban conmigo casi todo el día, pero conforme se dieron cuenta de que yo no haría nada, o sea, que los iba a obedecer, fueron separándose poco a poco. Estaban en la casa, porque los escuchaba, pero no estaban conmigo.

No tenía una hora específica para comer, era como a las 6 de la tarde, tal vez. De cenar me daban un pan dulce. Al principio, cuando todavía había presupuesto, me daban unas papas a mediodía, o algo del Oxxo. A veces el Doctor me llevaba de contrabando unos chocolates: un día me atreví a verlos y eran unos Turín color menta, chiquitos, de los que venden en las cajas del Oxxo. Él me preguntaba qué quería, y le contestaba que unos chocolates, una paleta o un pan, algo para matar un poco la ansiedad.

Nunca me bañaron. Después de mes y medio de no lavarme el cabello, la cabeza me dolía y ardía mucho. Un día el Doctor me dijo que me tenía un regalo: me lavó el cabello. Ése fue mi regalo de Año Nuevo. Los dos nos prometimos que no nos íbamos a delatar, me hizo jurar que no iba a abrir los ojos ni a contarle nada a nadie. Fuimos al baño y me lavó el cabello en el lavamanos.

Desde el principio, el Amigo me dio algunos artículos de aseo personal como desodorante y cepillo de dientes, pero no quería usar nada, me daba asco. La primera vez que me bajó fue desastrosa, me ensucié toda y tuvieron que cambiarme de ropa. Me pusieron unos bóxer de hombre y un pants enorme de algodón. Fueron a la tienda a comprarme unos Tampax y ahí quedó todo. Para la segunda vez, ya no tenían presupuesto, entonces el Doctor se puso a coser unas toallas tipo Kotex con algodón y tela de manta. Él me dijo que ya no les daban dinero, pero que iba a tratar de solucionarme el problema. Todo esto me confundía porque tenían muchas acciones de consentimiento, de tratar de ayudarme y tenerme bien; podían haberme dejado ahí toda sucia, pero no lo hicieron.

Una vez le dije al Doctor que me dolían mucho las piernas de tanto estar acostada y le pedí que me pasara una crema de coco que tenía en mi mochila. Ellos me dijeron que les había encantado, que por favor se las regalara; se me hizo muy raro, pero dije okey, quédensela. Antes de que se la llevaran, el Doctor me hizo una especie de masaje, me frotó manos y pies con ella. Fue todo muy extraño, pero a la vez reconfortante. Me quedé dormida como un bebé.

Tuve muchos problemas de calambres y adormecimiento en las piernas. Tenía prohibido caminar; una de las reglas era que no podía pararme si no había nadie en el cuarto vigilándome. Así que sólo caminaba del cuarto al baño y de regreso. Los últimos días pedí con desesperación que me dejaran sentarme en una silla; me dolía horrible la espalda baja, y sentarme con las piernas abiertas y el respaldo al frente me ayudó mucho.

En cuanto a la higiene, no me dejaban ir a otro lado que no fuera al baño a hacer mis necesidades y lavarme los dientes. Eso se me volvió obsesión: tenía que sentir todo el tiempo mi boca superlimpia, era la única parte de mi cuerpo que podía lavar. Pero fuera de eso, nunca llevé un cuidado especial, a pesar de que tenía desodorante, nunca lo usé, se me hacía grotesco el olor, odiaba las cosas que ellos me daban.

Perdí un poco el pudor: si estaba manchada de sangre, si olía mal o si ensuciaba algo. Les decía: "Cómo no quieren que ensucie, si estoy vendada de los ojos". Todas estas experiencias no las recuerdo con asco, en su momento las asimilé como algo mío, íntimo.

El día de Año Nuevo, cuando me lavaron el cabello, me dejaron un momento a solas en el baño, sin la venda y con la luz apagada. Recuerdo que me costó mucho trabajo reconocerme, no sabía qué pedo. ¿Quién era esa persona? Hacía mucho tiempo que no me veía en un espejo; tenía la cara llena de espinillas, supongo que por la suciedad y el estrés. Me incomodó tanto que preferí voltearme y no verme más.

Nunca me di cuenta del grado de descuido en mi higiene personal hasta que llegué a mi casa, me volví a ver en el espejo, estaba negra, llena de mugre, fue impactante para mí.

Ese día pasaron muchas cosas, me acuerdo que pude verles los pies, fue lo más atrevido que hice. Eso fue porque me dejaron escribirles unas cartas. Yo ya había pedido antes papel y pluma, pero me los negaron. Y justo ese día me dijeron: "Te vamos a conceder que nos escribas una carta a cada uno". Les dije que no podía escribir si no veía; me quitaron la venda y se quedaron ahí viendo cómo escribía, por eso pude verles los pies.

El periodo entre Navidad y Año Nuevo fue un tiempo muerto, no había casi movimiento. Ellos incluso me dijeron: "Olvídalo, al menos por un tiempo no vas a salir. Mínimo hasta que empiece a circular la gente por la ciudad, vemos tu tema". Por eso, en ese tiempo, fue cuando hicimos más intimidad. Platicábamos mucho: el Pitufo me contó de su vida, de sus tragedias; con el Doctor tuve una relación más cercana, a veces nos quedábamos hasta las tres o cuatro de la mañana platicando. Incluso me decían: "Nosotros podríamos ser amigos, nada más que ahorita está complicado". Por eso pensé en escribirles una carta, para que me recordaran.

Primero le escribí una carta al Doctor; fue de prueba, porque la escribí con los ojos cerrados, y obvio, no se entendía nada. Por eso el Doctor y el Pitufo me llevaron al baño y me quitaron la venda en lo que les escribía las cartas. Estaban uno a cada lado, como escoltándome; nunca alcé la vista, me concentré en la libreta. Le alcancé a ver los pies al Doctor, traía tenis negros y pantalones beige tipo cargo.

No recuerdo muy bien el contenido de las cartas, la que tengo más fresca es la que le escribí al Pitufo. Recuerdo una de las frases: "Ojalá nos hubiéramos conocido en otra circunstancia y en otro momento de nuestras vidas".

Hablaba mucho con ellos sobre su estilo de vida, les insistía en que ya no delinquieran, eso también se los puse en las cartas.

Sólo con el Doctor tuve un acercamiento físico: un día me dejó tocarle la cara, cosa que era impensable para los demás. Una noche, cuando los de afuera ya estaban dormidos, en una plática, le dije: "No puede ser que llevamos una relación tan cercana y no sé quién eres". No recuerdo si él lo sugirió, o yo lo propuse, pero el chiste es que me permitió tocar su cara. Me dijo: "Está bien, sólo déjame quitarme esto". Ahí me di cuenta que llevaban pasamontañas todo el tiempo, y pensé: "Qué duro que todo el tiempo tengan que usar esas cosas, ha de ser muy incómodo. Qué feo trabajo".

La relación que tuve con ellos [los secuestradores] me confunde mucho. Hay una parte cursi que piensa que estos tipos sí se encariñaron conmigo, se abrieron y entablamos una relación; pero hay otra parte más fría y no romántica, que piensa que jugaron conmigo psicológicamente, que su línea de "trabajo" siempre fue muy clara, y era parte de su estrategia.

La historia del Doctor era que, en efecto, había estudiado medicina, pero que su papá era alcohólico y su mamá los había abandonado. Además, vivía en un lugar muy feo y rodeado de carencias, eso lo había llevado a ser delincuente; no le había quedado de otra porque este negocio le daba mucho más dinero que lo que la vida le podría ofrecer. Me hablaba mucho de su papá y el alcoholismo. Decía que a su papá le daban unos calambres horribles en el estómago a causa del alcohol; por eso los sábados él no estaba, decía que se iba a cuidar a su papá.

El Pitufo siempre se emborrachaba, sobre todo los fines de semana. Esos días se ponía superborracho y cantaba canciones de desamor. Sospecho que entre semana había más gente en la casa y lo tenían más controlado, porque era muy diferente su comportamiento de lunes a viernes al del sábado y domingo.

La historia del Pitufo era ésta: un día, iba en el coche con su familia y un borracho los embistió con otro auto, matando a todos menos al Pitufo. Al principio me llegó mucho la historia. Pero una vez afuera, mi papá me dijo que eso era mentira, porque podríamos buscarlo y rastrearlo muy fácilmente, una historia así salta a la vista. Cuando mi papá me dijo esto, se cayó toda la imagen que tenía del Pitufo. Me sentí como una tonta.

Empecé a hacer un ritual: antes de dormir, a mitad del día y al despertar, rezaba —o eso pensaba que hacía, porque, repito, nunca me inculcaron una religión como tal— y pedía a un ser supremo por mi familia; los enumeraba a todos: primos, hermanos, tíos, obviamente a mis padres, etcétera. Pedía por cada uno. Eran los momentos del día donde me sentía más cercana a mi familia.

Ellos [los secuestradores] siempre me decían que mi papá era una mala persona, que no quería pagar por mí y que yo no le importaba; me querían meter esa idea. En una ocasión me dijeron que mi papá estaba muy grave en el hospital —eso se los dijo mi familia, fue una de las tácticas que usaron para ganar tiempo— y yo me puse supermal. Fue uno de los momentos más angustiantes de mi vida. Pensé: "Puta, si mi papá está hospitalizado, ¿cómo le van a hacer para que yo salga? ¿Cómo van a pagar?" Eso me quitó mucha seguridad, me sentí desprotegida. Cuando me lo dijeron, estuve fuera de mí un buen rato. Lloré sin contención. Lloré muy fuerte. Lloré mucho tiempo.

Estuve secuestrada dos meses y medio. Nunca perdí la noción del tiempo, la tele y el radio me ayudaron con eso. Siempre escuchaba las noticias, estaba al pendiente de lo que pasaba en el mundo exterior. Ponían mucho a López-Dóriga.

La época navideña fue especial, creía que me iban a dejar salir ese día, en mi mente pensaba que no podía existir una persona tan ruin como para tener a alguien secuestrado en Navidad. Mi sueño era que me soltaran en esa fecha, ése iba a ser mi regalo. Me imaginaba mucho una historia en la que mi familia iba a estar celebrando la Navidad como cualquier otro año y yo llegaba de sorpresa, nos abrazábamos y cenábamos juntos. La realidad es que llegó ese día y no pasó nada; eso me rompió, perdí la esperanza.

En Navidad estuvimos los tres juntos, el Pitufo, el Doctor y yo, tal vez comimos algo más rico de lo normal, pero no una cena navideña y nos dormimos muy temprano. A mitad de la noche llegó el Amigo pateando los colchones, haciendo una broma como de que había llegado la policía. Se espantaron mucho, cortaron cartucho y brincaron. En el fondo sentí un poco de alivio porque ya habían llegado a salvarme, pero también había una parte de mí que decía: "Me voy a morir aquí". Ya después nos estábamos riendo todos por el susto que les habían pegado… aunque yo me reía más de mí que de ellos.

En Año Nuevo pasaron muchas cosas, como ya dije: las cartas, el lavado de cabello, escuchamos la programación de Año Nuevo, dimos el clásico "Feliz Año", hicimos la cuenta regresiva y todo el ritual. Me regalaron un cigarro y una cerveza, recuerdo que me la tomé y me puse pedísima, estaba como en otro planeta; eso sí, siempre muy consciente de dónde estaba. Ese efecto me duró muy poco, a lo mucho una hora. Así cerré el año, mareada y con los ojos vendados.

Mañana te vas: ¿te puedo dar un abrazo?

Para cuando dieron la prueba de vida, yo estaba ida, ya no sabía muy bien qué estaba pasando. Nunca me tomaron fotos ni video, sólo me hicieron unas preguntas secretas que fungieron como prueba de vida, nada más. Eso fue muy extraño, porque al principio me dijeron: "Te vamos a llevar afuera a que hagas una llamada, pero tienes que fingir que te están golpeando y que la estás pasando mal, tienes que hacer mucho *show*, tu papá no puede saber que estás bien". Recuerdo que eso me dio mucha angustia porque pensaba: "No puedo mentirle a mi papá, quiero decirle que estoy bien, que esté tranquilo y que juntos vamos a salir de ésta". Me dijeron que si hacía eso, entonces sí me iban a tener que golpear para que llorara de verdad. Pero eso nunca pasó, nunca me sacaron a hablar por teléfono ni nada por el estilo.

Me hicieron dos preguntas: "¿Cómo le llaman los nietos a tu abuela materna? ¿Cómo se llama tu media hermana?" Sólo eso. Y me pusieron mi chamarra y me dijeron que me la abotonara hasta el cuello.

Yo estaba muy al tanto de cómo iban las negociaciones afuera. El Amigo era el encargado de decirme todo. Mis últimos días en cautiverio los tengo difusos. Para ese entonces estaba superida, como adormilada. Me quitaron al Doctor y me quedé sola; fue un golpe muy fuerte.

Recuerdo que después de la prueba de vida, el Pitufo me dijo: "Si te vienen a preguntar más cosas, ni te agobies, no te van a hacer nada, sólo contesta con la verdad".

La comida empezaba a escasear, desayunaba unos huevos revueltos o tacos de huevo con lo que fuera, cenaba un vaso de leche y eso era todo, pero la verdad nunca pasé hambre. Un día el Pitufo me llevó un vaso con leche y aproveché para decirle qué onda con las preguntas. Él nada más me dijo: "No seas chismosa".

En la madrugada llegó el Amigo y me dijo: "¿Estás despierta?" Ya había escuchado ruido en la casa, había mucho movimiento; en ese entonces había dejado de dormir, empezaba a dormitar como a las 5 de la mañana, mientras, todo el día, estaba en un estado de duermevela. Eran las 4 de la mañana y le contesté: "Más o menos. ¿Qué pasó?" Se acercó y me dijo al oído: "No hagas ruido, no digas nada. Mañana te vas. Vuelve a dormir". ¿Dormir? ¿Cómo iba a dormir después de esa noticia? Me acuerdo que tuve que morder la almohada para no hacer evidente mi emoción. Grité hacia la almohada y pataleé con fuerza, pero con discreción. No había sentido una felicidad tan pura en mucho tiempo.

Uno de los acuerdos que tenía con ellos era que, si me daban su palabra, era algo real. Si no me la daban, chance no pasaba. Y el Amigo siempre me decía: "Te doy mi palabra que no te vas a morir, que nadie te va a hacer daño...". Y ese día, me lo dijo así: "Te doy mi palabra que mañana te vas".

Me soltaron el 31 de enero. Desde la mañana estaba muy inquieta. Pasaron dos o tres horas y no llegaba nadie, necesitaba hablar con alguien. En eso llegó el Amigo y le dije que si podíamos hablar, pero me dijo que no, que sí me iba a ir, pero que me callara.

Después de un rato llegó el Pitufo. Para entonces, el tema de mi liberación era un tema abierto, porque él también me dijo: "Te vas hoy". Se pusieron unos guantes y me empezaron a vestir nuevamente con mi ropa; me lavaron ciertas partes del cuerpo con un jabón especial, olía a detergente, no a jabón de manos. Ese día no me dieron de comer, limpiaron toda la casa, había mucho movimiento. Me dieron indicaciones todo el día:

"Tienes que obedecer, no puedes hablar con nadie, mucho menos decir lo que pasó, te vas derechito a tu casa. Te vamos a dar una tarjeta de teléfono para que puedas hablarle a tu mamá. Fíjate en la calle en la que te vamos a dejar —en ese tiempo no tenía ni idea de que en las esquinas había un letrero con la calle, colonia y delegación— y de ahí te mueves hacia tu casa."

Terminaron de prepararme y a las 7 de la noche, más o menos, entró el Amigo y me dijo: "Ahora sí, ya te vas. ¿Te puedo dar un abrazo?" Le dije que sí y nos abrazamos. Sus últimas palabras fueron: "No voltees para atrás nunca, esto ya se acabó. No le digas a nadie". Entró después el Pitufo y lo mismo; bueno, yo le pedí el abrazo a él, y nos despedimos. Entraron varios hombres, me cubrieron con una chamarra y salimos de la casa. A partir de ahí, todo el tiempo, me tocaron con guantes. Me regresaron mi mochila, vacía obviamente: traía mi cartera, pero sin credenciales ni dinero. Curiosamente me regresaron mi reloj y una pulsera, pero nada más.

Escuché nuevamente el riel de la puerta corrediza y me subieron a la camioneta. Empezamos a avanzar y todo fue muy rápido. Escuchaba indicaciones todo el tiempo. Los tipos hablaban en clave, por lo que no entendí nada. Me acostaron de nuevo en el piso, boca abajo, con las manos imposibilitadas —no estaban propiamente amarradas, pero me las iban deteniendo—. Recuerdo que un señor me fue amenazando todo el camino; en un momento pensé que era el Pitufo, como que le escuché la voz parecida, pero después me di cuenta que no. El objetivo de este señor era intimidarme, me amenazaba diciendo que iban a regresar por mi papá y mi tío, y que a ellos sí los iban matar o, en el mejor de los casos, les iban a cortar los dedos. Según él, mi papá no había cumplido con el trato, me dijo que le había hablado a la policía.

Pero mis sentidos estaban bloqueados, ni siquiera sentí miedo. Escuchaba y entendía, pero no lo procesaba. Sólo le dije: "Sí, está bien, que pase lo que tenga que pasar".

La música estaba muy fuerte. Parte del trayecto fue por callecitas y sobre empedrado. De pronto agarramos una recta eterna y poco a poco empecé a escuchar el ruido de la ciudad. Ahí se empezaron a poner más inquietos, alzaban la voz y hablaban en clave; el ambiente se sentía tenso. En eso, me levantaron y dijeron: "Ya sabes lo que tienes que hacer, quédate sentada y cuenta del mil hacia atrás, no hables con nadie, no pidas ayuda y vete derecho a tu casa".

Escuché la puerta de la camioneta correr y sentí cómo alguien me jalaba la venda de los ojos; me deslumbró un poco la luz, pero alguien ya me estaba esperando en la calle, me recibió y me sentó en la banqueta. Escuché cómo se subió a la camioneta y se arrancaron. No sé si realmente me dejaron sola, porque podía escuchar voces. A mi alrededor había coches estacionados y pensaba que eran ellos porque no me imaginaba que alguien viera mi situación y me dejara ahí botada, que no se acercara a ayudarme. Eran las 7 de la noche de un jueves, obviamente alguien vio. Además, era una zona concurrida: me dejaron enfrente de la Plaza de Toros, pero, en fin, nadie hizo nada.

Esperé a que las voces se alejaran y mientras empecé a contar; la verdad ni pude contar, me sentía muy nerviosa. Traté de esperar un tiempo y me hice bolita, puse mis rodillas en los ojos, para que no entrara la luz, y esperé.

Los momentos de mayor terror los viví al principio, cuando me levantaron, y al final, al momento de la liberación. Me sentí expuesta, desprotegida, era como estar encuerada completamente y rendida ante ellos. Pensaba: "¿Cuánto tiempo más voy a tener que estar con los ojos cerrados? Si me van a matar que me maten ahorita, que venga lo que venga".

Abrí los ojos, no había nadie. Como pude me levanté —porque llevaba dos meses y medio sin caminar y tenía las piernas dormidas—, empecé a tambalearme, sentía mucha adrenalina. No veía bien, mis ojos no se acostumbraban a la luz. Empecé a caminar sin rumbo. He recorrido unas siete u ocho veces los alrededores de la Plaza de Toros y no he podido dar con el lugar en el que me dejaron. Sé que fue por la Plaza, pero no sé la calle. Me acuerdo que llegué a un Oxxo —que a la fecha no he podido encontrar—, entré, las luces me *lamparearon* horrible, me acerqué al mostrador y le pregunté a la señorita dónde había un sitio de taxis. Ella me preguntó: "¿Estás bien?" Le dije que sí, que sólo necesitaba saber dónde había un sitio de taxis seguro. Me dijo que tenía que ir creo que hacia Insurgentes —yo no tenía idea de dónde era—; me explicó y volvió a preguntar: "¿Estás bien? ¿Te puedo ayudar en algo?" En ese momento tenía unas ganas enormes de llorar, de abrazarla y pedirle ayuda, pero contesté que no, que muchas gracias. Salí lo más rápido que pude para que no me volviera a preguntar, sabía que podía quebrarme. Yo desconfiaba de todo, tenía cierta paranoia. Sentía que todas las personas eran secuestradores o que todo estaba planeado para que me topara con ellos y volvieran a capturarme. No sabía si me estaban vigilando.

Caminé algunas calles y empecé a sentir más seguridad. Por primera vez sentí que de verdad estaba libre. Me acuerdo que iba por la calle con una sonrisa enorme, la gente me sonreía y yo les sonreía más. Nunca he vuelto a sentir una felicidad tan genuina como la de ese día.

Llegué a Insurgentes y nunca encontré el dichoso sitio; la verdad no lo iba buscando, todos mis sentidos estaban abrumados por la felicidad que sentía. Me trepé al primer taxi que vi y le indiqué mi dirección. Todo el camino el taxista me fue preguntado si estaba bien, si necesitaba algo, si me podía ayudar. Le dije que estaba bien, pero que necesitaba llegar rápido a mi casa, que mi papá estaba preocupado porque tenía que haber llegado hace ya muchas horas, así que tenía que ir volando.

Recuerdo que el taxista me iba viendo por el retrovisor, me veía y preguntaba si estaba bien. Ya después creo que se rindió y fuimos platicando de otras cosas. Me contó toda su vida y yo le conté la mía, puras mentiras la verdad.

Cuando íbamos llegando a mi casa —que estaba lejísimos, en ese entonces vivía en Tlalpan—, mi mamá ya estaba esperándome afuera de la colonia, en la caseta de policía. Estaba también un asesor que la ayudó durante todo el proceso del secuestro.

Iba en el taxi y ya me iba a meter a la colonia cuando de repente, por suertes del destino, volteé y vi la camioneta de mi mamá; ella ya me había visto, se bajó corriendo y yo le dije al del taxi: "Aquí me tengo que bajar". Sentí un poco de pena por el taxista pues pensaba yo: "¿Quién le va a pagar?" Así que le dije que me esperara tantito, que ahorita le pagaba. Supongo que él se dio cuenta de todo y me dijo: "No te preocupes, tú bájate".

El asesor que venía con mi mamá nos dijo que nos metiéramos a la camioneta y que nos fuéramos rápido para la casa. Mientras, él se quedó con el taxista, lo investigó y todo. Lo sé porque, cuando llegué a mi casa, ya después de encontrarme con mi papá y mis tíos, de abrazarnos y llorar, le pregunté: "Oye, ¿quién le va a pagar a la persona que me trajo?" Mi papá me dijo que no me preocupara, que todo estaba resuelto, sólo lo iban a investigar y ya.

Ese día no dormí nada, tomé un baño como de dos horas con mi mamá. La casa tenía un baño de vapor y me quedé ahí horas; la mugre no salía, la tenía impregnada en la piel. Hasta ese momento me di cuenta del estado en el que me encontraba; llevaba mucho tiempo estreñida, me senté en el baño y estuve como una hora. Verme en el espejo fue una de las cosas más raras, tenía la mirada perdida, como somnolienta, no sabía quién era esa persona.

Después cené, platiqué con mis papás, platiqué mucho. En ese momento yo amaba al Doctor, hablaba puras cosas buenas de él. Ya después me fui a dormir. Mis papás están divorciados y mi mamá no vivía con nosotros, entonces supongo que se sentía un poco incómoda en esa casa, pero nunca dijo nada. Lo importante es que, por fin, estaba en casa.

Decir que había sido secuestrada me daba vergüenza

El encuentro con mi mamá fue muy curioso, hay lazos que no se rompen. Cuando llegué, ya sabía que ella iba a estar ahí, esperándome.

Ella estuvo 24 horas ahí afuera esperando, porque entregaron el dinero desde un día antes y ella decidió ir a montar guardia, esperarme. En esas 24 horas no sé qué tantas cosas horribles pasaron por su cabeza.

El trayecto de la caseta de policía a la casa de mi papá en Tlalpuente era como de cinco minutos en coche. En ese pequeño lapso le pregunté a mi mamá de todo: "¿Dónde está mi hermano? ¿Dónde está mi papá? ¿Qué va a pasar con mi escuela?" Yo en un plan de "Ya estoy aquí ¿Qué sigue?" Me sentía libre y quería recuperar mi vida.

Mi mamá me dijo que no me preocupara, trataba de responderme todas mis preguntas. Mi hermano estaba bien, lo habían regresado a Nueva York porque, cuando se enteró de mi secuestro, vino —y eso que se lo ocultaron por un mes—, pero para mis papás, era más problema tenerlo en México por el tema de la seguridad.

Ella no me preguntó nada, sólo me escuchaba. Lo más importante ya lo sabía, estaba bien. Porque se lo dije cuando corrí hacia ella. Lo primero que mencioné fue: "Estoy bien, no me hicieron nada, no pasó nada". Creo que ése fue siempre el primer mensaje que le di a la gente.

Cuando me encontré con mi papá, él se convirtió en un niño chiquito desde que vio la camioneta a lo lejos: empezó a brincar y a aplaudir. Nos abrazamos y también le dije: "Estoy bien, pa, no me hicieron nada. Ya se acabó todo esto". Me sentía con la necesidad de contenerlos, de hacerlos sentir bien.

Luego vi a mi tío. Los secuestradores me dijeron que fue mi tío el que entregó el dinero; ya después supe que no había sido cierto. Y cuando lo vi —mi tío tiene una cara superdura—, lo vi llorando. Ahí me di cuenta realmente de todo lo que estaban pasando en mi casa. Abracé a mi tío y le dije: "Gracias por todo, gracias por haber pagado, de verdad". Pero él como que no entendía muy bien de lo que hablaba; sólo me abrazó muy fuerte y lloramos juntos.

Me acuerdo que mi mamá y la pareja de mi papá siempre se han llevado fatal; entonces era muy divertido ver cómo se peleaban por ver quién me daba de comer, cuando yo ni siquiera tenía hambre. Mi mamá me puso unos pepinos en los ojos, porque dice que los tenía idos y muy irritados. Desde el principio trataron de darme todos los cuidados que pudiera necesitar.

Cuando salí de bañarme no había nadie, más que mi mamá, mi papá y su pareja. Cada uno me cuidó, a su manera. En la madrugada me desperté y le dije a mi mamá: "Por favor, dime si esto es un sueño o si realmente estoy afuera". Todavía no asimilaba mi realidad.

Al día siguiente les dije: "Necesito salir al sol, ver el cielo y acostarme en el pasto". De ahí empecé a hablar con toda mi familia y amigos, estuve haciendo muchas llamadas. Recuerdo también que, la noche anterior, cuando llegué, mi tío me preguntó qué se me antojaba de comer. Le dije que comida cantonesa; desde el día uno se me había antojado la comida cantonesa, pero ellos [los secuestradores], no la conocían. Al otro día, mi tío me organizó una comida. Así que tuve toda la mañana para disfrutar a mis papás.

Mis abuelos no sabían nada. Ya eran personas grandes y no querían preocuparlos. Además, mi abuelo ya había pasado por eso y era una forma de recordarle la experiencia; pero, a final de cuentas, mi abuelo terminó enterándose.

Bueno, a partir de ahí, todo lo tengo muy fragmentado. Fui a la comida que me organizó mi tío, al otro día visitamos a mis abuelos y en la noche fueron a verme mis amigas más cercanas.

Todos mis seres queridos me llenaron de amor, de atenciones. Mis mejores amigas me llevaron pasteles, regalitos, cartas —una de ellas me escribió una carta diaria durante el tiempo que estuve secuestrada—. Fueron todos muy lindos.

Al día siguiente me hicieron una superfiesta, al estilo mexicano, donde se juntaron las dos familias, la de mi mamá y la de mi papá.

Para mí fue incómodo y *shockeante* darme cuenta que no me reconocía, no sabía si esa realidad que vivía era la verdadera, es decir, todavía no había asimilado todo lo había pasado, y fue hasta esa fiesta que me empezó a caer toda la carga de lo que sufrí, del secuestro.

Hubo también una discusión entre mi papá y mi mamá por el tema de la escuela. Mi papá quería que entrara a una nueva y mi mamá quería que yo decidiera si cambiarme o no. También pensamos mucho en contratar seguridad privada. Mi papá y yo no queríamos, sentíamos que era mucho *show*. Es que, a pesar de todo, mi papá es una persona muy austera.

Total, dos semanas después regresé a mi escuela, pero con mucha seguridad; tenía que entrar y salir por lugares específicos, me cuidaban mucho. Era mi último año de prepa y no me lo quería perder. La escuela me apoyó muchísimo, nunca fui muy aplicada, y ese año saqué las mejores calificaciones, obvio no fue mérito mío.

Pasé unos días en Acapulco con mi papá y mi hermano; él vino de Nueva York para verme. Fuimos a la playa para que me diera un poco el sol y recuperar los ánimos. Porque, además de mi falta de identidad, se me llenó la cara de acné, eso me hacía sentir muy insegura.

Me hicieron todos los chequeos médicos posibles, me llevaron al ginecólogo, al dentista y al oculista, porque de los ojos sí tuve secuelas: a la fecha sigo viendo un puntito negro, nadie me ha sabido decir qué es. Mi miedo más grande era que me internaran, porque así le pasó a mi abuelo, pero, bueno, fueron situaciones diferentes.

Decir que había sido secuestrada me daba vergüenza, y aunque todos lo sabían, a mí me apenaba mucho. No quería ser catalogada como "la secuestrada", me molestaba la mirada de todos en la escuela, me sentía señalada.

El secuestro me hizo reencontrarme, conocerme mejor

Viví con miedo mucho tiempo, incluso tuve que mudarme a Puebla con mi mamá porque no soportaba vivir en la Ciudad de México. Eso fue como seis meses después del secuestro, o sea, acabé la prepa y decidí irme con ella. Pero allá no hacía nada, no conocía a nadie. Fue un año muy complicado. Y, a pesar de todo eso, viví unos años increíbles en Puebla, creo que los mejores de mi vida.

Al principio pensaba mucho en mis secuestradores. Tenía ansiedad, pensaba: "Esto no está bien. ¿Cuándo voy a dejar de pensar en ellos? ¿Cuándo voy a dejar de preguntarme si están bien, si me siguen vigilando, si van a volver algún día?" Ahora ya no pienso en ellos, incluso, trato de recordar algunas cosas.

Pienso que mis secuestradores son personas que hicieron algo horrible, lo sé, pero agradezco que me hayan tocado ellos, porque nunca me hicieron daño, siempre se portaron muy bien conmigo. Creo que sí, me siento agradecida con ellos, si eso tiene sentido. No me quedaron a deber nada, ni yo a ellos. Me siento en paz. Si supiera que están recibiendo un castigo, pues bien merecido; pero si no, no me molesta. Sólo deseo que ya no le hagan daño a nadie.

No inicié un proceso terapéutico hasta después de seis u ocho años. Pensaba que ya lo tenía superado. Pero ahí fui sacando muchas cosas y empecé a escribir un libro; eso fue maravilloso, porque fue un reencuentro espectacular conmigo. Una experiencia que no hubiera tenido si no me hubieran secuestrado.

Me duele muchísimo lo que pasa en México, la problemática social es enorme, golpea a todos los niveles, a todas las edades, a todos los géneros. Crecí advertida sobre la violencia, crecí escuchando malas noticias, vi a mis padres tener miedo. Ahora me veo a mí, con el mismo miedo. Muchas veces he pensado en irme, pero amo mi país, y a pesar de todo, amo mi vida aquí.

Me encantaría tener herramientas para trabajar con la gente más vulnerable, con la gente que vive las cosas más duras de este país. Creo que la cantidad de personas que están expuestas a ser víctimas de cualquier tipo de violencia o dar el primer paso para delinquir es preocupante.

Agradezco profundamente estar aquí y platicar esta historia.

Señor, usted está secuestrado: Alberto

Mi secuestro inició el 29 de noviembre de 2016 y me liberaron el 14 de septiembre de 2017. Fueron 290 días. 4 mil 32 horas. 241 mil 920 minutos.

Todo pasó demasiado rápido, por lo que fue muy difícil de procesar y comprender en ese preciso momento lo que me estaba sucediendo. Y es que en verdad nadie está preparado para vivir una experiencia tan cabrona, por lo menos así de golpe, sin previo aviso. Después de intentar acomodar las pocas imágenes que había podido retener en mi cabeza antes de que me taparan los ojos, pude llegar a una única y terrible conclusión: me habían secuestrado. Aunque en el fondo, mi parte racional se resistía a creerlo. "Esto se debe tratar de una equivocación", pensé. Yo no soy secuestrable, me repetí en silencio de manera constante, casi obsesiva, mientras los misteriosos encapuchados me sometían. Me había convencido de que entre más decretara y repitiera estas palabras, por arte de magia todo volvería a la normalidad.

Sin embargo, esto desafortunadamente no sucedió. El día que fui capturado fue el episodio más siniestro y traumático de los 290 días que duraría mi calvario.

Por razones azarosas que hasta la fecha siguen siendo una incógnita, tuve la muy mala fortuna de ser seleccionado por un grupo delictivo para ser secuestrado. Puedo casi asegurar que estos delincuentes, antes de decidir que yo sería la víctima perfecta, hicieron una investigación donde estudiaron a detalle otros probables prospectos. Con certeza, han de haber realizado un minucioso estudio donde evaluaron los pros y contras de capturar a cada uno de los posibles candidatos. Al final, la balanza se inclinó hacia mi persona. La razón por la cual yo terminé siendo el finalista de tan codiciada terna sigue y seguirá siendo un misterio para mí y para los que me rodean. Pero con el tiempo, creo que he descifrado algunos factores que fueron determinantes para que yo me sacara la *rifa del tigre*. Uno de los principales, probablemente, fue que yo que era una presa demasiado fácil y vulnerable para capturar.

Y en realidad lo era. Al no pensar que yo pudiera ser víctima de un delito tan deplorable, vivía completamente desprotegido. Vamos, ni chofer tenía, porque estaba seguro de que no lo necesitaba. Por otro lado, todas mis rutinas eran bastante predecibles y siempre iba solo a todas partes. Mi conciencia estaba muy tranquila. Hoy estoy seguro de que lo que más gustó a esta banda de mi perfil fue el hecho de que fuera hijo único. Una característica, supongo, muy valorada para una banda de secuestradores. Y es que al no existir hermanos de por medio que puedan estorbar y entorpecer las negociaciones para proteger su herencia, nada se interpone para que estos sujetos puedan exigir el patrimonio completo de una familia. El ser hijo único seguramente fue el factor que terminó de convencer a estos *seres* de que yo era el candidato ideal. Y me refiero a ellos como *seres* porque cualquiera que se gane la vida traficando con el sufrimiento ajeno no puede ser considerado humano.

El día que me secuestraron, la camioneta en que iba quedó aventada a la mitad de la calle donde ocurrieron los hechos. A los pocos minutos algún transeúnte la reportó como un vehículo abandonado. Cuando la policía llegó y revisó la documentación del vehículo, supo de inmediato quién era el propietario. Para la autoridad, hasta ese momento todavía no se había cometido ningún secuestro. Sólo tenían la evidencia de una camioneta abandonada a la mitad de una vialidad. Posteriormente y gracias a la declaración de algunos testigos que se encontraban en el momento del levantón, se supo que el conductor de la camioneta había sido capturado por un grupo de hombres armados. Para que la autoridad pudiera dar por hecho que lo que había sucedido era en realidad un secuestro, primero debía existir una demanda económica por parte de quienes me habían privado de mi libertad. Si no lo hacían, entonces lo que había sucedido en aquel lugar podía tener mil nombres y apellidos, pero no sería un secuestro. Y lo más probable es que para ese momento yo ya estuviera enterrado en alguna fosa clandestina. Es importante recalcar que desde el momento en que la autoridad tuvo conocimiento de mi levantón, fue ésta quien abrió una averiguación de oficio por aparentemente tratarse de un delito de alto impacto. Esta averiguación, por cierto, estuvo a punto de ser desechada un par de veces, ya que el grupo de secuestradores que me tenía en su poder se tardó nada más y nada menos que 36 días en contactar a mi familia y exigir un rescate: 36 largos días en el que mi familia vivió angustiada "con el Jesús en la boca". Si la autoridad no hubiera contactado a mi gente ese día, desconozco si se hubieran atrevido a presentar formalmente una denuncia. Seguramente la respuesta es que no. Probablemente hubieran decidido correr el riesgo y asumir las negociaciones por su cuenta. Y es que, en este país, es bastante común que las familias no denuncien cuando se comete un secuestro, principalmente por dos razones: 1) los secuestradores amenazan a la familia con matar a la víctima si contactan a la policía; 2) temor de que la autoridad esté involucrada o coludida de manera directa o indirecta en el secuestro, situación que, desafortunadamente, muchas veces es una realidad.

A pesar de estar plenamente conscientes del riesgo de cooperar con la policía, mi familia, después de asesorarse y pedir la opinión de muchísimas personas de su confianza que estaban muy empapadas con el tema, terminó por aceptar la intervención directa de la única dependencia aparentemente capaz de resolver mi secuestro con bastantes probabilidades de éxito. Esta dependencia era la Fisdai [Fiscalía de Investigación de Secuestros y Delitos de Alto Impacto], una fiscalía especializada en delitos de alto impacto, de relativa reciente creación. Supongo que, para mi familia, tomar la decisión de ponerse en manos de esta Fiscalía debió ser bien complicado, pues sin ánimo de ofender a nadie, corrían el riesgo de meter al enemigo en casa. Y es que la credibilidad en las instituciones se ha perdido por completo. Por lo que sé a partir de que regresé, pues ésta es la parte de la historia que por obvias razones me perdí, mi padre desde un principio decidió ser el único responsable de las negociaciones. Increíblemente, en algún momento de esta historia, la pinche prensa local llegó a publicar que mi familia había contratado en el extranjero especialistas en negociación de secuestros, mismos que les habían costado una fortuna traer. Increíble que ni siquiera mi padre se llevó el crédito de sacarme con vida. Los agentes de la Fisdai terminaron únicamente fungiendo como asesores durante el larguísimo y desgastante proceso. Pero todas las decisiones importantes recayeron al 100% en mi padre y en el pequeño consejo familiar que de alguna forma se formó. Mi padre no se conformó solamente con los consejos de la Fisdai: sin hacer nada de ruido, se asesoró con muchísima gente que *pro bono* le dieron *tips* para salvarme el pellejo —dentro de estos improvisados consejeros había algunas víctimas de secuestros—. Sus consejos fueron invaluables. Si yo hubiera llegado a morir a consecuencia de una mala decisión por parte de mi padre, seguramente la autoridad se hubiera lavado las manos. Además, para complicar aún más las cosas, la metodología que escogieron mis secuestradores para comunicarse con mi familia fue completamente atípica y sofisticada, por lo que los trucos que habían aprendido los agentes de la Fisdai con la experiencia de secuestros anteriores eran inservibles en mi caso.

Mi secuestro, de cierta manera, fue el doctorado de todos estos agentes y del mismo fiscal, pues nunca se habían topado en sus carreras con algo similar. Es importante mencionar también que el fiscal que en ese momento estaba a cargo de la dependencia gozaba de mucha credibilidad y excelente reputación. De hecho, en ese momento, la Fisdai estaba *rankeada* como la número 1 del país. Estos puntos a favor fueron decisivos para que mi familia aceptara que fueran precisamente ellos quienes se hicieran cargo de mi secuestro. Pero el abrirles la puerta de nuestra intimidad también implicaba el tener que revelarles un putazo de información muy delicada, muy personal. Datos que en cualquier momento podrían ser usados en nuestra contra. Datos que se podrían filtrar a los malos o la prensa que de eso pide su limosna. Abrirse de capa con la Fisdai fue un verdadero *leap of faith* por parte de mi familia, cuyo resultado final, aunque no fue plenamente satisfactorio, tampoco salió mal pues finalmente soy yo quien está escribiendo estas reflexiones. Y digo que no salió mal, pues, aunque estoy vivo, no fue precisamente porque me hubieran rescatado. Eso lo esperé con ilusión muchísimos meses y nunca llegó a suceder. Al final yo me pudrí dentro de una caja por 290 días y terminé saliendo por mi propio pie, después de que mi familia con mucho esfuerzo tuviera que pagar una importante suma de dinero, por lo que, al día de hoy, no dejo de cuestionarme si para los agentes de Fisdai el que hoy me encuentre libre les causa una satisfacción personal o si es un fracaso. ¿Se sentirán merecedores de una estrellita en la frente? No sé por qué creo que algunos de ellos piensan que hicieron de maravilla su trabajo. Bendito autoengaño.

Por otro lado, estoy de igual forma enterado que en su momento la Fisdai le dio a mi asunto un trato preferente, por no decir VIP. Y la verdad no me siento orgulloso sobre eso, pues todos tenemos el derecho de ser tratados por igual. Pero la justicia en este país no es pareja ni democrática, aunque ése sea el discurso oficial. Mis padres sé que no pidieron ni exigieron ese trato, pero tampoco lo negaron. ¿Quién en su sano juicio lo rechazaría, sobre todo cuando se trata la vida de tu único hijo?

Creo que ese trato especial, se dio en gran medida gracias a la enorme presión que ejerció la sociedad en su momento para que mi secuestro se esclareciera a la mayor brevedad posible. Y es que hubo muchos ojos viendo con lupa todo lo que pasaba con mi desaparición. Creo que el simple hecho de que hubieran levantado al padre de dos niños pequeños conmocionó y conmovió a mucha gente, incluso aquella que nunca había oído mencionar mi nombre en su vida.

La Fisdai no sólo tenía la misión de asesorar y apoyar a mi padre en todo lo relativo a las negociaciones; también era, por supuesto, la encargada de investigar y encontrar a los autores intelectuales y materiales que perpetraron mi secuestro. Su principal objetivo era capturarlos y evitar así el pago de un rescate. Pero ahí sí, la neta, lo hicieron bastante mal. La investigación fue un desastre desde el primer día en que comenzó. Los secuestradores siempre estuvieron un paso adelante de ellos. Pista falsa que les sembraban, los agentes invariablemente caían —como fue el caso de los vehículos que sembraron en la escena del crimen—. Siendo completamente objetivos y realistas, mi secuestro sobrepasó la capacidad de la Fiscalía en todos los sentidos.

Mi padre, que es una persona sumamente agradecida, cualidad que en verdad le admiro, hasta la fecha los defiende a capa y espada. Creo que a raíz de tanta convivencia les terminó agarrando cariño. Sobre todo, al agente que vivió en mi casa por un año y en verdad hoy sé que es un excelente tipo. Una persona honesta.

Pero creo que, por mi parte, es completamente lógico que tenga un sinfín de sentimientos encontrados respecto al trabajo realizado por esta dependencia. Mi padre me asegura que la Fisdai representó un valioso apoyo para él y que, sin su intervención, la curva de aprendizaje probablemente se hubiera cobrado con mi vida. Yo no estoy tan seguro de ello.

Yo, desde mi posición de víctima, veo la historia de forma distinta, desde otro ángulo. Y sólo puedo concluir que han pasado más de tres años desde que fui liberado y que no hay un solo detenido. Y que estos seres terminaron saliéndose con la suya. Pero lo más frustrante para mí es que no existe ninguna línea de investigación activa sobre mi secuestro. La Fisdai hace tiempo que ha dejado de buscar a quienes nos causaron tanto dolor. Por lo que creo que el único objetivo realmente de la Fisdai era sacarme vivo a través de una buena negociación, pero no a través de un operativo de rescate. Caer en la cuenta de que la autoridad no persigue a mis malos duele y duele mucho. Y la sociedad tampoco presiona ya que se resuelva, porque con mi regreso se dieron todos por bien servidos. ¿Y dónde quedó la justicia?

Hoy por lo menos estoy consciente de que el abandono de mi caso ni siquiera se debe a que la Fisdai no se le pega la gana continuar con la investigación. Que no se trata de un asunto de falta de voluntad por parte de ellos. La realidad es otra, mucho más fuerte. Por increíble que pueda sonar, mi asunto está completamente abandonado porque la Fiscalía no posee ni la capacidad económica ni la humana para seguir con la pesquisa. No es un tema de querer, sino de poder. La Fisdai, desde hace ya tiempo, no cuenta con el suficiente presupuesto para operar de forma eficiente. Inclusive cada día les recortan más el recurso. El gobierno, como es bien sabido, tiene otras prioridades, que no incluyen la seguridad.

Cuando recién salí, ilusamente me daba mis vueltas por la Fiscalía para preguntar si había alguna novedad con mi investigación.

Siempre regresaba a mi casa deprimido, y es que no podía dar crédito. Un amigo de mis papás, que lo secuestraron en los noventa, me dijo un día: "Beto, no te hagas expectativas, no tienen nada, ni lo tendrán. Mejor vive la vida". Para él, pensé, era fácil decirlo: solamente estuvo cuatro días encerrado y además sus secuestradores ya estaban presos. En ese momento hice caso omiso de su sabio consejo y seguí chingando por un rato. Hoy, años después, entiendo perfectamente por qué me dijo eso y en verdad se lo agradezco. Sólo quiso evitarme que me diera de frentazos contra la pared. Recuerdo que una ocasión el propio fiscal, ya un poco fastidiado de mis visitas, me dijo en un tono arrogante que era mi obligación aportar datos a la investigación y no de ellos. De manera textual me dijo que era yo quien tenía que "aventar la carne al asador". Me quede en *shock* por su contestación. El fiscal sabía perfectamente que yo había estado 290 días encerrado en una caja y aislado completamente del mundo. Yo no tenía ni medio dato de lo que me había sucedido. Desde ese día tiré la toalla, le terminé perdiendo la poca fe que aún les tenía a las autoridades.

La triste realidad es que en México las pocas víctimas de secuestros que llegan a saber la identidad de sus captores es porque pagan por atraparlos. Es decir, se abocaron a una cruzada personal para dar con su paradero. Estos sobrevivientes invierten pacientemente su tiempo y recursos para dar con el paradero de estos seres tan miserables. Y al tenerlos finalmente servidos en bandeja de plata, entonces la mayoría de las veces ejecutan su tan anhelada venganza. Sólo sé que, si yo les replico a estos seres lo que ellos me hicieron a mí, entonces me estaría convirtiendo en el mismo tipo de monstruo que tanto desprecio. Creo que mi contribución a esta sociedad en la que me tocó vivir es precisamente intentar romper el círculo de violencia. Pero a veces me siento mal por delegar esta responsabilidad a un gobierno que sé no actuará.

A raíz de todas las dudas y comentarios que directa o indirectamente he escuchado sobre mi secuestro, he podido constatar que en México existe muchísima ignorancia sobre este delito en particular. Me he dado cuenta que a la gente no le gusta tocar mucho el tema. Lo tratan con pincitas, como si se tratara de un tema que hay que manejar con mucho cuidado, como si por el simple hecho de ponerlo en la mesa fuera causa suficiente para atraerlo de alguna forma a sus vidas. Somos animales supersticiosos por naturaleza. El secuestro en este país se ha convertido en una verdad incómoda; sólo hay que revisar las estadísticas. Sin embargo, yo mismo confieso que antes de ser secuestrado sabía en realidad muy poco sobre este delito. Tenía conocimiento de lo elemental, de lo que se ve en las películas, en las series de TV y en las noticias. Estaba plenamente consciente de que era un delito que existía, que venía al alza y que era bastante delicado, pero lo visualizaba muy ajeno a mi realidad y a mi vida. Pero desde que salí libre me he clavado bastante en estudiar a profundidad el tema. Y es que la autoridad no me resolvió ninguna de mis dudas. Así que me volví autodidacta y me aventé a investigar por mi cuenta.

A la fecha estoy seguro de que he leído casi todo lo que se ha escrito sobre este delito, que por cierto es muy poco, y lo hago con el único afán de tratar de entender lo inentendible.

Recuerdo que el primer libro que compre *online* sobre este tema se llamaba *Jauría*. Me lo devoré en menos de una semana con la esperanza de encontrar otros secuestros similares. El libro describía el *modus operandi* de varias bandas, pero ninguna parecida a la mía. También explicaba de manera bastante clara los perfiles de los secuestradores, pero tampoco encajaban con los perfiles de los míos. Pero mi apetito por conocer la verdad es insaciable, así que no me rendí. Esto con el tiempo me llevo a encontrar una biografía escrita por un empresario venezolano que fue secuestrado en el 2009 por más de un año. Sí, efectivamente, hay secuestros más largos que el mío. Desde que comencé a leer la primera página, me quedé petrificado: la historia era una calca exacta de mi secuestro; era tan similar que parecía que yo mismo la hubiera escrito; vamos, hasta el shampoo que nos dieron era el mismo, y ésa en verdad era la menor de las coincidencias. Pero lo que más me llamó la atención fue que no había sido secuestrado en México, sino en Venezuela. Fue siete años antes que mi evento. Esa información me revolucionó mi cabeza al mil. Y es que, ¿cómo era posible que mi secuestro fuera idéntico al que sucedió en otro país de América Latina? No podía ser una casualidad. Pero, entonces, ¿quiénes son estos seres que conforman esta organización criminal y cómo es que han podido operar por tantos años sin ser capturados? ¿Quién los protege? Será entonces que esta banda va cambiando de país cada determinado tiempo. Todo eso me terminó oliendo a un complot internacional por más descabellado que pueda sonar. Por supuesto, he querido contactar al autor de este libro varias veces, pero las barreras geográficas me lo han complicado. Y Venezuela no es un lugar fácil de llegar. Hasta el momento no he tenido éxito. Pero estoy convencido de que el que persevera alcanza. Creo que nuestro encuentro pude develar muchos misterios.

De todo lo que he investigado hasta el momento puedo, por lo menos, llegar a una importante conclusión: en México el secuestro está completamente democratizado. Es decir, cualquier persona que viva en nuestro país puede ser víctima de este delito, sin importar su clase social o ingreso económico. Obviamente, entre más rica una familia sea, será más atractiva, pero esto ya no es una condicionante. Además, existen muchos tipos de bandas y cada una ópera de forma distinta.

Después de mucha insistencia de mi parte, logré al menos que la Fiscalía me compartiera lo poco que tenían, y por más que leí y releí sus reportes no encontré nada en verdad relevante. Todo era paja, salvo un reporte extraído de los arcos de seguridad instalados en la carretera México-Puebla. Estos sofisticados aparatos pudieron detectar las fechas exactas en que algunos de los vehículos involucrados en mi plagio entraron al estado de Puebla. Esta información confirmó la posibilidad de que la banda que me capturó fuera foránea y no local. Sin embargo, el dato que más me impactó fue que estos vehículos habían ingresado a Puebla seis meses antes de mi levantón. Esto probaba, sin duda alguna, que estos delincuentes me estuvieron cazando con muchísimo tiempo de anticipación antes de perpetrar el golpe. Yo jamás durante ese tiempo me di cuenta que traía sombra. En ningún momento noté o presentí la presencia de estos seres asechándome. Conocer esta información fue muy fuerte. Y es que, si los hubiera detectado a tiempo, probablemente hubiera podido evitar mi secuestro, hubiera podido evitar tanto dolor para toda mi gente. Pero el hubiera ya no existe para mí. Y es estúpido reclamarme algo que ya pasó. Lo que es una verdad es que este *modus operandi* es en verdad muy particular y describe perfectamente el tipo de banda delictiva que me secuestró: se trata de una organización demasiado profesionalizada. Y es que cuando un grupo criminal tiene la estructura y capacidad para seguir a su víctima por tantos meses, sólo significa dos cosas: que saben perfectamente lo que hacen y que las probabilidades de que no logren su objetivo son mínimas. Desde que entraron esos vehículos a Puebla, mi suerte ya estaba echada.

No existe la menor duda de que para realizar mi secuestro hubo una importante inversión de por medio. No hay que ser un genio para llegar a esa conclusión. Y no es porque estos seres se hubieran abierto conmigo durante mi encierro y me hubieran revelado la cantidad exacta asignada, pero fue evidente que se gastaron una lana: múltiples vehículos para levantarme, más de 14 personas involucradas, armas largas, la renta de una casa de seguridad por más de un año y tener suficientes recursos para subsistir antes de cobrar el rescate. La banda que me secuestró es gente de empresa; estos seres entienden perfectamente de números y finanzas. Saben que cada peso que invierten en un plagio tendrá un jugoso rendimiento, aunque tengan que repartir parte del botín.

Desmantelar este tipo tan específico de bandas es sumamente complejo. Lo primero que se requiere es voluntad y no la hay. De hecho, nuestro reclamo como víctimas poco o nada es tomado en cuenta por el gobierno en turno. Por eso el secuestro sigue al alza y cobra cada día más fuerza. Una parte importante del recurso que obtienen estos seres es para los funcionarios públicos que se hacen bueyes, es decir, para los que permiten que esta atrocidad suceda en sus narices. Siempre aceitados por una generosa dádiva. La ceguera intencional hace este delito posible. Estos personajes corruptos, creo yo, son aún más despreciables que los propios secuestradores. Son los que, por su insaciable avaricia, alientan a las bandas a que sigan operando. Estas ratas de alcantarilla son el verdadero cáncer de esta sociedad. Al no estar ellos directamente inmiscuidos en los plagios, al desconocer las terribles condiciones en las que tienen los plagiarios a sus víctimas y, sobre todo, al no tener ni puta idea del dolor tan fuerte que sufre tanto el secuestrado como su familia, no tienen remordimiento alguno. Ellos no sienten ninguna culpa por las chingaderas que permiten. Ojos que no ven, corazón que no siente.

Es por ello que, en verdad, como víctima y sobreviviente de un secuestro, cómo anhelaría que todos los seres implicados en este delito de manera directa o indirecta pudieran sentir por lo menos 10 minutos la montaña rusa de sentimientos que experimenta un secuestrado durante todo el cautiverio. Irónicamente, por lo que he investigado en fechas recientes, muchos de los secuestradores cuando llegan a ser capturados no aguantan el encierro, y eso que no es absoluto; cuando las condiciones se les revierten y ellos se convierten en los prisioneros y no en los celadores, se desmoronan y se truenan, se deprimen. Entonces se dedican a mandar cartas a Derechos Humanos, exigiendo por piedad y humanidad que se les trate con dignidad y que se les respeten sus derechos más elementales, petición que, además de resultarme un insulto, es increíble, pues ellos nunca se tocaron el corazón para hacer sus chingaderas, tratando a sus víctimas peor que un pedazo de basura. La cárcel termina develando la verdadera personalidad de estos seres y al aparecer son todo menos valientes. Sin sus capuchas, su clandestinidad y sus armas no son nada. He sabido incluso de secuestradores que al no aguantar el encierro se han suicidado dentro de sus celdas, pues no pueden vivir con la idea de estar enjaulados para siempre. Yo por eso nunca estaría de acuerdo con la pena de muerte para los secuestradores; creo que estos seres deben vivir en carne propia el mismo infierno al que nos sometieron, pero ahora de por vida. Cuando me he llegado a enterar de un secuestrador se quitó la vida no me alegro, al contrario, me da rabia que se hubiera salido con la suya. Que haya encontrado la salida demasiado fácil.

Es horrible ser testigo presencial de que el mal en verdad existe y se personifica en estos seres que lucran con el dolor ajeno, pero, peor aún, caer en la cuenta que el sistema que dice cobijarte en realidad está podrido y que le vales completamente madres.

En todo el tiempo que estuve encerrado, no pude ni siquiera tener una plática con la gente que me tenía. Y mejor ni hablemos de las condiciones físicas en las que me tenían. Todas y cada una de mis garantías individuales fueron hechas pedazos. Todos esos derechos inherentes al hombre que se supone tenemos por el solo hecho de ser hombre, en un secuestro, no existen, son una utopía. Si por lo menos hubiera tenido un compañero de celda con quien convivir, mi estancia en esa prisión prefabricada e ilegal hubiera sido diferente. No mejor, pero sí diferente. El solo hecho de haberme podido comunicar con alguien más y saber que esta persona estaba sufriendo lo mismo que yo me hubiera servido muchísimo para sobrellevar el día a día. Estos seres no sólo me privaron de mi libertad, sino también de tener todo tipo de interacción y contacto humano. En realidad, me privaron de absolutamente todo. La soledad por la que estuve inmerso por tanto tiempo en esa celda fue absoluta. Aún no logro entender cómo es que, en algún punto de mi encierro, no se me cruzaron los cables y que no haya perdido la cabeza al puritito estilo de la película *Midnight Express*. Bueno en realidad sí lo sé…

Tengo los suficientes datos para creer que la banda que me secuestró lleva ejecutando este delito por varias décadas. Seguramente no son las mismas personas que empezaron hace 35 años, pero de alguna forma han logrado trasmitir su legado y su expertís a otras generaciones con éxito. Por años han venido puliendo y perfeccionando su *modus operandi*. Estos seres han aprendido de sus errores y los han subsanado. Se alimentan y se fortalecen con la experiencia. Son unos malditos perfeccionistas. A las pruebas me remito. Estoy seguro que hasta la prisión en donde a mí me mantuvieron es la última versión de varias que han ido desarrollando y perfeccionando en cada secuestro que comenten. La mía fue el modelo "2016 Plus". Supongo su meta desde un inicio fue construir una "celda" perfecta que evitara que sus víctimas se pudieran escapar. Así como se pudo fugar el arquitecto Bosco Gutiérrez Cortina en los años noventa, en un secuestro que, aunque no tengo pruebas para vincularlo con el mío, por las características tan similares, podría ser su primo hermano. Si la banda que a mí me secuestró no está relacionada directamente con la del arquitecto Bosco, por lo menos me atrevo asegurar que mis captores estudiaron a detalle ese secuestro en particular cientos de veces. Y es que la perfecta metodología que utilizó mi banda ha sido una de las principales razones por las que jamás ha podido ser desmantelada por la autoridad, además, por supuesto, de los probables nexos con la misma; con dinero baila el perro.

Estos seres en verdad se conducen como si fueran espectros. Atacan y luego desaparecen por meses, mientras planean magistralmente su nuevo golpe. Nunca se quedan mucho tiempo en el mismo lugar. Una de sus principales características es precisamente que van cambiando de plazas cuando ya no se sienten seguros en ellas. Esto lo hacen con el fin de que sea imposible que alguna autoridad local les pueda seguir el rastro. De hecho, hay suficiente evidencia para creer que yo fui el conejillo de Indias de mi ciudad, pues nunca se había perpetrado un secuestro semejante en por lo menos los últimos 10 años. Estos seres tienen la capacidad de planear el golpe sin ninguna prisa. Entienden perfectamente que las prisas son malas consejeras. Es una organización que posee suficientes recursos económicos, por lo que se puede ser completamente autosustentable por muchos meses, sin necesidad de adelantar las negociaciones. Por eso siempre los secuestros que cometen son de largo plazo. Estos seres también saben de tecnología, misma que utilizan y usan su favor. Es muy probable que sus conocimientos los adquirieron en la academia de policía, en la milicia o en la guerrilla. Esto lo pude percibir desde el día que me levantaron; se les notaba en cada movimiento que hacían. Su adiestramiento es tan rígido que, durante todo el tiempo que estuve cautivo, estos seres prácticamente no tuvieron interacción alguna conmigo. Supongo que convivir conmigo lo tenían terminantemente prohibido; el hacerlo implicaba un riesgo para concretar de manera satisfactoria el secuestro. La idea era, supongo, que al mantenerse totalmente alejados de mí, no hubiera manera de que se pudiera dar el famoso síndrome de Estocolmo. Ellos sabían de antemano los riesgos que implicaba vincularse sentimentalmente con el rehén. Llegar a sentir pena o compasión por mí podría aflorar su humanidad. Y eso está terminantemente prohibido.

He llegado a pensar en fechas recientes que mis guardianes, es decir, los seres encargados de cuidarme, de hecho, no tenían ningún dato sobre mí. Probablemente ni siquiera sabían mi nombre o si tenía hijos o estaba casado. Creo que mis guardianes estaban únicamente contratados para reportar y cuidarme, pero no eran los responsables de llevar las negociaciones. Estoy seguro de que mis guardianes nunca me vieron como un enemigo, ellos sólo cumplían órdenes. Si con el tiempo fueron apretando y cada vez se volvieron más ojetes y más crueles, fue porque alguien jerárquicamente superior se los indicó. Estos guardias, al verme como un simple objeto, eran incapaces de sentir empatía o compasión por mí. Mi sufrimiento no les afectaba en absolutamente nada. Yo fui cuidado por una especie de *terminators* que eran más máquina que hombres. Estos guardianes sólo parecían seguir instrucciones, sin cuestionarse o permitirse sentir nada. La videovigilancia a la que fui sometido por meses es prueba suficiente de la frialdad con de la que fui objeto. En la caja, había instaladas dos cámaras que me monitoreaban día y noche. Lo que en ellas se grabó, a falta de otro testigo, es el único testimonio real del terror del que fui objeto ahí dentro. Estos artefactos que trasmitían en tiempo real debieron captar mis llantos, mis gritos silenciosos, mi desesperación, así como cada mueca de dolor y sufrimiento que mi rostro debió articular. Esos videos captaron, cuadro por cuadro, el trato tan miserable e inhumano que se me dio y que con el tiempo se multiplicó.

El arte de mantener exitosamente su anonimato durante mi cautiverio, aunado a mantener la celosa secrecía de la ubicación donde estuve prisionero, fue todo ese tiempo mi seguro de vida. Al principio esto no lo entendí como un punto a mi favor. Con el tiempo comprendí que, si era tal su obsesión de no ser vistos ni oídos, entonces tenía grandes posibilidades de salir de ahí con vida, o de lo contrario se hubieran dejado ver. Por otra parte, si yo hipotéticamente hubiera descubierto la identidad de mis captores o el lugar donde me encontraba prisionero, entonces no hubieran titubeado en matarme y se hubieran seguido al siguiente secuestro. Ellos alguna vez me lo escribieron: "Mejor un mal negocio, que correr riesgos". Hoy agradezco que hubieran sido tan cuidadosos en su proceder. Yo de igual forma decidí desde un principio no intentar averiguar la probable identidad de estos seres. Por lo que acaté sus normas y evité arriesgar mi vida a lo pendejo.

Durante los eternos 290 días que duró mi secuestro, solamente pude verlos cuatro veces, y en realidad no los vi. En esas pocas visitas, siempre se presentaron magistralmente disfrazados. Estos seres eran tan discretos que hasta llegué a dudar en algún momento de locura si en verdad existirían. Y es que en los primeros cuatro meses poco o nada supe de ellos, por lo que empecé a construir todo tipo de alocadas teorías. La música con la que me torturaban las 24 horas fue también un factor decisivo para que no los pudiera escuchar. Me tenían sometido oyéndola todo el tiempo. Era tan cabrón el ruido que salía de las dos bocinas de mi celda que me costaba oír mis propios pensamientos. La música se supone tenía el único fin de que yo no oyera algún sonido del exterior que me pudiera dar una pista sobre mi ubicación o la identidad de mis captores. Pero la música era tan fuerte y desagradable que parecía que la verdadera intención era otra, que la ponían para atormentarme, para que me la pasara de la rechingada todo el tiempo. Y lo lograron. Parecía que la utilizaban como mecanismo de tortura para reventarme poco a poco. ¿Con qué fin harían esto? La verdad no tengo una respuesta. Sigo cuestionándome si estos seres disfrutaban haciéndome sufrir con su música a todo volumen o simplemente el ruideral era parte de su metodología. Estos seres nunca hacían nada al azar. Parecía que seguían al pie de la letra un instructivo para secuestrar. Cada acción que ejecutaban, por intrascendente que me pudiera parecer, tenía un motivo, una razón. El conocimiento empírico que habían desarrollado en cada uno de los secuestros que habían cometido en el pasado les había dado al parecer el método perfecto para obtener los mejores resultados.

En la actualidad, la gente al darse cuenta de que no tengo mayores tapujos para hablar sobre mi secuestro, me hace muchas preguntas. Una de las más populares es ésta: "Oye, pero si ya te tenían prisionero y de ti no dependía el salir, ¿por qué entonces te trataban tan mal?" A lo que yo les respondo: "No tengo ni puta idea, era su juego y eran sus reglas". La gente, neta, me lo pregunta, como si estos seres hubieran tenido la delicadeza de explicarme todos sus planes. La gente no entiende que yo casi no tuve información por parte de ellos durante 290 días, que mi rol se limitó a ser la mercancía que se iba a intercambiar en una transacción mercantil completamente leonina.

Lo que sí puedo contestarle a toda esa bola de curiosos es que aunque mi secuestro siempre estuvo planeado para ser de largo plazo, por el tipo de perfil de la banda que me secuestró, hubo factores colaterales que complicaron y ensuciaron todo el proceso. Por ejemplo, la irresponsable cobertura por parte de los medios de comunicación locales nos hizo mucho daño. Es un hecho que la noticia de mi levantón se esparció como un polvorín al poco tiempo de que sucedió. Supongo, esto era de esperarse porque ésta se llevó a cabo a plena luz del día y en un lugar bastante concurrido. Así que Twitter y otras redes se encargaron de propagar esta información en cuestión de minutos. Pero lo que nadie sabía era la identidad de la persona a la que habían levantado. Entonces, a las pocas horas, un pseudoreportero de apellido Núñez se le hizo muy fácil soltar mi nombre sin medir por un segundo las consecuencias de sus actos. Dar a conocer públicamente el nombre de una persona que acaba de ser secuestrada es una imprudencia que jamás debe cometerse, y mucho menos sin el consentimiento de la familia del secuestrado: el hacerlo puede poner en riesgo la vida del secuestrado. Esto cualquier reportero serio lo sabe. Sin embargo, a este tipo le valió auténticamente madres el riesgo en que me podría poner al sacar su nota. Luego me enteré que, más por la exclusiva, lo hizo para colgarse de este acontecimiento y golpear políticamente a Moreno Valle, que, según entiendo, lo recortó de la nómina de gratificaciones. Su publicación, como era de esperarse, en cuestión de minutos se volvió viral. Esa insensatez desencadenaría que otros mercenarios con pluma y administradores de reputación poblanos comenzaran a publicar todo tipo de mamadas e información infundada sobre mi secuestro. El peor de todos ellos fue sin duda el Rey del Tlacoyo, un famoso mercenario con pluma que todo Puebla sabe se vende al mejor postor. Pues este tipejo, sin conocer a mi familia o a mí, se atrevió asegurar en su programa de YouTube que éramos de las familias más acaudaladas de la ciudad y que por lo tanto teníamos muchísimas propiedades. Chico favor nos hizo al sacar a la luz estas mentiras. Gracias a este tipo de notas calumniosas sucedieron dos probables consecuencias. La primera fue que el primer comunicado de mis secuestradores llegaría a mis padres 38 días después del levantón; mientras tanto mi familia vivió en total incertidumbre y angustia. La segunda, que las pretensiones económicas por mi liberación, como era lógico, se fueron por los cielos. Los secuestradores, aparentemente, se creyeron todo lo que los medios publicaron sobre nuestro patrimonio. El papel que terminó jugando la prensa en mi caso fue determinante para que mi secuestro se volviera el más largo en la historia de mi ciudad. Fue en verdad increíble la falta de ética y sensibilidad manejada por comunicadores amarillistas que, por el hecho de querer vender, pusieron en riesgo las negociaciones y mi integridad física. Pude morir, y ellos hubieran sido en parte los responsables. Por un lado, mi familia negociaba con los secuestradores y trataba de conseguir la mayor parte de los recursos demandados, y por otro, esta gentuza cacareaba al mundo que nos salía dinero de las orejas.

Afortunadamente, mi familia durante toda mi negociación estuvo totalmente ajena a esta carnicería mediática, por lo que estuvieron muy lejos de este tipo de notas dolosas que estuvieron circulando por meses, principalmente en las redes y portales digitales. Y es que mi gente estaba enfocada únicamente en ver cómo rescatarme. Cuando me liberaron, después de un tiempo, tuve la humana curiosidad de saber cómo se había manejado mediáticamente mi secuestro. Obviamente no me gustó nada lo que fui encontrando en Google. No era *famous* sino *infamous*. Pacientemente

—cualidad recién adquirida— fui recopilando nota por nota y las guardé como evidencia. Hace poco me animé a enseñarle a mi padre el programa de internet en donde el Rey del Tlacoyo afirma que éramos inmensamente ricos. Cuando mi padre terminó de verlo, no me dijo nada, pero pude observar cómo sus ojos se inyectaron de sangre y dolor. Y es que en verdad no se vale que tipos tan despreciables tengan el derecho de meterse donde no los llaman, justificando su intromisión asegurando que hacen periodismo.

Y no sólo fueron los medios los que ensuciaron mi secuestro. La sociedad también terminó haciendo su parte. Al principio, todo mundo parecía estar muy consternado, dolido y afligido. Amenazaban con hacer marchas, con escribirle al presidente, con publicar desplegados a nivel nacional. Conforme pasaban los meses, se fue bajando la intensidad y el ánimo, y se intensificarían las habladurías. Puebla grande, infierno chico. Cuando finalmente regresé, me fui enterando, sin proponérmelo, de muchas de las leyendas urbanas y *fake news* que se dijeron a diestra y siniestra durante mi prolongada ausencia. Al yo estar encerrado, se dio lo inconcebible: pasé de pronto de ser yo la víctima al villano de la historia. Por supuesto, nadie se atrevió a contarme de frente lo que se dijo a mis espaldas; tampoco se atrevieron a decirme de quién habían oído esas hipótesis. Al principio intenté no darles mucha importancia a los rumores. ¡Carajo, estaba vivo y era lo importante! Pero soy humano y de cierta forma me terminaron afectando. Y es que escuché cada disparate… "El amigo de un amigo asegura que estabas en la cárcel", "Dicen que tu secuestro lo planeaste con tu esposa para defraudar a tus padres", "Dicen que te vieron comiendo en el Mortons de Houston", y así infinidad de historietas más. Me dio mucho coraje y me sentí muy lastimado. No sólo tenía que lidiar en ese momento con las secuelas que me había dejado el secuestro, ahora tenía que soportar las habladurías de la gente. Si una cualidad me había yo esmerado en tener durante mi vida, era precisamente una buena reputación. Me consideraba una persona de familia, de palabra y de valores. Pero en mi involuntaria ausencia, la gente chismosa y con cizaña me hizo trizas. Lo hizo sin tener sustento alguno. Estas personas, movidas por chismes, se encargaron de empañar y destruir mi nombre y de paso el de mi familia. Se dedicaron a inventar historias donde no las había. Y es que es muy fácil hablar del muerto cuando éste no se puede defender. Hoy nadie se atreve a decirme cara a cara quién dijo tanta infamia. "El amigo, de un amigo, de un primo dijo que..." Me da pena esa gente que tiró la piedra y escondió la mano. Los secuestros se dan y la mayoría de las veces nadie los llama a su puerta. ¡Son un delito! No puedo entender que algo tan elemental no se comprenda.

La sociedad y la prensa no fueron los únicos que se portaron mal con mi tema. Convenientemente, la clase gobernante en ese momento ignoró mi secuestro casi por completo. Y es que a nuestros gobernantes en turno no les conviene que asuntos como éstos salgan a la luz pública, pues exhiben la total ineficiencia de su trabajo. Un secuestro que se llegar a volver mediático se termina cobrando en las urnas; es por eso que los políticos hacen todo lo que esté en sus manos para contener lo que puede ser un escándalo que los perjudique a ellos. Su objetivo principal es que la nota no se vuelva nacional y por ende del dominio público. La triste realidad es que a tus gobernantes no les importas, salvo en época de elecciones. La indiferencia que mostraron los que se supone les pagamos por que nos cuiden, hasta la fecha, duele y duele mucho. Mientras estuve cautivo, deliraba que seguramente mi secuestro era prioridad en la agenda del presidente Peña Nieto. La realidad es que el tipo nunca supo ni mi nombre.

Irónicamente, a los pocos meses de que salí libre, acompañé a mi padre a una convención que casualmente clausuraba el presidente. Era, por cierto, de sus últimos actos oficiales. Al saber que iría y que tal vez me lo podría topar, tuve muchos sentimientos encontrados. Coincidentemente, el presidente, para subir al pódium, terminó pasando a escasos centímetros de donde me encontraba yo parado. En ese momento oí nítidamente una voz muy familiar en mi interior que me dijo: "Te secuestraron en el sexenio de este tipo y le valió literalmente madres, no movió un dedo por ti y mira ahora cómo sonríe y se pavonea enfrente de ti". La sangre me hirvió por dentro. Estuve a nada de gritarle, escupirle o de meterle por lo menos el pie. Providencialmente me contuve, no por lo que me pudiera suceder después, sino por las repercusiones que seguramente caerían sobre mi familia si me metía con él.

Nunca le conté a nadie esta historia. Pero por días me sentí un cobarde, un poco hombre incapaz de exigir un poco de justicia y dignidad. Hoy ya no pienso así, con el tiempo he aprendido a soltar. He decidido que nadie más me va a robar mi tranquilidad: ni los secuestradores, ni los políticos, ni la prensa, ni la sociedad. Mi energía la enfoco todos los días a ser feliz y a no a generar y acumular odios. No me quiero pudrir en vida, y eso que estuve bastante cerca.

No sabes si vienen directamente a matarte

Todo el terror comenzó a los pocos minutos de haber dejado a mi pequeño hijo de 3 años en su colegio. Yo venía circulando en una callecita de doble sentido, con la única particularidad que era sumamente estrecha. Era la misma ruta de todos los días. Lo único, digamos, inusual de ese día era el tráfico que había en aquel momento. Todos los conductores íbamos a vuelta de rueda. En ese momento, no tuve ninguna curiosidad de saber qué podría haber generado el tráfico. El aburrimiento me hizo tomar el celular para matar un poco el tiempo, por lo que no estuve especialmente atento a los eventos que sucedían fuera de mi auto. Pero si recuerdo que, en el carril contrario, llegué a ver a lo lejos una camioneta de doble cabina, con los colores y escudo de la policía. Recuerdo que me llamó la atención porque en la batea venían muchas personas que parecían soldados. Al principio, estaba a muchos metros de donde yo me encontraba, pero poco a poco se fue acercando a mí, hasta que hubo un punto donde casi se me había emparejado. Pude notar de reojo que todos los pasajeros del vehículo estaban exageradamente tapados. En total serían unos ocho, pues también había otros con aspecto de militares dentro de la cabina. A ninguno se le podía ver el rostro.

De la nada, recuerdo haber escuchado un intenso ruido que identifiqué provenía de la torreta de la patrulla que tenía prácticamente al lado. El estruendo del sonido me hizo brincar y voltear hacia la patrulla. Fue en ese momento cuando vi cómo los hombres que estaban parados sobre la batea me estaban apuntando sus rifles de asalto de forma directa. Fueron los 30 segundos más extraños de toda de mi vida. Y es que no daba crédito de lo que estaba sucediendo. Nunca me habían apuntado con un arma de verdad. Y ahora eran cuatro o cinco al mismo tiempo. Lo primero que me pasó por la cabeza es que estos sujetos seguramente no me estaban apuntando a mí. Que yo, seguramente por mis nervios, así lo había percibido, pero que esos encapuchados le estaban apuntando a otro automóvil cerca de mí. Pero al volver mi mirada hacia ellos, supe que no había forma de que fuera un error. Sí era a mí al que le apuntaban. Asimilar esto me causo mucho temor. Cómo saber que estos hombres no detonarían sus armas en cualquier momento sobre mí, aunque esa acción no tuviera ningún sentido. Pensé que todo se debía a una equivocación por parte de los "militares". Seguramente me habían confundido con algún maleante al que tenían órdenes de capturar. Además, en ese momento no llevaba mi auto, sino el de mi esposa, por lo que no iban directo por mí. Probablemente estaban buscando un automóvil de características similares al que ahora yo manejaba. Sabía que no sería la única vez en que la autoridad fallara agarrando al tipo incorrecto. Hasta cierto punto, eso me tranquilizo. Pronto esa desagradable confusión se resolvería y yo en unas horas se las terminaría contando a mis cuates como una anécdota. Pensé que lo más pertinente de mi parte y para que estas personas no me fueran a disparar por error, mientras la confusión se aclaraba, era cooperar y no hacerla de pedo. Tenía muchas armas apuntándome, así que por mi bien no era momento de prepotencias ni pendejadas. No niego que no me pasó por la cabeza el también huir, pero por más que pensé las alternativas no encontré la solución, ni la ruta. Literalmente estaba atrapado en un callejón sin salida.

Antes de que tuviera tiempo de calcular otra estrategia, vi cómo el conductor de la patrulla se bajaba de su vehículo y se acercaba rápidamente hacia el mío. Todo estaba sucediendo tan rápido que no tuve tiempo de intentar hacer una llamada de auxilio, o por lo menos filmar un video con el celular y mandarlo en tiempo real. Estaba tan nervioso en ese momento que ni siquiera se me ocurrieron estas opciones. El miedo paraliza. Cuando el conductor de la patrulla estaba ya muy próximo a mi puerta, desenfundó una pistola y cortó cartucho. El tipo se veía muy decidido a ponerme un tiro a la menor provocación. Previniendo entonces que el tipo me fuera a disparar, decidí bajarme de manera voluntaria de mi vehículo. A la fecha no sé si fue la mejor o peor decisión de mi vida. Cuando realicé esta acción, no pude articular palabra alguna. Me había quedado completamente mudo. Anticipándome a la posibilidad de que estos seres me pudieran hacer daño, puse mis manos en alto, dando a entender que me estaba rindiendo. Entonces, el conductor me tomó con fuerza de uno de mis brazos y me escoltó hacia su vehículo. Fueron sólo un par de pasos que tuve que caminar para llegar a la patrulla, pero los sentí como los más largos y angustiosos de mi vida. El corredor de la muerte. El conductor abrió una de las puertas de atrás de la camioneta; dentro de ella, me esperaban otros dos tipos vestidos de militar. Tampoco les pude ver el rostro. Éstos me recibieron como si yo fuera un simple paquete. Tampoco me dirigieron la palabra o me leyeron mis derechos. Cuando ya estuve sentado, la camioneta arrancó. Fue en ese exacto momento cuando me colocaron unas esposas, me taparon los ojos y me pusieron unos audífonos de donde salía una horrible música a todo volumen. En escasos 15 segundos, estas personas me habían bloqueado todos mis sentidos y me habían robado mi libertad sin ninguna explicación de por medio. En ese momento comprendí que lo que acababa de experimentar no era un arresto, sino un secuestro. Sin embargo, aún mantenía la esperanza de que estos mercenarios se habían equivocado de presa. Yo no era secuestrable. Era un tipo normal, de esos que abundan. Algo que prendió mis antenas y que no me gustó nada fue el tipo de música que salía de los auriculares que me habían puesto. No era música común y corriente: eran narcocorridos, por lo que de inmediato deduje que me había levantado un cártel. Eso, en definitiva, no era nada bueno. Lo poco que sabía de ellos es que eran sumamente crueles, sanguinarios y violentos.

Aun no entiendo cómo fui capaz de mantener el temple durante mi levantón. Mi mente, por razones que hasta la fecha no puedo explicar, se mantuvo bastante serena. Creo que de alguna forma estaba consciente que, si el pánico se apoderaba de mí, se me nublaría el juicio y probablemente terminaría cometiendo alguna estupidez que me podría costar entre muchas otras cosas la vida. Afortunadamente, logré frenar estos comportamientos irracionales. De no haberlo hecho, seguramente hubiera tomado decisiones precipitadas y muy probablemente equivocadas. Recuerdo que me repetía en silencio: "Tú flojito y cooperando, esto se va a resolver pronto. Si te ganan los sentimientos tienes todas las de perder, ya estás en su poder, actúa con estrategia siempre. Que no te ganen las vísceras". No entrar en pánico fue un regalo de mi mente. Desde un principio me advirtió que, si me ponía violento o comenzaba a pedir auxilio, me iba a ir muy mal. El autocontrol que fui desarrollando durante todo mi cautiverio fue una de las herramientas más útiles que me ayudaron a sobrevivir. El día del levantón fue mi primer día de entrenamiento. No había maestro, ni método. Tendría que ser yo mi propio *coach* y diseñar mi propia metodología si quería permanecer vivo y sin perder mis cabales.

La patrulla donde me encontraba sometido estuvo circulando, cálculo, un par de minutos, hasta que de pronto se paró en seco. No tuve tiempo para analizar el motivo por el cual se detuvo, pues en cuestión de segundos, entre varios tipos me sacaron cargando y me introdujeron en otra unidad. Supuse que esta acción tendría el fin de despistar a la autoridad. Seguramente ahora estaría metido en un auto normal y para ese momento mis captores ya estarían vestidos como ciudadanos comunes y corrientes. Era un buen plan para desorientar la investigación. Si es que había una.

Los secuestradores me introdujeron en la parte de atrás del nuevo vehículo y me acostaron en el asiento. De alguna forma, con el ajetreo del cambio de vehículos, los goggles que traía puestos en los ojos se lograron mover ligeramente. No mucho, apenas lo suficiente para recuperar un 3% de toda mi visión. Obviamente no les dije nada y me la jugué, a sabiendas que no era la mejor idea. Pero creí que tal vez sería mi única oportunidad para identificar a los responsables de mi secuestro. Sin embargo, la idea de ver sus caras me aterrorizó. Qué tal si llegaba a conocer la identidad de alguno de mis captores y éstos se daban cuenta. No era erudito en secuestros, pero de las pocas cosas que sí sabía era que nunca le debes dar a entender a un secuestrador que conoces su verdadera identidad pues de lo contrario estarás muerto.

Debido a la posición en la que me acomodaron me fue imposible verlos durante el trayecto, además, a los pocos minutos de que arrancó el vehículo, uno de los secuestradores me puso sobre la cabeza una especie de manta. Cualquier posibilidad de verlos se acabó en ese momento. Hoy, creo que fue lo mejor, no sé cómo hubiera reaccionado si de pronto descubro una cara conocida.

Tal vez mi boca se hubiera callado, pero mi lenguaje corporal seguramente me hubiera traicionado.

Fue un trayecto relativamente corto: calculo, según mi reloj biológico, no duró más de 45 minutos. Fue el peor viaje de toda mi existencia, se me amontonaban en mi mente todo tipo de sentimientos: el más cabrón era la angustia. Recuerdo que no quería que el vehículo en el que me encontraba se fuera en algún momento a detener, pues sabía que, al hacerlo, conocería de una vez por todas mi destino. Rezaba porque éste no dejara de moverse. Pero, por el otro lado, anhelaba que ya se detuviera el maldito auto y encarara lo que fuera que tenía que enfrentar.

Me estremecía el intentar pronosticar cuál sería mi futuro inmediato. ¿Acaso estaría viviendo los últimos minutos de mi existencia? Me causó mucha ansiedad el tan sólo pensar que se acercaba el fin. Y es que simplemente no podía procesar la idea de dejar a mi esposa viuda, a mis dos pequeños hijos huérfanos y a mis padres devastados por la muerte de su único hijo. Nunca había pensado con profundidad en la muerte, porque la sentía muy lejana, hasta ese fatídico 29 de noviembre.

El vehículo se detuvo, comprendí que acababa de llegar a mi destino final. Intuí que ya no habría otro cambio de coches. En muy poco tiempo tendría todos los elementos para saber si mi destino sería vivir o morir. Los secuestradores me sacaron del vehículo, no sin antes ponerme una especie de capucha sobre el rostro. A partir de ese momento mi mundo se sumió en tinieblas. Uno de los captores me cargó y me traslado a lo que, imaginé, sería el lugar donde me mantendrían prisionero, a mi mazmorra.

Me hice todo tipo de preguntas; sobre todo, tenía la enorme curiosidad de saber si estaría en una casa común y corriente. Por momentos me tranquilizaba pensar que me habían capturado frente a muchos testigos y a plena luz del día. Estaba convencido que alguno de ellos habría sacado un video que ahora estaría en manos de la policía. También recordé que la zona donde me levantaron estaba repleta de fraccionamientos y que todos seguramente tenían cámaras de videovigilancia en sus bardas. Pensar en todo eso me reconfortó. Iba a ser sólo cuestión de tiempo para que la autoridad llegara a rescatarme. La otra alternativa es que estos fulanos se dieran cuenta de que la habían cagado secuestrándome a mí, que se habían confundido. Me aferré a esa última idea para no desmoronarme.

El hombre que me cargaba finalmente dejó de subir y bajar escaleras y me introdujo a lo que sería mi celda. Me puso en el piso e inmediatamente me acercó a una de las paredes de lo que supuse sería un cuarto. En ese momento, pude sentir cómo me quitaban las esposas. Confieso, fue un alivio, pues para ese momento tenía muy adoloridas las muñecas. Seguía con la capucha puesta, sin embargo, intuí que dentro de ese lugar había más hombres, no tenía idea de cuántos podrían ser, pero oía perfectamente sus respiraciones. De pronto y sin darme ningún tipo de orden, uno de ellos, comenzó a despojarme de mi ropa. En sólo segundos, me dejó completamente desnudo. Fue humillante, jamás me había sentido tan vulnerable y desprotegido. Llegué a pensar que estos seres estaban a punto de abusar de mí. En ese momento tuve los pensamientos más horribles, ideas que jamás me habían pasado por la cabeza. Fue algo muy cañón y eso que sólo era el principio.

Ese primer día supe a ciencia cierta que una de las cosas más duras en un secuestro es la maldita incertidumbre con la que se vive todo el tiempo. El no tener ni puta idea de qué van a hacer contigo estos seres. De vivir con el constante temor de que en cualquier momento puedes ser asesinado o mutilado sin notificación previa. Pero lo peor de esta incertidumbre es el no saber si algún día volverás a ver a tu familia. El caer en cuenta que has perdido todo control sobre tu destino es devastador.

Ya desnudo, oí cómo pasaban junto a mi cuerpo un aparato electrónico que, supuse por el sonido que emitía, se trataba de un escáner. ¿Un escáner? La mamada en verdad me sorprendió.

Todo parecía ser una película de ciencia ficción. ¿En serio estos cabrones pensarían que traía un chip incrustado en mi piel? ¿Pues por quién habrían ido realmente? Seguro que se habían equivocado conmigo, no había otra explicación más racional.

No acababa de asimilar todo lo que estaba sucediendo cuando, de pronto, en el lugar donde me encontraba comenzó a escucharse una música a toda intensidad. Tristemente la reconocí al segundo. Eran los mismos pinches narcocorridos que me habían puesto en la patrulla; era un musicón infernal, un repertorio sumamente desagradable para oír en ese momento. Mi sistema nervioso estaba a punto de colapsar y esa música estaba adelantando el proceso. Si no la apagaban pronto, reventaría. Fue extraño, pero el momento me hizo recordar una noticia que había sucedido hace muchísimos años en la Ciudad de México: me vino súbitamente a la mente la trágica muerte de la actriz Mariana Levy. Ella había sufrido un ataque fulminante al corazón, a consecuencia de un susto que se llevó cuando un par de delincuentes la intentaron asaltar y le mostraron una pistola. Ella había muerto de una pinche impresión. Me preguntaba, entonces, la razón por la cual mi corazón no me había fallado hasta ese momento, porque seguía latiendo bien fuerte. Y es que todo lo que había visto y sentido en este pinche día había sido muy intenso y estremecedor. Sin ánimos de comparar, lo que me había tocado vivir hoy era mucho más cabrón que el susto que se había llevado la Levy. La diferencia es que yo seguía aquí y ella no. Meses después, en mis peores días, llegué a anhelar en silencio que ojalá el día en que me levantaron, al verme encañonado por las armas de estos falsos policías, mi corazón se hubiera detenido para siempre. De esta forma me hubiera ahorrado toneladas de angustia y dolor.

Una vez que me despojaron de mis ropas, los secuestradores se retiraron, dejándome solo y completamente desconcertado en aquel desconocido lugar. Yo seguía con la capucha puesta y sin saber si me la debía quitar o no. Para no variar, estos seres no me habían dado ninguna indicación al respecto y yo me comenzaba a sofocar. Finalmente, después de un largo rato, me la quité. Al recuperar de vuelta mi visión, pude ver el espantoso lugar en el que me encontraba. Era una habitación ridículamente pequeña. Toda estaba forrada en distintos matices de gris, lo que la hacía aún más lúgubre. Casi no tenía iluminación y la poca que había provenía de dos focos instalados en el techo. El cuarto no tenía ningún tipo de ventana por donde pudiera entrar algo de luz natural. Lo único que lo conectaba con el exterior, además obviamente de la puerta, eran dos pequeños extractores instalados a la inversa en una de las paredes. Solamente uno parecía funcionar. Calculé, a ojo de buen cubero, que el cuarto mediría aproximadamente 1.50 x 2 de ancho, 1.90 x 2 de largo y 2 m de alto. Para mi fortuna yo no era claustrofóbico, sin embargo, ese lugar era una caja de cerillos. Sentía como las paredes y el techo se me venían encima. En cada una de las esquinas del techo había dos cámaras de videovigilancia y dos bocinas por donde salían esas horribles melodías. En medio del techo estaba instalado un extraño aparato que después supe se trataba de un sensor de movimiento, conectado a la puerta de acceso a la celda Lo más siniestro de este cuarto era que todas las paredes tenían una mirilla en el centro. Este detalle me pareció sumamente intimidante, incluso mucho más que las propias cámaras de seguridad. Era una invasión total a mi intimidad. Aprender a vivir vigilado 24 por 7 fue muy difícil. Este pequeño cuarto de estilo *minimalista* en realidad era una sofisticada prisión de máxima seguridad. No había forma de escapar sin que ellos se dieran cuenta. Me tenían vigilado por todos los flancos.

El mobiliario que había en el cuarto también era escaso. Básicamente el inventario se componía de una colchoneta de tela enrollable bastante delgada, un par de sábanas blancas, un edredón sumamente sucio y una almohada muy delgada rellena de poliéster. También, en una de las paredes, había recargado un pequeño banquito de plástico que supuse serviría para sentarme.

Finalmente, en una de las esquinas de la caja, había una termo-hielera anaranjada, artefacto que utilizaría como escusado. Afortunadamente, mis captores me dejaron aventados los mínimos artículos de limpieza e higiene, así como unos pants grises que asumí serían mi uniforme. Era como estar viviendo en carne propia el primer día de un preso en su celda. A diferencia que yo estaba ahí de forma ilegal.

No daba crédito cómo en solo día mi vida había sufrido un cambio de 180 grados. Apenas hacía unas horas, era un tipo feliz con una familia increíble y un futuro prometedor por delante. Y horas después, me habían arrancado todo, por los huevos de alguien. Era tan fuerte el *shock* que estaba viviendo que mi mente se resistía a asimilar lo que me sucedía. Sabía en el fondo que tenía la capacidad de aguantar un rato encerrado, inclusive en esas condiciones tan extremas, pero también sabía que mi tolerancia era limitada, y en algún punto reventaría si esto no se resolvía rápido. Me prometí realizar el mejor de mis esfuerzos para no desbaratarme ahí dentro. De mi lucidez y serenidad dependía todo lo demás. Me dije mil veces que esto sería cuestión de horas, máximo un par de días, y luego estaría libre. Esa mentira piadosa que me fabriqué me sirvió mucho para acolchonar mi dolor y esquivar por un tiempo limitado mis peores pesadillas.

Después de analizar de manera detallada mi mazmorra, una y otra vez, llegué a una sencilla pero escalofriante conclusión: no me encontraba físicamente dentro de un cuarto, me encontraba prisionero en una especie de caja prefabricada dentro de un cuarto. Lo que indicaba que estos seres habían diseñado y materializado una jaula, especialmente fabricada para mantenerme cautivo. Cada vez que descubría un detalle como éste, me desalentaba y desmoronaba moralmente. Estos tipos iban en serio.

Los primeros tres días de encierro fueron, probablemente los más difíciles de todo mi cautiverio. Probablemente, porque esperé y esperé que alguien me viniera a rescatar, hasta que fui cayendo en la cuenta que eso nunca iba a pasar. Pero también fue bien duro, porque por más que le estaba echando los kilos en no desesperarme, me estaba costando muchísimo trabajo adaptarme a vivir bajo esas deplorables condiciones. Y es que me tenían peor que un indigente o un prisionero en una cárcel del tercer mundo. Eso creía porque nunca había vivido así. La incomodidad del colchón, la falta de aire, las altas temperaturas, los olores, la música a todo volumen y el miedo me estaban lentamente matando. Era tal mi estrés que, aunque ya llevaba días ahí encerrado, no había podido dormir un segundo; las condiciones de ese lugar lo hacían literalmente imposible. Además, la incertidumbre de no saber por qué me encontraba yo ahí o qué era lo que en realidad querían esos seres me tenía con los nervios de punta. Nadie, hasta ese momento, se había tomado la molestia de explicarme por qué estaba privado de mi libertad. Era una olla exprés a punto de explotar a la mínima provocación; una bomba de tiempo. Pero, a pesar de las circunstancias, tuve la cabeza fría para, inconscientemente, trazar una estrategia de supervivencia. Por ejemplo, desde el día uno decidí comerme todo lo que me dieran. También comencé a ejercitarme haciendo uso de toda mi imaginación y a sabiendas de que, si no lo hacía, literalmente me iba a oxidar y pudrir ahí dentro. Pero la decisión más importante que tomé esos primeros días de cautiverio fue reconstruir mi fe y retomar mi relación con mi Dios. Esos tres pilares no los inventé yo. Por verdaderas *Diocidencias* de la vida, se los escuché al arquitecto Bosco Gutiérrez Cortina en una de sus pláticas. Esto fue unos tres años antes de que el secuestro me golpeara a mí.

Los primeros tres o cuatro días los tengo particularmente difusos. Supongo, es normal por toda la tensión que acumulé desde el momento en que me capturaron. Fue como hasta el cuarto día cuando finalmente estos seres me aclararon mi situación. Lo hicieron a través de una carta que me hicieron llegar por debajo de la puerta. Estos escritos estaban impresos en computadora y en él se me explicaba que, efectivamente, estaba yo secuestrado y que se pediría una cantidad de dinero para liberarme. Recibir finalmente la carta estuvo bien cabrón, pues en ella estaba escrito perfectamente mi nombre. Al verlo impreso, supe de inmediato que no hubo ninguna confusión al capturarme, que estos seres siempre fueron por mí. Enterarme de manera formal que sí estaba secuestrado y no había un error fue devastador, pero confieso también me liberó de ciertas angustias. Es decir, por lo menos ya tenía la certeza de por qué estaba ahí. Y no era, afortunadamente, por un ajuste de cuentas o una venganza. El estar secuestrado me abría una posibilidad real de salir con vida de ahí. Porque si algo sabía de este delito es que se arreglaba a billetazos. Seguramente pronto se llegaría a un acuerdo y yo estaría libre.

Recuerdo que la carta decía en uno de sus párrafos: "Nosotros no matamos, no torturamos, no lastimamos, pero no se equivoque, porque cualquier pendejada suya o de su padre y no dudaremos".

El pinche enunciado no me tranquilizó. "Nosotros no matamos, ni torturamos, pero…" Sentía que dejaba abierta la posibilidad a que pudieran cambiar de parecer en cualquier momento. Y es que desde que empezó este infierno, yo no me podía quitar la idea de que me fueran a mutilar algún miembro. Para no comprobar si decían la verdad o no, decidí que trataría de no darles mayor lata el tiempo que estuviera con ellos. Sería sumiso y mejor me encerraría en mí mismo. Usaría ese tiempo para "reparar mis redes". Lo que me preocupaba realmente era que mi gente no los fuera a provocar o jugarles chueco. Rogaba que mi padre no fuera a asumir un papel tipo el de Mel Gibson en la película *Ransom*, porque entonces yo me convertiría en comida para gusanos.

Fue a raíz de este primer comunicado que se me ocurrió una nueva hipótesis sobre la verdadera identidad de mis captores. Resolví que no eran narcos, pero ellos querían que yo pensara que sí. Ésa era la razón por la que me ponían todo el tiempo narcocorridos.

Esta deducción tampoco fue de golpe, la fui construyendo y validando con el paso del tiempo. Y es que, sin tener mayores datos, me dediqué a observar y tomar notas mentales. Había tantos detalles en el proceder de mis captores que me hicieron comenzar a dudar que en realidad fueran parte de un cartel. Estos seres, de manera inconsciente, supongo, fueron dejando varias pistas que poco a poco me abrieron los ojos. Descartar la idea de que mis secuestradores fueran narcos me dio mucha paz y tranquilidad mental. No es que con este descubrimiento mis problemas se fueran acabar y mi vida dejara de estar en riesgo, pero sin duda eran buenas noticias. Por su impecable y discreta forma de actuar, estos seres pertenecían a un grupo de delincuentes muy profesionales, un grupo cuyo único fin era cerrar una transacción mercantil y cobrar un rescate.

Como kit de bienvenida, además de la carta donde se me avisó de mi secuestro, los secuestradores también me proporcionaron un estricto reglamento de conducta que debía seguir en todo momento. El reglamento señalaba un par de puntos que debía acatar sin cuestionarlos, como si yo fuera un soldado.

El documento decía más o menos así: "Jamás puede hablar con los guardias, no puede decirles su identidad, no puede gritar ni pegar en las paredes, no intente ver ni oír nada fuera de la celda, no trate de escapar y no haga pendejadas. Si quiere saber sobre su negociación, escriba sus dudas, métalas en un sobre cerrado dirigido al «Jefe». Si cumple lo aquí expresado, estará bien, pero si no, habrá consecuencias". Lo curioso es que en todos los comunicados, hasta ese momento, se referían a mí de usted, siendo que me tenían completamente degradado como ser humano.

El reglamento también especificaba de manera detallada la logística de mi rutina: "Cuando necesitemos entrar, ésta va a ser la manera de proceder: va usted a escuchar tres golpes, entonces tendrá que irse inmediatamente al rincón más alejado de la puerta principal; se hinca, se pone la capucha y coloca sus manos extendidas sobre la pared. Nosotros entonces entraremos a la celda. Por ningún motivo se puede quitar la capucha; si lo hace, entonces en ese momento lo mataremos. Cuando oiga que salimos, se espera unos minutos y se quita la capucha. No se le ocurra hacerlo antes".

Ellos entraban máximo dos veces al día a la caja. Su estancia generalmente era muy corta, pero para mí era la peor parte del día; siempre temía que me fueran hacer algo. Eran los únicos momentos en los que yo tenía interacción directa con estos seres, aunque no los pudiera ver. Siempre que entraban, uno de ellos ponía sus manos sobre mi espalda, como para evitar que me fuera a quitar la capucha o intentara escapar. Los primeros meses apenas sentía sus manos, pero con el paso del tiempo todo fue cambiando.

Para introducir y sacar la comida, así como para meter artículos pequeños, mis captores nunca entraban a la caja, sino que utilizaban una especie de esclusa que tenía la única puerta de acceso. Sin embargo, el procedimiento era igual: tres toquidos, esquina, capucha y esperar unos minutos a que cerraran la esclusa.

Con el "reglamento" y "mi carta de bienvenida", también me dieron un cuestionario con unas 25 preguntas. Todas éstas eran sobre mi familia y nuestra situación patrimonial principalmente. Me llamó mucho la atención que la forma de quererme sacar información fuera a través de un cuestionario por escrito y no a través de un interrogatorio en forma presencial, situación que sin duda agradecí, pues lo menos que quería era verlos sin sus máscaras de militares.

Fue el único cuestionario que me dieron durante todo el cautiverio. Siempre supuse que sería el primero de varios. Me equivoqué. Fue un reto bien duro el contestarlo, pues no quería hablar de más y complicarle la vida a mi familia. Para lograr esto, hice uso de toda mi inteligencia emocional. Sabía que era una estupidez el contestarles que no teníamos nada y que se habían equivocado. Seguramente ese argumento lo debían escuchar mis captores todo el tiempo. No podía negarlo todo, pero tampoco podía decirlo todo. Las verdaderas negociaciones se iban a llevar afuera de la caja por lo que yo no debía complicarlas. Pero tenía que darles por lo menos algo con lo que ellos se sintieran satisfechos y me dejaran tranquilo. Si estos seres habían puesto el ojo en nosotros, seguramente nos habrían investigado y tendrían mucha información. Era una mala idea el tratar de engañarlos con mis respuestas o el intentar convencerlos que nosotros no éramos millonarios. Esto último, solamente el tiempo lo comprobaría cuando no se pudiera llegar a un acuerdo económico satisfactorio para mis secuestradores. Me tomé un tiempo prudente para leer varias veces las preguntas y luego contestarlas. No quería contestar nada al vapor, y después, cuando fuera demasiado tarde, me arrepintiera. El reto era estar en perfecta sincronía con la versión que mi familia les pudiera dar a ellos. Para esto tenía que ponerme en los zapatos de mi papá y pensar como mi papá. Fue el examen más perro de mi vida.

Para contestar el cuestionario me dieron una libreta común y corriente. Cuando la abrí y miré el contenido de las primeras hojas, se me paralizo el corazón. En cuatro o cinco hojas había anotada una bitácora que especificaba todos mis movimientos durante los últimos dos meses. Al ver la bitácora, supe con certeza que durante mucho tiempo fui seguido por estos seres y yo ni cuenta. Se me hizo muy extraño que se abrieran y que me estuvieran mostrando esta información. Ellos hasta el momento no me habían enseñado sus cartas. Pensé que probablemente por un descuido se les había pasado arrancar esas hojas. Pero luego concluí que seguramente querían que yo viera esa información. Lo habían hecho con toda la intención para intimidarme y para que no dudara por un momento lo serio de mi asunto. Supuse entonces que éste no iba a ser un secuestro a corto plazo, que no iba a salir pronto de esa caja. Estos seres se habían tomado demasiadas molestias. Nuevamente me preguntaba por qué. ¿Por qué yo?

Contesté el cuestionario lo mejor que pude. No obstante, me sentí cobarde al hacerlo. Me hubiera encantado haber tenido el valor de dejarlo en blanco. Pero tuve miedo de cómo podrían reaccionar ante ese desplante. Pero por lo menos creo que no lo contesté tan mal. Y es que fui sumamente cuidadoso al hacerlo, evitando dar mayores detalles y sólo me enfoqué en lo más obvio. En lo que ellos seguramente ya conocían. También, traté de hacerles entender que alguien los había engañado y les había dado una falsa percepción de mi familia. Pero que, si pedían una cifra razonable, mi familia haría un gran esfuerzo y seguro podrían llegar a un acuerdo pronto. Supongo que se quedaron satisfechos con mis respuestas, porque no me volvieron a molestar ese día.

Esa misma libreta me la dejaron durante todo el cautiverio. A través de ésta, era la única forma en la que yo me podía comunicar con ellos. Pues como bien lo establecía el reglamento, estaba estrictamente prohibido entablar un dialogo con mis captores. Esto significó que, por 290 días que duró mi cautiverio, no hablé ni una sola palabra con absolutamente nadie, más que conmigo y, por supuesto, con el de arriba. Mis monólogos fueron de suma importancia para no sumergirme para siempre en el profundo abismo de la locura. Aprendí a caerme bien y hacer las paces conmigo. Lidiar con la soledad no era nuevo para mí, sólo que había olvidado cómo bailar con ella. Como hijo único, había aprendido a interactuar con la soledad, a volverla mi aliada y no mi enemiga. Sólo tenía que volverme a acostumbrar a ella. Por extraño y disparatado que se oiga, con el tiempo me volví mi mejor amigo. Y es que yo era la única persona dentro de esa caja en la que podía confiar y apoyarme cuando sintiera que ya no podía seguir más.

En algún punto de mi encierro y por razones que no tengo claras, estos tipos decidieron revelarme la cantidad que pretendían cobrar por mi rescate. Fue, sin duda, otra interacción inesperada por parte de ellos. Inesperada para mí porque estos seres no daban paso sin guarache. Es decir, seguramente buscaban lograr una reacción en mí al darme a conocer esta información. Develarme esa cifra fue de las peores y más crueles acciones que me hicieron durante todo mi encierro. La cifra era en dólares y era inalcanzable. Por más que hice cuentas mentales e inventariaba lo que creía que mi familia podría vender para sacarme de esa caja, no había forma de llegar a esa suma. No en 100 años, al menos. El monto del rescate me persiguió en mi cabeza por meses. El sólo pensar en la cantidad de dinero que demandaban me causaba muchísima ansiedad e impotencia. Presentí que al final no saldría vivo del secuestro, pues mi familia jamás conseguiría esa cantidad de dinero. No había forma de explicarles esto a mis captores, pues sabía no me iban a creer. Eso me causaba una gran frustración. Pensé entonces que mi único aliado sería el tiempo: ¿Cuántos meses tendrían que correr para que estos seres se dieran cuenta de que el rescate no llegaba, no por una cuestión de voluntad, sino de solvencia?

La rutina diaria en la caja era aburrida, monótona y bastante exacta. Rarísima vez había cambios en el itinerario. Y cuando esto llegaba a suceder, se me ponían los pelos de punta, pues generalmente significaba que iba a haber problemas para mí. Ajustarme a su rutina casi militarizada fue bien difícil, pero con el único objetivo de sobrevivir, me fui adaptando poco a poco a ella. Mis celadores entraban a verme muy poco. Cuando lo hacían, era únicamente para cambiarme el agua de la termo-hielera donde hacía mis necesidades y para dejarme un pequeño recipiente con agua que utilizaba para asearme. No era el regaderazo que hubiera esperado, pero servía para sentirme por unos instantes nuevamente humano. El ritual del baño al principio era diario, y consistía básicamente en remojar una esponja y pasármela por mi cuerpo. En el tiempo que se me asignaba para el baño, los secuestradores me prestaban algunos artículos de aseo personal básicos que, al terminar de usarlos, tenía que devolver a fuerza. Eso sí, jamás me facilitaron un rastrillo de afeitar o unas tijeras; supongo por miedo a que me pudiera hacer daño con estos objetos. Cuando terminaba de asearme, ellos entraban nuevamente a la caja, recogían todo y me dejaban lo que sería el desayuno. Horas después, me daban la comida, y posteriormente, la cena. Nunca supe a qué hora me darían cada comida y si respetarían algún horario. Al finalizar la cena, los secuestradores recogían la charola a través de la esclusa y de inmediato bajaban la intensidad de la luz. Ésta era la señal de que era la hora de dormir. Entonces, gracias a Dios, quitaban los narcocorridos y entonces ponían una música clásica bastante perturbadora. Yo casi no podía dormir en las noches por la incomodidad, los dolores de espalda, la música, la temperatura ambiente y el terror de pensar que ellos pudieran entrar sin avisar. Me quedaba en vela. Por lo tanto, la noche era la parte del día que más odiaba; las horas se me pasaban el triple de lentas. Desde un principio, siempre estuve preocupado por mi salud, sabía que no dormir pronto me pasaría factura, pero en verdad era imposible. Sabía que un nuevo día comenzaba cuando los secuestradores volvían a poner la luz con mayor intensidad y los narcocorridos volvían a sonar. Nunca supe a qué hora me despertaban, y al no tener luz natural en el cuarto era imposible saberlo. Yo, de cualquier forma, siempre estaba despierto. El tiempo era mi más cruel verdugo dentro de la caja. Las horas se pasaban eternas. Fue, sin duda, una autentica bendición el nunca saber la hora. Si me hubieran dado un reloj o un calendario, a la larga me hubiera desquiciado. Por esta razón, me agarré los huevos y nunca mandé un comunicado para preguntar la hora o la fecha exacta del calendario.

Durante las primeras semanas de cautiverio, juraba que en cualquier momento me pasarían el teléfono para hablar con mi familia. Esa idea me mantuvo emocionado por muchísimo tiempo. Todos los días repasaba en silencio lo que les iba a decir cuando esto sucediera. Sabía que tenía que ser breve, fuerte y bajo ninguna circunstancia debía dejarlos preocupados, aunque tuviera que mentir. Estaba seguro que oír las voces de mis niños me daría la fuerza que necesitaba para no desmoronarme. Pero el tiempo pasaba y no sucedía nada de nada. Yo seguía con las expectativas de que pronto llegaría esa llamada, pero nunca llegó. Por lo tanto, siempre me quedó la interrogante de cómo estos seres se estarían comunicando con mi gente. Lo que yo según sabía es que, en cierto punto de las negociaciones, mis captores me enlazarían con mi familia por medio de una llamada, un video o por lo menos carta que ellos me hicieran escribirles. Pero pasaban los meses y nada de esto sucedía. Y es que lo lógico era que mis padres, por lo menos, exigirían una prueba de vida para constatar que efectivamente me tuvieran ellos y que yo estuviera vivo. Pero lo raro es que tampoco me habían sacado una sola fotografía. A mí en el fondo me daba miedo presionar por esa famosa prueba de vida, no fuera ser que, gracias a mi idea, se les ocurriera mandar un dedo. Recuerdo que en los primeros días mandé muchos comunicados dirigidos al Jefe, preguntándole cuándo me liberarían. Sus respuestas fueron frías y tajantes, y luego dejaría de contestarme. Cuando finalmente comprendí que mi secuestro no se resolvería rápido, decidí jamás volver a comunicarme con ellos, si no era por un asunto de vida o muerte, y puedo decir con orgullo que lo cumplí. Mi secuestro era su *show* y ellos establecían cada etapa del mismo. Era más sabio no intervenir en el desarrollo de la trama. Reconozco que me costó un huevo ser paciente, cualidad que además nunca tuve. De tajo y por decisión propia, de pronto un día, dejé de mandarle comunicados al jefe de la banda. De cualquier forma, intuía que en algún punto del encierro me enfrentaría a él. Sería una estupidez de mi parte acelerar los tiempos.

Irónicamente, dentro de esa caja me sentía seguro; me angustiaba más lo que pudiera encontrarme fuera de ésta. El sólo pensar qué habría detrás de mis cuatro paredes me causaba terror. Era mejor no saberlo nunca. Incluso era tanto mi miedo, que si algún día por descuido hubieran dejado la puerta abierta, no sé si me hubiera atrevido a salir de mi jaula. Había tantas variables que desconocía de afuera de la caja que no ameritaba tomar una decisión así. Y no es que no quisiera escaparme, estudié esa posibilidad los primeros cinco meses de mi encierro, pero me di cuenta de que hacerlo con éxito era prácticamente imposible. Para mantenerme a salvo, mejor opté por convertirme en un prisionero ejemplar. Por meses no di ningún tipo de molestia y esto seguramente evitó confrontamientos innecesarios con mis captores. Obviamente tenía una necesidad brutal de gritar y descargar mi ira a puñetazos en las paredes de la caja, pero mi conciencia siempre lo evitó. Eran más mis ganas de vivir que de morir. Me apanicaba la sola idea de verlos. Rezaba todos los días para que estos seres nunca rompieran su reglamento y entraran a la celda de repente. Si me comportaba debidamente, entonces este encuentro jamás sucediera. Sería un verdadero éxito para mí algún día salir de la caja sin haberlos visto jamás.

Aun así, en las horas de ocio, que eran muchas, me imaginaba *the worst case scenario*, es decir, si el encuentro iba a ser en algún punto inevitable, si éste fuera parte de su *script*, cómo diablos sería. Estaba convencido que, si los veía, sus caras estarían cubiertas, pues de lo contario ese día sería mi final. Me preguntaba qué tipo de mascara llevarían puesta. Lo más lógico es que fuera como tipo militar, al estilo del Subcomandante Marcos. Llegué a esa conclusión, pues ésa había sido más o menos la vestimenta utilizada el día en que me levantaron. Con el paso de los meses, fui olvidando también esta preocupación. Inclusive fui tan ingenuo que llegué a pensar que mis secuestradores no eran tan crueles o malos, por lo que no se atreverían a golpearme. Digo, me tenían encerrado en una caja infame y me hacían la vida de cuadritos con su tortura psicológica y efectos de luz y sonido, pero seguía físicamente intacto. Me convencí de que jamás nos enfrentaríamos y que estos cuates, detrás de sus disfraces, eran unos auténticos cobardes. Cobardes con poder. Ésa fue una apreciación muy estúpida. El perderles el miedo y el respeto sería algo que me terminaría causando a la larga mucho daño.

Muchísimas veces, comí sin hambre y completamente desganado, pero una voz interna me decía que no podía rendirme. A pesar de lo que todo mundo pudiera creer, la dieta los primeros meses no fue tan mala. Yo fui el primer sorprendido de esto, pues me imaginaba lo peor, una dieta acorde al lugar tan espantoso en que me encontraba encerrado. No era abundante, pero por lo menos eran tres comidas al día. El menú parecía casi haber sido diseñado por un experimentado nutriólogo, con el fin de mantenme saludable, sin que engordara. Los alimentos que me proporcionaban eran ricos en carbohidratos, fibras, potasio y vitaminas. Jamás en mi vida había comido tan sano y ordenado.

El plátano es uno de estos alimentos que, desde que tengo uso de razón, siempre me han dado asco. Al principio me lo daban tres veces al día. Tan sólo verlo me causaba repulsión y su textura siempre me pareció asquerosa. Sin embargo, recordé que en algún lugar había leído que era un alimento con mucho potasio. Yo sufría eventualmente de calambres y tenía pánico a que me diera uno dentro de la caja; pensé que si me lo comía podría evitarlos. La verdad es que, desde un principio, tuve la alternativa de rechazar este alimento y esperar la reacción de mis guardianes, pero no lo hice. En el fondo sabía que era bueno para mi organismo. Y como dije, tenía que tenerlo funcionando al 100. Pero, además, esta fruta me recordaba muchísimo a mi pequeño hijo; era un alimento que mi esposa se lo daba en todas las comidas. Tenía muchos recuerdos de él, sentado en su sillita y devorando su banana. Casi lo podía tocar. Fue así como me agarré de esas imágenes para comérmelo siempre. Pronto dominaría el asco y hasta podría decir que le agarré gusto. Cada vez que me daban uno se lo ofrecía a mi niño a manera de tributo. Cuando me lo daban, me tomaba unos minutos y me dirigía a este objeto inanimado como si en verdad estuviera teniendo una conversación con mi pequeño. Este simbólico acto se volvió uno de mis rituales más importantes del día. Esos cientos de plátanos que me devoré fueron mi Wilson (amigo imaginario de Tom Hanks, en la película del náufrago, personificado por una pelota de voleibol, que lo acompañó durante toda su estancia en la isla desierta), por lo que nunca me sentí del todo solo. Todos los días esperaba con ansias la llegada de la banana. Me prometí en la caja que, si lograba salir vivo, entonces todos los días de mí vida comería un plátano como señal de agradecimiento. Y con orgullo puedo decir que he cumplido esa promesa. Ahora que mi hijo me ve comiéndolo, siempre le digo: "¿Sabías que a papá no le gustaba el plátano, pero ahora se lo come por ti?" El niño me ve como si yo estuviera loco; sé que él no entiende a qué diablos me refiero con esa extraña anécdota. Pero espero que, en un futuro cercano, le pueda contar el valor tan significativo de este aparentemente intrascendente acto. Lo quiero hacer, cuando tenga la madurez suficiente para comprenderlo, pero, afortunadamente, aún falta un rato para esto. Cuando a mí me llevaron, él tenía 3 años y medio. Cuando regresé tenía unos meses que había cumplido los 5. Durante mi ausencia, mi esposa se la jugó y le dijo que papá había tenido que salir a trabajar al extranjero. El niño, a pesar de su corta edad, todos los días preguntó por mí. Todos los días señalaba con su dedito mi fotografía. Ahora que estoy de vuelta, lo menos que quiero es contarle la verdadera historia de por qué aparentemente lo abandoné. Tanto él como su hermana han estado desde mi secuestro inmersos y protegidos en una burbuja artificial construida por el amor de mi gente. Temo que contarles mi historia sea el alfiler que rompa esta burbuja y mis hijos conozcan de golpe el verdadero rostro de este mundo, que no es tan rosa como ellos creen.

Todo lo que de alguna forma pronostiqué que iba a sucederme dentro de la caja fue ocurriendo conforme pasaban los meses. Y es que de cierta manera era lógico: si no había avances en la negociación, entonces yo pagaba los platos rotos. Y todo esto comenzaba a volverse eterno. La dosis de comida, por ejemplo, me la fueron disminuyendo hasta convertirse en una ración para todo el día. Mi cuerpo, por supuesto, fue resintiendo los drásticos cambios en la dieta. Nunca en mi vida había padecido hambre. Ahora ya sabía lo que se sentía tener el estómago vacío. Mis tripas se manifestaban de manera inconsciente todo el tiempo. Curiosamente, antes de mi secuestro, jamás había estado plenamente consciente del privilegio de tener un plato lleno de comida en la mesa, de decidir qué comer y a qué hora comer, incluso de tener la libertad de decidir si comer o no. Durante mi cautiverio comencé a apreciar y valorar todo lo que alguna vez había tenido y que lo había dado por hecho. Y no me malentiendan: yo antes de esto no era una persona malagradecida, simplemente nunca me había parado a analizar lo verdaderamente afortunado que era en prácticamente todo lo que un hombre puede anhelar. Esto me llevo a agradecerle a Dios por casi todo. Todas las mañanas, lo primero que hacía era agradecerle que estaba vivo, y cuando me acostaba hacia lo mismo. Pero una rutina que comencé a hacer desde la primera semana fue precisamente agradecer por cada plato de comida que me llegaba. Hoy que estoy libre nuevamente, entiendo esta vida como el verdadero presente o regalo que significa. A veces hay que sufrir este tipo de carencias para despertar a cachetadas la conciencia.

Tener la mínima interacción con mis captores, tuvo como consecuencia que de manera inconsciente fuera perdiéndoles el miedo. El temor de que me cortaran un dedo o una oreja dejó de ser mi preocupación principal. De alguna forma, me logré convencer que si después de tantos meses estos seres no se habían atrevido a agredirme físicamente, entonces ya no lo harían, que no estaba en su naturaleza. Estos argumentos sin ningún tipo de sustento, aunados al hecho de no haberlos visto por más de cuatro meses, lograron que yo me envalentonara y los comenzara a retar. Me convencí que mis secuestradores no eran tan terribles, por lo que debía dejar de actuar como un ratoncillo apanicado y debía comenzar a demostrarles mi verdadera personalidad. Me fui metiendo estas peligrosas ideas en la cabeza, y cuando me las creí todas, me propuse sacarlos de su clandestinidad y enfrentarlos de una vez por todas. Comencé haciendo un par de tonterías, para ir midiendo el nivel de tolerancia de mis captores. Ellos, por supuesto, reaccionaron a mis acciones y me hicieron cosas bien enfermas, como el prenderme una sierra eléctrica y un aparato de electroshocks para asustarme, pero no terminaban por animarse a entrar a la caja. Cuando se me bajaba el susto y la adrenalina de las cosas que me hacían, entonces comenzaba nuevamente a chingarlos. Sin medir francamente el riesgo, cada día que pasaba los iba provocando más. Si antes me daba terror la sola idea de encararlos, ahora parecía que se había convertido en mi única obsesión. No sé si lo hacía por quererme demostrar que era muy valiente o porque en el fondo anhelaba que estos seres acabaran de una vez por todas con mi agonía. Después de muchos días de molestarlos de forma continua, por fin una tarde los saqué de sus casillas.

Era la hora de la comida. Me encontraba sumamente fastidiado y cansado de vivir la misma rutina todos los días. Ya no podía comer un brócoli más. Llevaba meses encerrado y todo era siempre igual. Como en la película *El día de la marmota*. Me urgía hablar por lo menos con alguien unos minutos o me volvería loco. De pronto y sin tener muy claro lo que me orilló a hacerlo, de la nada tomé el cuchillo de plástico que estaba sobre la charola de los alimentos y volteé a ver fijamente hacia una de las cámaras de video vigilancia. Generalmente evitaba verlas directamente, pues me intimidaban bastante: era como verlos a ellos de forma directa. Pero ese día me valió madres; supongo que había llegado a mi propio límite. Entonces, y sin premeditación alguna, comencé a simular ante la cámara que me estaba cortando la muñeca izquierda. Hice esto por un par de minutos, con la única intención de conocer su reacción. "La mercancía se estaba haciendo daño." Estaba casi seguro de que no sucedería gran cosa, a lo mucho me tratarían de intimidar nuevamente. ¿Qué sería esta vez? ¿El ruido de un taladro? ¿Cómo cortaban el cartucho de un arma? Todo ese espectáculo de sonidos les había funcionado con cierto éxito al principio, pero con el tiempo me fui acostumbrando a sus torturas psicológicas y les perdí el miedo. Insisto, uno se va acostumbrando a las chingaderas. Sabía que había pocas probabilidades de encabronarlos y menos con un cuchillo de utilería. Y es que estos seres, precisamente previniendo que me pudiera hacer daño, solamente me prestaban a la hora de comer cubiertos de plástico con los que apenas podía cortar los alimentos. Los cubiertos eran tan frágiles que de hecho se rompían con bastante facilidad. Sin embargo, ese día se me metió el diablo y decidí intentarlo. Quería invitarlos a mi cancha y constatar si en realidad eran tan machitos. Continué con el *performance* por varios minutos más. Al poco rato, decepcionado del poco interés por parte de mis captores desistí de mi acción y seguí comiendo. Y es que aparentemente nada de lo que hiciera yo ahí dentro parecía provocarlos lo suficiente para sacarlos de su madriguera.

Acepto que, para esa etapa de mi cautiverio, yo ya no podía pensar con mucha claridad. A veces deliraba con ideas fantásticas como, por ejemplo, que yo no estaba secuestrado, sino que me encontraba muerto; que me encontraba atrapado en una especie de sala de espera que, cuando se abriera, me terminaría conduciendo al cielo o al infierno. También pensé que estaba inmerso en un profundo coma y que la única manera de escapar era recuperando súbitamente el conocimiento. Otras veces juraba que mi padre había planeado y fabricado todo este montaje para que yo aprendiera a valorar todo lo que tenía afuera. Y la única manera para que lograra apreciarlo era simulando que lo perdía todo, para luego recuperarlo, obviamente, después de haber aprendido la lección. Otra de mis hipótesis era que mi secuestro era una maquiavélica estrategia de Moreno Valle para facilitar su ascenso a la Presidencia. Como el tipo estaba obsesionado con obtener la mayor popularidad posible para llegar a su meta, entonces se le había hecho fácil planear y ejecutar mi secuestro para posteriormente rescatarme y hacerse famoso en todos los medios nacionales. Este tipo de historias tan descabelladas y locas me asediaban todo el tiempo. Y es que necesitaba encontrar una razón que me resolviera por qué yo estaba viviendo ese infierno. Pero justo ese día, llegué a mi límite de tolerancia. Definitivamente, ya no podía vivir con tanta pinche duda, por lo que decidí invitar a estos seres a mi mundo y de esta forma conocer la verdad. Seguramente, la soledad en la que estaba inmerso y todo el maldito entorno que me rodeaba me estaban aflojando los tornillos.

Minutos después de que dejé por la paz el cuchillo, comencé a oír un montón de pasos, mismos que se acercaban apresuradamente a la caja. Por el sonido de sus pisadas, pude apreciar que se encontraban como nerviosos. Al poco rato, me di cuenta que había varios guardias detrás de la puerta y es que me volví un experto interpretando sonidos y luces del exterior. Al sentir su presencia, mi corazón me traicionó y sin avisarme comenzó a latir con todas sus fuerzas. Reconozco que tuve un mal presentimiento de lo que estaba a punto de suceder. Supe que había estirado la liga demasiado y que ésta se acababa de reventar en mis narices. Escuché cómo estos seres comenzaban a abrir los múltiples cerrojos de la puerta. Me preocupe muchísimo, pues era la primera vez en meses que se estaban saltando el estricto protocolo de tocar tres veces antes de entrar a la caja. Cuando terminaron con los cerrojos, entonces procedieron a desactivar la alarma. Y entonces abrieron de golpe la puerta de mi prisión. Lo que pasó a continuación fue bastante difuso. Primero, entró un hombre vestido con un impecable overol blanco que cubría todo su cuerpo. También traía puestos guantes y botas del mismo color. El rostro, a Dios gracias, no se lo pude ver, pues traía una especie de escafandra. Nunca en mi vida había visto algo similar, salvo en algunas películas de ciencia ficción (irónicamente ahora veo ese disfraz todos los días desde que se desató la pandemia del covid). No tuve mucho tiempo para pensar, ni mucho menos reaccionar, pues el secuestrador se me vino encima en el primer segundo en el que pisó la caja. Lo primero que hizo fue agarrarme fuertemente del cuello y aventarme contra la pared. Una vez que me tuvo completamente sometido, me tiró al piso y comenzó a patearme de forma brutal. Me golpeó con tanta saña que parecía como si hubiera esperado pacientemente por meses ese momento. No tengo ni idea de cuánto tiempo habrá durado la golpiza, pero a mí me pareció eterna. Temía que este hombre del impecable overol blanco me fuera a romper alguna costilla o me pudiera provocar un derrame interno, del cual luego no pudiera sanar. Todo sucedió tan rápido que no tuve tiempo de defenderme. Al sentirme tan indefenso y vulnerable, simplemente me hice bolita y cerré mis ojos con todas mis fuerzas. Me concentré en recrear los rostros de mi familia y me encomendé a Dios. El ser que me agredió físicamente no entró solo a la caja. Atrás de él, entró otro guardia vestido exactamente igual. Este otro sujeto, nunca me tocó; más bien creo que su función era la de cuidar la puerta. Cuando el guardia se cansó de golpearme y de descargar toda su ira contra mí, abandonó la caja con su compañero, no sin antes aprisionar mis muñecas con unas apretadas esposas. Me quedé un par de minutos petrificado en el piso. Ahora, mi hábitat artificial, estaba todo hecho un desmadre, casi como si hubiera entrado un huracán y destrozándolo todo. Había granos de arroz y brócoli esparcidos por todo el piso. Mi camiseta estaba desgarrada. Yo me sentía bastante abrumado y adolorido. Me recriminé por haberlos provocado y por ende haberme causado esa paliza. Por muchos meses había logrado la forma de gobernarme y de esta forma me había mantenido a salvo. Pero ese día había decidido echar todo ese esfuerzo y esa disciplina a la alcantarilla. De cualquier manera, el daño ya estaba hecho. Algo que en verdad fue extraño, sobre todo desde un punto de vista psicológico, fue la reacción que tuve en ese primer encuentro con ellos. De todos los sentimientos que supongo debí experimentar, el miedo no fue uno de ellos. Y es que desde el primer segundo en que estos seres me robaron la libertad, siempre estuve seguro de que el día que se dejaran ver, me cagaría y no podría soportarlo. Sin embargo, ese día, el miedo no fue el sentimiento que predominó en mí. Claro que me asusté, sobre todo al principio cuando los vi disfrazados con esos impresionantes trajes espaciales, pero conforme el tipo me pateaba, de alguna forma pude contener el miedo y pude evitar que éste se apoderara de mí y entonces me controlara. La golpiza, afortunadamente, duró poco tiempo. Cuando ésta terminó, me quedé por mucho tiempo intentando asimilar lo sucedido. Después de mucha reflexión, llegué a una conclusión: les temía más a esos seres cuando eran sombras y sonidos que cuando finalmente los conocí. Esa tarde por lo menos constaté que mis guardianes existían y que eran de carne y hueso como yo. También confirmé que no me encontraba muerto, ni atrapado en ningún tipo de dimensión desconocida. Estaba más vivo que nunca. Y es que por muchísimo tiempo coexistí atrapado en el más profundo de los miedos. Supongo que, a la larga, eso hizo que terminara acostumbrándome a vivir con él; el miedo se volvió parte de mí; el convivir diariamente con él se volvió bastante normal. El experimentar por tanto tiempo la constante preocupación de que estos seres me lastimaran o que me pudieran asesinar de pronto dejó de agobiarme. No es que ya no quisiera vivir o que no me afectara el que me mutilaran, simplemente dejó de darme miedo. Viví tantos meses clavado en el dolor y la incertidumbre que mi cuerpo, como mecanismo de defensa, me terminó por blindar emocionalmente para dejar de sufrir. De esta extraña forma, le pude dar la vuelta a la tortilla. El dolor se convirtió en mi principal virtud. El día de la madriza fue revelador en muchos sentidos. Entendí que el principal poder de mis secuestradores radicaba en el terrible miedo que me habían logrado sembrar. El miedo era todo lo que tenían para controlarme, su única artillería. Por esa razón, mi primer *round* con mis captores fue un regalo. Descubrí, gracias a este acontecimiento, que les había perdido el miedo a mis secuestradores. Obviamente sabía que me podían matar en cualquier momento y de mí dependería en gran parte que no lo hicieran, pero ya no viviría con ese temor constante. El día de la madriza, esos hombres del overol blanco perdieron ante mí mucha fuerza. Esa putiza fue, para mí, el equivalente a que me hubieran dado una terapia intensiva de electroshocks. El siniestro suceso, en vez de intimidarme, me despertó.

Como era de esperarse, este encuentro me trajo bastantes problemas. Los secuestradores se ve que se encabronaron e hicieron varios cambios en mi aburrida agenda, cambios que por cierto durarían por un buen rato. Fue un largo y difícil primer periodo de castigo. Habría otros, según pasaban los meses, y cada vez, desafortunadamente para mí, serían más duros. Supongo que estos seres necesitaban demostrarme quién estaba al mando. Me necesitaban tener controlado. Dentro de los principales cambios que sufrió mi itinerario, estuvieron las comidas. Dejaron de ser abundantes y se limitaron únicamente a un plato de arroz por día. Los baños de esponja también los modificaron. Me daban mucho menos agua y ésta venía completamente helada. Probablemente de las cosas que más resentí fue que dejaron de bajar la intensidad de las luces por la noche, que aumentaran al máximo la potencia del volumen de los narcocorridos y que mis secuestradores se transformaran en unos auténticos tiranos. Su repentino cambio de actitud me complicó muchísimo la vida en la caja. Después de esa primera golpiza, estos seres se ensañaron muchísimo conmigo. Parecía como si hubieran recibido instrucciones del Jefe para hacerme la vida de cuadritos. Me fastidiaban en cualquier oportunidad que tenían. Pinches monos, se volvieron sumamente crueles. Lo que más detestaba era cuando entraban a la caja, pues se tornaron sumamente violentos conmigo. Me amagaban, me pisoteaban, eran crueles y volcaban toda su furia en mí. Si de por sí mi dignidad, antes del incidente, ya estaba toda pisoteada, ahora supongo me querían hacer sentir la máxima basura viviente.

Toda esta nueva actitud, me hizo consciente que de una u otra forma el tiempo se estaba agotando para mí. Tic-toc. Entre más meses tardara mi gente en sacarme, más crecía la posibilidad de que me iba a cargar la chingada.

Creo que fue a finales de mayo cuando los guardias me dejaron una cena que en verdad no esperaba. Para esos momentos, la comida ya era escasa y de muy mala calidad. No es que para esos momentos el contenido de la dieta me afectara gran cosa; la neta es que mi única preocupación era que mi cuerpo empezara a resentir la falta de nutriente y pudiera enfermarse. Esa noche sucedió algo atípico, pues mis captores me hicieron llegar un trozo de salmón perfectamente cocinado. Casi como salido de una foto de libro de cocina. Sin mamar lo vi y me lo devoré en menos de 30 segundos. Fue el mejor orgasmo sensorial que había tenido por meses. Una verdadera explosión de sabores y colores. Estaba tan excitado que en el fondo tenía la necesidad de agradecerles el detalle y, por supuesto, de pedirles más. Mucho más. Afortunadamente algo me detuvo. Razoné que nada tenía que agradecerles a estos seres que me estaban destrozando la vida. Y, además, porque recordé que me había prometido mantener mi dignidad de manera intacta. No me iba a dejar comprar y manipular por un pedazo de comida, de deliciosa comida. Era un hecho consumado que me tenían encerrado en contra de mi voluntad, pero yo al final podía decidir qué hacía o no con esa poca libertad que aún tenía. Si hubiera sido un poco orgulloso, hubiera rechazado ese manjar, pero como animal salvaje me dejé llevar por el instinto.

Por lo menos, cuando caí en la cuenta de su juego y chantaje, me controlé a pedirles más. Me dolió un puto huevo no caer en la tentación. ¿Quién me dijo que esa no sería mi última cena? Tampoco me arrepentí gran cosa. Para ese momento mis instintos más primarios estaban bastante reprimidos. Además, creo que las posibilidades de que estos seres me dieran más eran escasas. Supuse que para variar me estaban calando, llevándome nuevamente al límite. Ellos siempre estaban jugando conmigo. Admito que el haberme dado de cenar ese festín me dejó bastante ilusionado; lo interprete como algo bueno; me hice muchísimas expectativas positivas, pues nunca me había pasado algo semejante. Ilusamente, pensé que las negociaciones se habían concretado con éxito y el salmón lo corroboraba. De hecho, esa noche me acosté en mi colchoneta pensando que ese puto infierno estaba por acabar. El salmón era esa bendita señal que había esperado por meses. Era la forma en que estos seres mudos me informaban que estaba ya por salir.

Por supuesto, nada sucedió como me lo imaginé. Así no funcionaba la mecánica. Lo del pinche salmón fue otro de sus perversos juegos psicológicos. El día siguiente a esa cena, estos seres me despojaron de todo lo poco que tenía en la caja. Entraron y me quitaron todo excepto la termo hielera. Dejaron la caja prácticamente vacía. Incluso también me quitaron el uniforme y me dejaron completamente desnudo.

El 1 de junio, la vida en la caja se volvió francamente intolerable. Los primeros meses habían sido como una placentera vacación en el Four Seasons. Pero ese día, todo cambió para mal. Si antes había sido complicado adaptarme a la caja, ahora en verdad las nuevas condiciones se habían vuelto un puto reto. Desde ese momento, tendría que dormir desnudo en el piso y acostumbrarme a vivir con una ración de frijoles fríos para todo el día. Los baños de esponja por supuesto se acabaron y el cambio de agua de mi termo hielera ahora lo harían cada tres o cinco días. Desde ese momento, esos seres me apretaron con todas las enfermizas ideas que les cruzaron por la cabeza. De igual forma me quitaron unos libros que me habían dado y demás entretenimientos que esporádicamente me facilitaban para distraerme un rato. A partir de ese punto, las horas se volvieron interminables. Esos nuevos cambios fueron muy difíciles de digerir. A tal grado fue el *shock* que los primeros días me encapsulé y de plano me rendí. Había logrado adaptarme a un entorno en verdad complicado y ahora me volvían a cambiar las reglas del juego. Tenía ganas de mentársela al pinche Darwin. Había demostrado ser fuerte y lo había probado, pero esto ya era demasiado. Afortunadamente y después de un tiempo, logre encontrar nuevamente la fuerza para subsistir. Siempre encontraba el porqué. Así que decidí no dejarme vencer ante este nuevo obstáculo. Chinge su madre: me tragaría toda su comida —aunque ya no podía con los frijoles—, haría el triple de ejercicio para mantener mi cuerpo y mi mente ocupados y me conectaría todo el tiempo restante con mi yo interno y con Dios. Sabía que a partir de ese momento ya no podría vivir en peores circunstancias.

El verdadero juego comienza hasta que mandan la prueba de vida

Hubo muchos momentos durante mi encierro en el que me llegué a desesperar, incluso llegué a odiar a toda mi familia, pues eran quienes supuse llevaban mi negociación. Todo el tiempo de mi cautiverio hubo una batalla constante en mi cabeza entre Beto bueno y su némesis Beto malo. El primero me susurraba al oído: "Resiste, ellos te van a sacar pronto"; el otro argumentaba: "Diles todo, es muy claro que no te quieren, te estás pudriendo ahí dentro". Cuando mi cabeza estaba sumamente confundida y agotada de tanto debate, entonces me tomaba un tiempo para volver a acomodar mis pensamientos, y de esta forma no me dejaba manipular por mis demonios. Y es que eso seres hacen todo para hacerte creer que a tu familia no le importas, que ya se han olvidado de ti. Mentiría que no estuve tentado de caer en el lado oscuro, pero siempre tuve la fortuna de razonar antes de cagarla.

A mediados de junio, recibí un frío comunicado en el que me informaban que las negociaciones estaban estancadas, por lo cual mis secuestradores estaban evaluando la posibilidad de ejecutarme y ponerme como ejemplo para otros secuestros. El mensaje no fue nada optimista y di por hecho que moriría pronto. Además, de antemano, sabía que lo que pedían era impagable. Como primera reacción al comunicado, me deprimí bastante pues en verdad quería vivir. Con el paso de los días, fui haciéndome a la idea de que el *show* estaba por terminar. Sin duda alguna, no era el final que había previsto, pero debía aceptarlo como tal. Angustiado por el hecho de que jamás me podría despedir de mi gente, organicé en lo que yo creí eran las tardes una reunión imaginaria con cada uno de ellos. Fue un ejercicio mágico y francamente liberador. A cada miembro de mi tribu por separado le dije todo lo que tenía atorado en mi corazón. Fue lo más duro con lo que me enfrenté en la caja: decir adiós.

Por esas fechas, tuve una visita bastante atípica por parte de mis secuestradores. La hicieron de manera sorpresiva. De hecho, por esos días, ya era raro que entraran a la caja. Yo vivía entre el hedor y el abandono. Por lo menos esa vez, tocaron en tres ocasiones antes de entrar. Yo, sin ánimos de buscar un problema inesperado, seguí al pie de la letra su reglamento. Estaba intranquilo, pues no hace muchos meses, los secuestradores me habían informado la posibilidad de matarme. Y no era el miedo de morir lo que me agobiaba, era el irme de este mundo sin despedirme y abrazar por última vez a mis hijos, mi esposa y mis padres. Me pareció sumamente injusto irme así de este mundo y además hacerlo por el capricho y avaricia de unos imbéciles. Una vez que entraron los guardias a la caja, estuvieron un buen rato dentro. A pesar del ruideral de la música, pude distinguir como desdoblaban lo que se me figuró pudieran ser unas bolsas de plástico. En ese momento pensé: "Madres, ya están preparando la escena del crimen, están recubriendo la celda para no dejar rastros de mi sangre; en cualquier momento me van a dar el tiro de gracia y luego seguro me van a hacer picadillo y tirarme en cualquier desagüe". Por suerte, sólo me mal viajé y no terminaron por pegarme ningún tiro. Lo que realmente esos seres estaban haciendo era preparando el escenario para sacarme la tan esperada prueba de vida. Esto lo pude saber cuando uno de los guardias me quitó la capucha y pude ver de reojo varios plásticos negros que estaban pegados detrás de mí.

En ese momento, se encontraban dos secuestradores dentro de la caja. Ambos estaban disfrazados con los mismos overoles blancos que habían utilizado el día que me golpearon. Uno de ellos me sujetó de las manos y me puso una revista entre mis dedos. El otro sacó una cámara digital Sony color rojo e hizo un par de disparos. Cuando terminaron con la sesión fotográfica, uno de los guardias me puso nuevamente la capucha y me obligó a ponerme de rodillas. Por los sonidos dentro de la celda, supe que los secuestradores no se fueron luego luego. De hecho, se quedaron ahí dentro un buen rato. Durante ese momento pude escuchar mucho movimiento. Cuando salieron de la caja, procedí a quitarme la capucha. Entonces me di cuenta que me habían dejado aventada la revista con la que me sacaron las fotos. Hasta el momento que la levanté del suelo, pude ver cuál era. Me sorprendí porque era una revista *¡Hola!* Y digo me sorprendí porque hubiera esperado más otro tipo de publicación, un periódico tipo *El Universal* o *Reforma*. Como era de esperarse, la revisé hoja por hoja, empezando por supuesto por la fecha de publicación. Al leerla, me quedé frio. Y es que yo había desarrollado un rudimentario sistema para llevar la cuenta exacta de los días. Éste era relativamente sencillo, y se basaba en el número de comidas que me daban al día. Con el tiempo se volvería más complejo, pues me empecé a cuestionar si realmente mis días durarían 24 horas. Supuse que estos seres me administraban el tiempo de forma distinta. Meses antes, había comenzado a creer que mis días, en realidad, sólo duraban tan sólo seis horas y las noches un tanto igual. Por lo tanto, deduje que no llevaba encerrado tantos meses. Ese error aritmético, de alguna forma, terminó jugando a mi favor y me terminó sirviendo muchísimo para no desmoralizarme. Gracias a esas cuentas mal hechas pude, por lo menos, restarle tres meses a mi cautiverio. No era real, pero esa ficción me ayudó muchísimo. Y es que, gracias a ese piadoso error, por mucho tiempo pensé que llevaba menos tiempo del que en realidad había transcurrido. Pero ese día, constatar la fecha real, fue tremendo. Un gancho directo al hígado. Fue como despertar de un coma profundo y darme cuenta que no me había desconectado por un par de meses, sino por casi un año.

Ese mismo día y después de las fotografías, mis captores me devolvieron algunas de las cosas que me habían quitado. Entre ellas, el colchón y el uniforme. No obstante, nunca me volverían a tratar como en los primeros meses, pero por lo menos recuperé ciertos "privilegios". Ellos siguieron igual o peor de ojetes conmigo. El que me devolvieran ciertas cosas tampoco me hizo saltar de alegría, la neta es que ya estaba cansado de ese juego enfermizo de "te doy para luego quitarte". Reconozco que me puso feliz el que me volvieran a prestar libros; ese detalle me alegró el alma. Y eso que sólo me daban literatura de zombis y asesinos seriales. La verdad no es que me pudiera dar el lujo de ponerme tan exquisito. De cualquier forma, decidí no crearme expectativas de nada, así que me concienticé de que en cualquier momento esos seres a su entero capricho me podrían dejar igual o peor que antes. Y es que estos cabrones eran unos grandes manipuladores, por lo que me podía esperar cualquier cosa de ellos.

Aparentemente, el verdadero "juego" comenzó hasta que mi familia recibió esa primera y única prueba de vida. Y a partir de que lo hicieron, la negociación se puso verdaderamente seria. Al parecer, los siete meses previos a esa pinche foto, solamente habían sido para calentar el terreno. Y es que esa banda, si por algo se destacaba, era precisamente por dominar el juego. Esa cualidad inigualable les permitió desde el día uno jugar el tablero a su manera. Estos cabrones eran unos auténticos maestros en el arte de la negociación. Además, sabían perfectamente que tenían el sartén por el mango.

La banda que me secuestró en verdad era muy *sui generis*. Su forma de actuar y operar era completamente distinta a la de otras bandas que se dedican a lo mismo. Una de sus particularidades era que, en teoría, el secuestrado nunca pudiera tener algún tipo de contacto con su familia durante el cautiverio. Pero esta regla de oro la rompieron en julio, cuando empecé a padecer problemas de salud. Concretamente tuve piedras en los riñones, aunque yo en su momento creí que era apendicitis, situación que me alarmó mucho, pues, pensé, si no me sacaban pronto moriría ahí. Me dio mucho coraje porque ya había aguantado tanto y mi cuerpo empezaba a fallar. No podría decir a ciencia cierta si mis secuestradores al verme tan jodido se asustaron o aprovecharon mi enfermedad para usarla a su favor. Pero, en resumidas cuentas, después de muchos días de verme muy mal, me dejaron escribir el único texto que enviaría a mi familia durante todo mi cautiverio. En esta carta, les tuve que escribir más o menos lo siguiente: "Por favor, paguen o me voy a morir de una enfermedad que se agrava diariamente. Me encuentro muy grave". Ni yo mismo sabía la enfermedad que padecía, pero por la magnitud del dolor que sentía, asumí que en verdad me estaba muriendo.

Si la memoria no me falla, esa carta la escribí durante los primeros días de julio. Yo me encontraba plenamente esperanzado que, al leerla mis padres, ellos harían todo lo que estuviera en sus manos por rescatarme. Tristemente, nada sucedió, y eso estuvo a punto de quebrarme nuevamente. Gracias a Dios, tampoco morí ahí dentro de ese malestar. Estos seres me dieron medicamentos y terminé expulsando cada una de las piedras en un periodo como de tres semanas. De que dolió, sí dolió. Pero me lastimó más el pensar que mi carta no había surtido efecto alguno entre mi gente.

Para agosto, yo ya era una especie de zombi, estaba como atrapado en un estado catatónico perenne. Afortunadamente, todavía seguía mis rutinas: hacia ejercicio como loco, leía lo que me daban, comía mi plato de frijoles sin dejar uno solo vivo, pero ya mi mente se encontraba en otro lado, "un lugar mejor que ahí".

Justo cuando ya había perdido toda esperanza, a finales de agosto, me llegó un comunicado. Éste lo metieron como siempre a través de la esclusa por donde introducían los alimentos. El ver esa carta ahí aventada me causó bastante ansiedad. Llevaba semanas de no tener ningún contacto con mis captores y además sus comunicados nunca eran esperanzadores. Al verla, me imaginé lo peor. Tal vez en ese documento me estaban avisando el día y la hora de mi muerte. Y es que, al parecer, ni siquiera la carta que le había mandado a mi familia hace apenas unas semanas había tenido efecto. Tal vez esa carta era el último as que tenían mis secuestradores bajo la manga, y todo parecía indicar que éste no había funcionado. Pensé que, si ese comunicado era mi sentencia de muerte, por lo menos mis secuestradores habían escogido un buen *timing*, pues yo desde hacía tiempo ya estaba preparado mental y espiritualmente para lo peor. Me encontraba plenamente consciente y orgulloso de que había podido dar lo mejor de mí. Eso de cierta manera me dejó tranquilo. Además, tal vez mi muerte sería lo mejor para todos, pues con ella acabaría con la angustia perpetua de la gente que más amaba. Y también terminaría con mi aflicción.

No recogí la hoja de inmediato. De hecho, la dejé tirada en el suelo por un buen rato. La estuve observando detenidamente por mucho tiempo hasta que me animé a tomarla, y con las manos completamente temblorosas comencé a leerla. No era una carta particularmente extensa. Decía algo así: "Hemos llegado a un acuerdo económico con su familia, pronto tendrá más noticias". Lo lógico es que, al terminar de leerla, hubiera brincado de la emoción, que mi fuego interior se hubiera extendido por cada una de mis venas, sin embargo, mi reacción fue sumamente fría. Me encontraba exhausto de sus juegos. Ya nada les podía creer a estos seres. Me quedé sentando por horas, sosteniendo ese documento en mis manos y reflexionando si lo que acababa de leer sería verdad. Recuerdo con claridad que apenas se me llegaron a resbalar un par de lágrimas, pues durante mi estancia en esa caja las había agotado todas. Por meses había llorado todo lo que un hombre puede llorar. Ese día estaba completamente seco.

Pese a todos mis pronósticos, durante los siguientes días llegaron otros comunicados. En éstos se me explicaba con mayor claridad la mecánica de mi liberación. Me expusieron de manera clara cómo sería la entrega del dinero y cómo después de dos semanas, si todo salía según lo planeado, me liberarían. Al leer eso de las dos semanas, me quedé pendejo. Yo juraba que la entrega de un rescate se daba de forma simultánea contra la entrega del rehén. En ese momento me di cuenta que eso no era así. No estábamos en Hollywood, esto era la vida real, así que todo lo que había visto en películas de secuestros era un sueño guajiro. Me preocupó la idea de que estos seres no fueran a cumplir su parte del acuerdo. Y es que, ¿quién me garantizaba a mí que ya teniendo ellos el dinero, no decidieran pedir más? ¿Qué tanto honor puede tener un grupo de delincuentes desalmados?

Fueron muy precisos en sus cartas, en que primero debían recoger el dinero y luego corroborarían que no hubiera trampas. Fueron muy claros que ésta era la etapa más peligrosa de todo el secuestro, pues si mi familia intentaba atraparlos ya no habría segunda oportunidad para mí. Pero si todo salía bien, una vez que tuvieran el dinero y no hubiera riesgo para ellos, procederían a la liberación, según los tiempos antes mencionados. Por ende, no sería de inmediato, por lo que me pedían los muy cabrones tener paciencia. No puedo negar que no me haya pasado por la cabeza que mi padre en un arranque de rabia o asesorado por algún policía hubiera intentado cazarlos durante la entrega del dinero. Temí que si se le ocurría hacer esta jugada era probable que me estuviera poniendo la soga al cuello. Por otro lado, una parte de mí lo deseaba, pues quería ver a estos cabrones atrapados en su propia ratonera.

Mis últimos 15 días en la caja fueron los más lentos, y es que, por primera vez en casi 10 meses de cautiverio, ahora ya tenía una fecha de salida. Antes, de alguna forma, el tremendo y largo paso del tiempo lo había logrado contener con herramientas que desarrollé o adapté ahí dentro y que me resultaron muy eficaces. Una de ellas fue el repetirme todos los días la frase "SÓLO POR HOY", expresión que desde siempre han utilizado los AA y que yo pude tropicalizar a mis muy particulares circunstancias. "Voy a dejar de preocuparme cuánto tiempo estaré en esta caja, pues el sólo pensar en ello me causa muchísima ansiedad y esa idea va a terminar por hundirme; como no sé cuánto tiempo estaré encerrado, mejor voy a vivir intensamente cada día como si fuera el último de mi vida. Voy a repetir este ejercicio cada 24 horas y así sucesivamente." Cuando me logré creer al 100% este decreto, entonces todo comenzó a fluir mejor. Todos los días, cuando estos seres me levantaban, lo primero que hacía era escribir en mi libreta la frase "SÓLO POR HOY"; esto lo hacía con el único propósito de dar mi todo por ese único día. Afortunadamente fue un acierto y la frase dio resultados fructíferos. Pero en agosto, cuando estos seres me dieron mi fecha tentativa de salida, el "sólo por hoy" dejó de tener efecto. Desde que supe que serían dos semanas para mi liberación, la cuenta regresiva se me hizo eterna. Además, a partir de ese momento, pronto sabría si viviría o moriría. Por supuesto, la resolución a la que llegaran mis captores dependería mucho de las actuaciones de mi familia.

Esas últimas dos semanas también estuvieron llenas de intensas reflexiones personales. Todos esos pensamientos que había logrado bloquear regresaron con mayor intensidad. Mi mayor miedo, por supuesto, era la incertidumbre de no saber lo que me podría encontrar en el mundo real una vez que me liberaran de la caja. Mi cabeza, a la cual según yo ya había domesticado, comenzaría nuevamente a hacer de las suyas. ¿Cómo estaría la salud de mis padres? ¿Cómo encontraría a mi esposa y a mis hijos? ¿Se acordarían mis hijos de mí? ¿Tendría casa y chamba todavía? ¿O estaríamos totalmente quebrados después del pago del secuestro? ¿Podría yo adaptarme nuevamente a vivir en libertad o estaría secuestrado de por vida por mis miedos? ¿Podría subsistir después de haber vivido algo así?

En esas últimas dos semanas, estos seres me cortaron el pelo y la barba. Por primera vez en nueve meses y medio pude ver mi rostro y me sorprendió, pues era el de otro. También me mejoraron mi dieta. Se acabó la del plato de frijol para todo el día y volvieron a darme tres alimentos. De igual forma, me llegaron las últimas instrucciones por parte de ellos, mismas que, por cierto, me recomendaron aprender de memoria, pues, puntualizaron, luego me las quitarían, y después de eso, ya no habría ningún contacto con ellos.

El tiempo pasó muy lento y cuando estaba a punto de perder las esperanzas y pensar que estos seres me habían tomado el pelo, mis secuestradores entraron a la caja una madrugada. Lo primero que hicieron fue dejarme doblada y lavada la ropa con la que me habían levantado. Una vez que me la puse, me trasladaron a otra ubicación, distinta a mi caja, pero dentro de la misma casa de seguridad. Obviamente no pude ver nada porque traía puesta la capucha. El salir de ese diminuto cuartito fue un triunfo. Durante casi 10 meses no había salido nunca de ahí. Estos seres me cargaron de la misma forma en la que lo habían hecho el día que llegué a la casa de seguridad. Bajaron y subieron muchos escalones conmigo a cuestas. Cuando llegaron a lo que era mi destino, me depositaron en el interior de una casa de campaña. Mi nueva prisión era mucho más pequeña que la caja en la que me mantuvieron por meses. Las dimensiones de la casa de campaña eran tan reducidas que ni siquiera me podía poner de pie. El que me introdujeran en ella no fue del todo sorpresa, ese movimiento de alguna forma me lo habían explicado por escrito. "Las últimas 48 horas usted será trasladado a una carpa, no intente salir o ver o escuchar nada, de lo contrario, aunque ya tengamos el dinero, usted no sobrevivirá."

Dentro de esa casa estuve prisionero por dos días. Aunque eran mis últimas horas en el infierno, no me pude librar de los narcocorridos que siempre me acompañaron. Y es que estos seres me instalaron una enorme bocina afuera de la caja de campaña donde me encontraba cautivo. El volumen para variar era ensordecedor. Si por algo quería salir ya de ese lugar, era para dejar de escuchar esas putas mierdas. Otra cosa que padecí dentro la casa de campaña fue el pinche calor: la casa de campaña estaba junto a un enorme ventanal; esto lo supe porque a las pocas horas de estar encerrado ahí, pude sentir por primera vez los rayos del sol, un regalo del cual, por cierto, estuve privado por meses. Pero horas después de estar en esa casa de campaña encerrado, ese regalo se volvió una maldición. Las temperaturas que se llegaron a concentrar ahí dentro eran terribles y asfixiantes.

La primera noche que pasé en la casa de campaña fue muy dura. Mi cabeza tampoco ayudó. El pensamiento que más me asechaba era el que me susurraba tímidamente al oído que todo esto era una trampa y estos seres terminarían por matarme. De pronto, comencé a sentir claustrofobia y me empecé a sentir muy mal. Estaba seguro que estaba a punto de sufrir un ataque de ansiedad. Conocía perfectamente los síntomas, ya los había experimentado en la otra caja. Entonces, comencé a sentir un hormigueo en todo mi cuerpo. Acepto que mi desesperación fue tal en aquel instante que consideré seriamente el intentar abrir la puerta de la casa de campaña y mandar todo a la chingada. Recordé que, en la caja, cuando me había sucedido algo similar, había recurrido a dos herramientas que siempre me habían logrado sacar del apuro: rezar y ejercitarme. Durante meses, cuando había sentido pánico y ansiedad, me había puesto a caminar en círculos por toda la caja. Esto lo termine haciendo de manera constante; se volvió parte de mi rutina diaria. El ejercicio era la mejor terapia para agotarme o lograrme gobernar. Pero en esa casa de campaña ni siquiera podía moverme. Entonces procedí a lo único que sí podía hacer en ese momento: meditar y hablar con Dios. Después de unos minutos de una intensa meditación y de conectar conmigo, el milagro sucedió: logré calmarme y estar en paz, casi como si hubiera entrado en un trance o en el *nirvana*. Lo curioso es que antes de mi secuestro jamás había hecho meditación.

Afortunadamente, después de las dos semanas, mis secuestradores terminaron por respetar su acuerdo y liberarme. Hoy estoy seguro que si me hubieran dejado en esa casa de campaña un día más, no hubiera resistido. Increíblemente, estos seres cumplieron su parte del trato. Sé que no siempre es así. Hay bandas que negocian con muertos, así de cabrona está la cosa. Yo por lo menos tuve la suerte de caer con delincuentes que, aunque me duela decirlo, tenían palabra y honor.

Para no hacer el cuento más largo, mis secuestradores me terminaron aventando en un terreno baldío en medio de la nada. Esto fue como a las 5:30 de la mañana, cuando ellos sabían que había muy poca gente circulando en las calles. Obviamente, tomaron las precauciones necesarias para que yo no viera ni oyera nada durante todo el trayecto. Las instrucciones que me dieron en el último comunicado eran cruciales: "Una vez que lo dejemos, contará hasta 200 y luego podrá quitarse las vendas y audífonos. Si lo hace antes, lo mataremos, pues no queremos dejar vivo ningún testigo. En la bolsa de su chaleco encontrará dinero que le servirá para pedir un taxi y llegar a su casa. No intente parar a ningún policía, no vaya a ser que se le ocurra continuar con su secuestro". Por supuesto, cuando me abandonaron en aquel paraje, no intenté hacer ninguna trampa ni tratar de verlos. De hecho, fui tan estúpido o tan listo que mejor conté hasta 400. Después de eso, procedí con toda calma a quitarme las vendas de mis ojos y los malditos auriculares. Cuando hice estas acciones, me encontraba increíblemente sereno. Pude constatar, al quitarme las vendas de los ojos, que aún era de noche y el lugar donde me encontraba estaba prácticamente desértico. A lo lejos pude ver unas luminarias que alumbraban la calle de terracería donde me encontraba. Decidí seguirlas. Tomé la dirección opuesta de donde según yo se había dirigido el auto de mis captores. Caminé por un buen rato, hasta encontrar una vialidad más transitada. La verdad no tenía ni puta idea de dónde podía estar, tampoco me preocupaba, ni tenía miedo. Lo peor que puede vivir un ser humano lo acababa de dejar apenas hacía unos minutos. Mientras caminaba, no lloré, no canté, no bailé, no estaba para nada emocionado. Me encontraba completamente sedado emocionalmente. Y es que, dentro de la caja, construí una coraza que me ayudó a sobrellevar el sufrimiento por tantos meses. Logré adiestrarme a no sentir para no sufrir. Caminé por esa avenida por mucho tiempo y entonces comenzó a amanecer. Pude ver los primeros automóviles circulando en esa avenida. La verdad es que no intenté parar a ninguno. Después de mucho andar, de estirar mis piernas y no encontrarme por primera vez ningún muro que me limitara mi libre circulación, me terminé topando con la entrada de una universidad privada. Afuera de ésta había muchos taxis. Los observé por un par de minutos, hasta que seleccioné al conductor que me pareció más bonachón e inofensivo. Me incliné por el sujeto regordete de edad más avanzada y con cara de buena gente. Me subí a su taxi e intenté ser lo más normal posible. Casi ni hablé. Por supuesto, no le comenté nada sobre mi identidad o de dónde venía. Le indiqué que me llevara a casa de mis suegros, pues no tenía los huevos de llegar a otro lado. Éstas fueron las primeras palabras que le dije a otro ser humano después de casi un año de no hablar con nadie más.

La readaptación: no estaba muerto... andaba secuestrado

Con mi liberación no concluyó mi secuestro. Solamente acabó la primera parte de esta macabra obra. Una vez que fui liberado, comenzó la segunda: la readaptación al mundo real. Ésta ha sido una etapa casi tan complicada como la primera, pero ahora por lo menos la vivo en mucho mejores circunstancias. Sé, porque lo he estudiado a profundidad, que muchas de las víctimas que logran salir con vida de un secuestro lo hacen muy afectadas y viven presas del miedo que les sembraron estos seres. Afortunadamente, no ha sido mi caso. Desde que recobré mi libertad, he pasado por muchísimas etapas emocionales, algunas de ellas muy sombrías, pero también creo que salí de esa caja muy fortalecido. No soy terapeuta, pero creo que lo que a mí me ayudó, para no salir completamente desquiciado fue precisamente que estuve en cautiverio por muchísimo tiempo. Si hubiera salido antes, estoy seguro que cargaría con muchos miedos. Y es que, las víctimas de un secuestro de corto plazo, salen muy afectadas de la experiencia. Esto se debe a que no llegan a tener el tiempo para asimilar y aceptar lo que les sucedió. Por lo mismo no logran cerrar el círculo. Yo esto lo puedo validar, porque durante mi secuestro pasé por todas las etapas conocidas: la negación, el miedo, la aceptación, las ideas suicidas y, finalmente, la resiliencia. Por eso mi secuestro, en vez de considerarlo una maldición, intento verlo como un doctorado intensivo de vida.

Ya cumplí tres años de que fui liberado. Evidentemente no hay ningún avance en mi caso y dudo que alguna autoridad le esté dando seguimiento. Me da tristeza aceptarlo, pero ya me conformé con que no haya resultados. Y es que no puedo vivir peleando con el aire. Mi secuestro a nadie le importa. Por mucho tiempo estuve obsesionado intentando despertar conciencias. Denuncié mi secuestro ante distintas autoridades, organizaciones civiles y demás actores sociales. Escribí todo tipo de cartas y comunicados con el fin de sensibilizar a la gente sobre mi tema; tenía la necesidad de que alguien me oyera y de que me atendieran. Por supuesto nada de eso sucedió. Hoy sé con conocimiento de causa que el verdadero mal de nuestra sociedad es toda esta acumulación de resignaciones individuales. Y es que no movemos un dedo por nadie.

Todos los días cuando despierto leo una frase que escribí a los pocos días de mi regreso y que dice: "El tiempo que me robaron lo voy a triplicar". Y sí, ahora en verdad tengo una vida con mucha calidad.

Cuando regresé a México de mi autoexilio, tuve el enorme privilegio de poder entrevistarme con personas que habían sufrido lo mismo que yo. Aprendí muchísimo de ellos y sus experiencias. Todos estos sobrevivientes son unos auténticos guerreros. De chiripazo, pude platicar con varias víctimas cuyos secuestros eran muy parecidos al mío, por no decir idénticos. La diferencia es que se perpetuaron en la zona del Bajío, específicamente en San Miguel de Allende. Me asombró en verdad las similitudes con el mío. Misma duración, misma caja, mismo tipo de música y mismos overoles blancos. ¿Coincidencia?

Un secuestro te marca de por vida. La percepción de cómo veías el mundo antes de vivir esta experiencia te cambia por completo. En verdad agradezco enormemente a mi familia por toda la paciencia que han tenido conmigo. Gracias a su amor, he podido ser de nuevo la persona que era antes de este evento tan traumático. Afortunadamente también he tenido la capacidad de ir venciendo todo lo que en su momento pensé me podría causar miedo o ansiedad. La manera de hacerlo ha sido enfrentándome a mis mayores temores, y el método ha dado buenos resultados. Desde que salí, tomé la decisión de que esos seres no me iban a robar nuevamente mi libertad y mi tranquilidad. El lograrlo, obviamente, no se dio de la noche a la mañana. Pero he trabajado mucho y de manera constante en ello. Por supuesto, estuve yendo a terapia, pero lo que más me ha ayudado, sin duda, es que puse en marcha todas las herramientas de supervivencia que utilicé dentro de la caja. Por ejemplo, a los pocos días de ser liberado, decidí ir a la calle donde me secuestraron. Encarar mis miedos en serio ha sido mi mejor terapia. He hecho todo tipo de locuras para probarme que soy más fuerte que lo que me sucedió. También busqué en Spotify algunos de los narcocorridos que me ponían en la caja y los he reproducido a todo volumen en mi coche, buscando encontrar una reacción, para luego dominarla. No le he huido a ninguno de mis miedos y eso me dio muchísima libertad. Pero si hoy me encuentro bastante bien, también es porque mi familia está muy bien. Ellos se comportaron a la altura durante mi secuestro y demostraron poseer una enorme fuerza. El verlos hoy tan unidos es mi principal motivador para seguirle pedaleando con todas mis fuerzas. Verlos bien me pone bien. Sé de muchas familias que se destruyen por dentro cuando viven un secuestro. En mi familia afortunadamente sucedió todo lo contrario, y gracias a eso hoy mi vida está muy equilibrada. Nos valoramos más que antes, pues aprendimos a la mala que la vida es muy frágil.

Cuando platico mi historia, lo primero que digo es que tengo una pinche suerte muy cabrona. Primero, porque estoy aquí contándola; segundo, porque salí muy fuerte de la experiencia; tercero, porque pude recuperar mi vida y la disfruto como nunca lo había hecho antes. Estoy bien consciente de que mi pasado ya no me necesita, pero mi presente por supuesto que sí. Tal vez algún día me canse de contar esta historia; ese momento será memorable porque seguramente ese día habré dejado todos los malos recuerdos atrás.

Tampoco descarto que, en algún momento, la vida misma me lleve a ser un luchador social, porque en verdad no quiero que ninguna familia pase por lo que nosotros pasamos. Odio la impunidad, la corrupción y la apatía del gobierno, pero puede que incluso odie más el papel pasivo que ha tomado la sociedad sobre el tema. Porque al final es quien pone y quita a los gobernantes. Por lo pronto, por ahora viviré y disfrutaré la vida con toda la intensidad del mundo. Sé que no estoy exento de sufrir nuevamente alguna tragedia, pero he deicidio vivir sin miedo y siempre viendo hacia adelante. No soy una víctima más, soy un sobreviviente.

Doce días equivalentes a una vida en el infierno: Helen

Estuve secuestrada 12 días y eso cambió mi vida completamente. Me duele ver que en el país en que vivimos, el secuestro se ha vuelto un tema tan común, tan normalizado, que la gente dejó de verlo como lo que es: una experiencia horrible y traumática; pasó a ser un número, una cifra más.

He platicado con muchas personas y contado mil veces mi historia, pero hay nula empatía. Cuando hablo sobre mi secuestro, de repente, me sueltan preguntas en un tono tan natural, tan insensible, como si me estuvieran preguntando qué hice el fin de semana o sobre una anécdota más. No entienden el grado de intimidad y de dolor que conlleva contestar esas preguntas.

Platicar con alguien que vivió lo mismo que tú sirve muchísimo, ahí sí hay empatía. Sirve como terapia para los dos, ayuda a desahogarse y te hace sentir acompañado. Porque en este proceso pesa mucho el sentirte solo.

Nunca me pasó por la cabeza que me estaban secuestrando

Vi a mis secuestradores días antes de que me levantaran, estaba en un semáforo camino a mi casa, después de la escuela; de repente se paró a mi lado un coche lleno de nacos, gritándome vulgaridades y riéndose. Me acuerdo que me amargaron cañón el día porque eran cinco güeyes burlándose de mí. Después me cayó el veinte y pensé: "De seguro se estaban riendo porque sabían todo lo que me esperaba".

Estos tipos me venían siguiendo desde hacía tiempo, sabían cuáles eran mis horarios y las rutas que utilizaba. A lo mejor ése fue mi error: preferí irme por el camino corto y sin tráfico, el más solo, a soplarme el tráfico y la ruta más concurrida. Ya sabía que era peligroso. Unos años antes secuestraron a mi abuelo y él hacía lo mismo que yo: prefería irse por lugares solos y usaba siempre las mismas rutas. Pero poco a poco fui olvidando el tema, pensaba: "Eso le pasa a los demás, no a mí", por eso me descuidé, me confié.

Mi mejor amigo y yo siempre estábamos juntos, diario pasaba por él y nos íbamos en mi carro a la escuela. Al principio él era el objetivo, porque los secuestradores cometieron un error, pensaban que Robbie —mi amigo— era hijo del dueño de Alpura, y cuando nos vieron juntos dijeron: "Pues hay que hacer el paquete completo, nos llevamos a los dos".

Íbamos en la tercera sección de Chapultepec cuando se nos cerró una minivan. Frené en seco y vimos cómo se bajaron unos güeyes con gabardinas, pasamontañas y diferentes tipos de armas: uno salió con un hacha; otro con una metralleta; uno más con una pistola, y así salieron como cuatro. Nos echamos de reversa, pero ya había un coche tapándonos el paso, no podíamos escapar.

Llegaron dos de ellos, sacaron a Robbie del coche y lo aventaron por ahí. Mientras, otro tipo se metió y me aventó al asiento de atrás. Me cubrió con una chamarra, comenzó a insultarme y a gritarme: "¿Dónde está el chip del coche?" Le dije que no tenía chip, pero no me creía. Comenzó a golpearme hasta que, después de un rato, lo convencí de que neta no tenía chip la camioneta.

Arrancó el coche y en el camino me fue haciendo preguntas, insultándome y amenazándome, todo con el fin de distraerme y desorientarme un poco. El trayecto fue muy corto, 10 o 15 minutos. Nos llevaron a un lugar por el aeropuerto, era un salón de fiestas.

No sabía lo que estaba pasando. En un principio me dijeron que sólo iban por el coche, pero no le vi mucho sentido porque me llevaron con ellos. Además, no sabía nada de Robbie, estaba muy confundida. Lo que nunca me pasó por la cabeza era que me estaban secuestrando.

Entramos a un garage y pude sentir la oscuridad del lugar; era un lugar frío y amplio. Me bajaron del coche y me vendaron los ojos; de ahí en adelante estuve a ciegas por 12 días. Alcancé a escuchar que se estaban peleando, pensaba que la bronca era entre ellos, eso me puso muy nerviosa. Después supe que peleaban con Robbie.

Nos desvistieron para comprobar que no tuviéramos un chip; eso fue duro, como mujer me sentí muy expuesta y vulnerable, estaba desnuda, rodeada de hombres desconocidos, con los ojos vendados y golpeada, no sabía lo que me esperaba. Me dijeron: "No te vamos a hacer nada, quítate la ropa y métete a la tina", que era una especie de cubetita con agua. No sé qué efecto haga eso sobre el supuesto chip, pero bueno. Me quitaron también los aretes, un *piercing* que tenía en la lengua y mis lentes. Todo fue muy violento, creo que desde el principio querían dejar claro quién tenía el control.

Me dieron de vuelta mi ropa y empezaron a hacerme una serie de preguntas mientras me golpeaban muy fuerte. Me aventaron contra la pared y sentí como si se hubiera roto la nariz; creo que sólo se abrió la piel. Ese día, en la noche, me echaron un polvito mágico que calmó el dolor y sirvió para que no se infectara la herida. Me acuerdo que entró un tipo —yo no llevaba venda en los ojos, sólo tenía encima la chamarra— y comenzó a gritar: "¡No trae puesta la venda!" Le dije que no lo iba a ver, prometí cerrar los ojos muy fuerte.

Después nos ofrecieron algo de cenar; pedí una Coca nada más, no tenía hambre. Pero me insistieron: "Vas a estar aquí un buen rato, yo que tú pedía algo de comer". Eso fue un golpazo; pensé: "¡Madres! Esto no es sólo una pesadilla de una noche, va para largo".

Siempre buscaban la manera de jodernos con algo

Los días en cautiverio fueron una pesadilla, especialmente para mí. Hubo mucho abuso sexual, golpes y humillaciones. Una noche llegó el jefe de la banda, estaba pedo, drogado y quién sabe qué más; empezó a agarrarnos a trancazos. Robbie me platicó que este güey se paró encima de él, tenía su pie en la cabeza de mi amigo, y con el otro lo pateaba. A mí me agarró igual. Hasta que llegó el cuidador de guardia y dijo: "¿Qué pedo? ¿Qué te pasa güey?" Y se empezaron a pelear entre ellos.

Decidieron que nos iban a mover de lugar, en lo que se calmaban un poco las cosas. Nos metieron a la cajuela de un carro, pero resulta que se les perdieron las llaves y nos dejaron ahí encerrados. Robbie y yo estábamos muy espantados, sólo nos agarramos de las manos y esperamos a que todo pasara. Fue horrible, yo estaba hiperventilando por el espacio tan reducido en el que me encontraba, toda madreada por los golpes y temblando de miedo escuchando la pelea de afuera. Pensé que me iba a morir ahí. Al final lograron llevarse al cuate ése; encontraron las llaves y nos sacaron. Ya no nos cambiaron de lugar.

Estas situaciones eran recurrentes. También eran comunes las amenazas y las humillaciones. Había un tipo que llegaba y nos ponía la pistola en la espalda. Decía: "Si te portas mal te disparo aquí o aquí", y nos metía la pistola en la boca. Todo esto nada más por joder. Era curioso que este mismo tipo, cuando yo me ponía a llorar, me abrazaba y decía: "No pasa nada, ya falta poco, tranquila". Me dio un poco el síndrome de Estocolmo con este güey, porque cuando los agarraron y me pidieron identificar las voces, dudé en señalarlo a él. Ya después no lo podía creer, no entendía cómo podía tener empatía con un animal como él. Al final hice lo correcto y ahora todos ellos están en la cárcel, pero sí lo dudé.

Había otro que era más agresivo, un chavito. Cuando lo agarraron y lo vi, pensé: "No mames, qué bueno que no les vi la cara durante mi secuestro, porque hubiera estado el doble de espantada". Tenía unas facciones muy fuertes; a la fecha me acuerdo de él y siento mucho miedo.

Otro día, nos sentaron y dijeron: "Vamos a hacerles unas preguntas, pobres de ustedes si los cachamos mintiendo". En ese momento me emocioné, pensé que las negociaciones estaban avanzando y que era la prueba de vida. Pero estos tipos sacaron la revista *Chilango* y nos hicieron un *test* de "¿Qué tan naco eres?" Todo lo hacían por chingar, sólo se burlaban de nosotros.

En otra ocasión, el jefe de la banda se puso a platicar con nosotros; él era diferente a los demás, era un poquito más pensante y podía platicar de cosas más profundas. Robbie estaba emocionadísimo, pensó que era un *break* en la rutina y se puso a platicar mil cosas y a hacerle un montón de preguntas. Y mientras Robbie platicaba con él, a mí me estaba jodiendo. Como dije, el abuso sexual fue una constante en todo esto, pero, bueno, en esa situación no podía hacer nada, yo flojita y cooperando, porque si intentaba defenderme, me mataban. A lo mejor Robbie pensó que me hacía un favor platicando con él, que lo estaba distrayendo, y no lo culpo, tenía los ojos vendados y no podía ver lo que me estaban haciendo a mí mientras él se desahogaba platicando.

El día más perro fue cuando llegaron todos enojados, quién sabe por qué. Empezaron a violarme, uno tras otro. Fue espantoso, quería vomitar. Me dijeron: "Tu mamá no ha soltado nada y nosotros estamos aquí manteniéndote, así que tú nos vas a tener que pagar con otras cosas". Y al siguiente día, cuando llegó el jefe de la banda, le dije: "Tú me dijiste que si cooperaba y me portaba bien, no me iban a hacer nada. No estás cumpliendo tu palabra". Él me contestó: "Te juro, por la vida de mis hijos, que no te vuelvo a poner un dedo encima, ni yo ni nadie más". Días después fue el episodio éste, cuando Robbie estaba platique y platique con él, y le pregunté que qué onda, que dónde había quedado su promesa, a lo que me respondió: "Yo no te estoy haciendo nada a ti, tú eres la que me lo está haciendo a mí". Pinche gente mierda.

Todos tenían un estilo propio de chingar: por ejemplo, el más chavito llegaba y te hacía una pregunta, y cuando le contestabas, te pegaba. Yo, por instinto, me sobaba o trataba de esquivar el golpe, pero él me quitaba la mano y me volvía a pegar en el mismo lugar, después de cuatro o cinco golpes me quedaba un moretón enorme. De todas las marcas y los moretones me di cuenta hasta que llegué a mi casa, estaba toda madreada.

Cuando secuestraron a mi abuelo —yo tenía 13 años—, me dejaron escuchar todo: yo oí las grabaciones entre los secuestradores y los negociadores, por ejemplo. También estuve presente cuando mi abuelo regresó del secuestro. Es que mi abuelo era como mi papá, y mi mamá me dejó estar muy presente en todo el proceso. En su momento no lo entendía, pero si no fuera por eso, yo no hubiera sabido cómo manejar mi situación. Eso me sacó viva de ahí, estoy segura.

Ayudaba a las negociaciones desde adentro, ayudaba a mi mamá, a Robbie y a mí. Sabía que mi mamá tenía todo un equipo de personas afuera apoyándola y no me asustaba lo que me decían estos güeyes: "Si tu mamá le habla a la policía te vas a morir", porque de antemano sabía que ella iba a tener a Comité Central y a la PGR ahí metidos, que le iban a ayudar a negociar. Sabía también que esto no se iba a terminar rápido, mínimo iba a durar una o dos semanas, porque si mi mamá soltaba el dinero al otro día, iban a pedir el doble. ¿Me explico? Así que me resigné un poco. Me puse un límite: si mi abuelo aguantó 17 días, yo iba a aguantar 17 días también; me prometí portarme bien y aguantar ese infierno al menos por esos días. Al mismo tiempo, les hacía la llorona con lo que le pedían a mi mamá, les decía que ella no tenía dinero, que era madre soltera de tres hijos, que todos teníamos beca en la escuela, la casa era herencia de mi abuelo, en fin, que no teníamos lana. Y todo era verdad, nada más que yo le exageraba mucho.

Mi caso fue particular porque nos secuestraron a mi amigo y a mí juntos. Desde el principio nos dijeron que las negociaciones iban a ser separadas. Así que cada quien tenía que hacer su lucha individual, porque el que pagara primero se iba. Y el que se quedara, valía madre.

A final de cuentas no pasó así, porque al cuarto o quinto día, el secuestrador no logró hacer *click* con el papá de Robbie y lo mandó a volar. Le dijo: "Ya no voy a hablar contigo, voy a dirigirme a Patricia y con ella voy a mantener el contacto. Punto". Así que mi mamá tuvo que negociar por los dos. De todo esto me enteré después, porque cuando estuve secuestrada pensé que se manejaba individual. Eso me aterraba, pensaba: "¡Puta, si se llevan a Robbie, me muero! Si me dejan sola, ¡me mato!"

En el cuarto donde nos tenían había un estéreo prendido todo el día, por eso sabíamos la hora, la escuchábamos en el radio. No me acuerdo exactamente de la estación, a lo mejor era 95.3 FM, porque pasaban muchas canciones de amor. Y bueno, dependía también de quién estaba a cargo, porque recuerdo escuchar mucho la de "Mesa que más aplauda". Esa canción me traumó, si la escucho ahorita me pongo muy mal. Porque cuando estaban pedos, estos cabrones nos ponían a bailar con ellos. Imagínate, bailábamos con los ojos vendados y muertos de miedo, éramos sus títeres. También me acuerdo que ponían mucho la de "Miedo", de Pepe Aguilar, y si escuchas la letra, ¡puta!, es lo último que quieres oír estando ahí. Todo el tiempo manejaban la humillación, fue un completo infierno.

Nos tenían con el radio prendido todo el tiempo y con los ojos vendados. Y a las 8 de la noche, más o menos, cuando todos se iban y se quedaba nada más el que estaba de guardia, nos ponían esposas y nos amarraban los pies.

Aunque había una litera, Robbie dormía en el suelo y a mí me bajaron un colchón porque, de puro churro, ese día tenía una faja en el coche y les dije que era porque sufría problemas de espalda, por eso me dieron el colchón.

La complicidad que teníamos Robbie y yo nos ayudó a salir adelante, y eso que no nos dejaban hablar, teníamos prohibido comunicarnos entre nosotros, si lo hacíamos nos madreaban. Fue hasta una semana después que nos atrevimos a decirnos: "Buenas noches", y eso fue una luz en nuestras vidas, escuchar nuestras voces nos dio fuerzas para salir adelante. Al grado que en mi *senior page* puse esas dos palabras. Significaron mucho en un momento tan vulnerable.

Nos tenían en un salón de fiestas donde había varios cuartitos. En uno de esos estaban los "cuidadores". Siempre había dos o tres güeyes echando chela o viendo partidos de fut. Nosotros estábamos en el cuarto de al lado. No nos permitían movernos, siempre estábamos sentados en el piso con los ojos vendados; eso a la larga está cañón, te friega mucho la vista y los músculos.

Entraban de repente a limpiar o a darnos de comer, pero siempre con la intención de joder. Nos daban de comer nada más dos veces al día; a veces nos hacían preguntas como: "¿Comes chile?", y si les decíamos que no, nos ponían extra de picante, o sea, siempre buscaban la manera de jodernos con algo.

Sufrí mucho por el tema del baño. No hice del baño en esos 12 días, sólo hacía pipí; me daba muchísima pena pensar en ir al baño enfrente de otras personas. Además, me hacía sentir en una situación vulnerable. Mejor me aguanté.

A pesar de todo, empecé a encontrar formas de comunicarme con mi familia, de hacerles saber que estaba viva. Por ejemplo, les insistía mucho a los secuestradores que me dieran Froot Loops y ellos le mentaban la madre a mi mamá por los chingados Froot Loops; ella no me dejaba comer eso en la casa y fue una especie de clave entre nosotras.

Mi familia también sufrió mucho. Le he preguntado a mi mamá acerca de esos días, pero no quiere decirme nada. Ni siquiera cuánto pagó por mí. No quiere monetizarme, no quiere hacerme sentir como un objeto que podían comprar. Pero así fue, de repente esos terribles 12 días que viví tenían una cifra. Estos güeyes le ponen precio a tu vida.

Ve pensando qué dedo quieres que te cortemos

A lo largo del secuestro, hicieron varias pruebas de vida. Ahora sólo puedo recordar la última. Me preguntaron qué canción le tocaba a mi mamá en el arpa. Después de eso, dejé de tocar el arpa, me recordaba el secuestro, qué coraje. Me robaron muchas cosas de mi vida que amaba.

El día que nos iban a soltar, nos dieron a escoger entre jochos y hamburguesas, para celebrar. Yo escogí jocho; Robbie, hamburguesa. Después nos quitaron la venda y nos hicieron caminar alrededor del cuarto, como para despertar los músculos, obvio con una chamarra encima tapándonos, para que no los viéramos. Nos pusimos a estirar los músculos y poco a poco nos fuimos acostumbrando a la luz.

Pero pasó algo: estos cuates citaron a la persona que entregó el dinero afuera de un antro, el Club del Sur, un viernes en la noche. Obviamente estaba lleno de patrullas. ¡Era un antro en viernes por la noche! Además, los estúpidos decidieron fumarse un porro en lo que llegaba este cuate —el que iba a entregar el dinero—, y los paró la policía; creo que hasta se llevaron a un par por estar fumando mota en la vía pública. Entonces le marcaron a mi mamá: "Hija de la chingada, nos mandaste a la policía. No vuelves a ver a tus hijos", y le colgaron. Llegaron con nosotros, furiosos: "Tu mamá la cagó, le habló a la policía. Así que ve pensando qué dedo quieres que te cortemos". Y salieron. Después, entre ellos, se calmaron y volvieron a entrar pidiéndonos perdón. Nos dijeron que esa noche no nos íbamos a ir; a lo mejor lo intentaban mañana. Nos pusieron las vendas de nuevo y a dormir.

Al siguiente día, en la madrugada, volvieron a hacer el intento, y esta vez sí pudieron cobrar el rescate. Cuando ya tenían el dinero, le hablaron a mi mamá y le dijeron: "Por cuestiones de logística, vamos a soltarlos hasta la noche". Ése fue el día más largo de nuestras vidas.

Nosotros no teníamos tanta información, pero ya sospechábamos que estábamos por salir. Y, en efecto, en la noche nos metieron en la cajuela de una camioneta y nos aventaron abajo de un puente peatonal, por Patriotismo, donde está Puente de La Morena. Nos sentaron en la banqueta y nos dijeron que contáramos hasta el 100, que estaban observando desde lejos y nos tenían apuntando con un arma; cualquier pendejada que hiciéramos, nos disparaban. Nos dieron también una tarjeta de teléfono para que le habláramos a nuestros papás.

Esa cuenta regresiva fue interminable. No sabíamos si estos güeyes jugaban con nosotros o si decían la verdad. Sentíamos que en cualquier momento nos iban a dar un balazo. Fueron momentos de mucho estrés y miedo. Cuando terminamos de contar, abrimos los ojos y nos dimos cuenta que estábamos en una avenida muy grande, teníamos que cruzarla para llegar a una gasolinería y de ahí hablarles a nuestros papás. Eso fue dificilísimo porque era una avenida de cuatro carriles, vía rápida, y nosotros teníamos que calcular cuándo cruzar para que no nos atropellaran. Además, estábamos jodidos de los ojos, con los músculos adormecidos y muy desorientados. Fue una odisea.

Como pudimos, llegamos a la gasolinería. En eso se nos acercó un coche para preguntarnos si estábamos bien, pero como no sabíamos si eran ellos [los secuestradores] o no, mejor dijimos que sí y nos echamos a correr a un Toks que vimos. Hablamos a mi casa y no estaba mi mamá, contestó mi tía y le pasó el recado de dónde estábamos. Todavía pasamos al baño y nos pedimos un té —que ni nos tomamos— y como a los 20 minutos llegaron por nosotros mi mamá, mi hermana, mi tío y el papá de Robbie.

A la primera que vi fue a mi hermana; ella me preguntó si me habían hecho algo. Creo que en 15 segundos le resumí la pesadilla que viví y eso la destrozó. Estuvo dos semanas encerrada, superdeprimida, no pudo con todo lo que le dije.

Que se los chinguen a todos

Cuando llegamos a mi casa, había toda una celebración. Mi mamá es muy detallista y siempre busca sacar el lado positivo de las cosas. Puso una lona enorme que decía: "Bienvenidos Helen y Robbie". Adornaron el jardín muy bonito con velas y estaban los de la PGR y Comité Central, unas tías, mis papás y hermanos. Robbie no entró a mi casa, él se fue directo a la suya.

Después me metí a bañar —mi hermana me tuvo que ayudar porque yo no me podía sostener en pie— y entró una tía al baño; cuando me vio toda golpeada empezó a preguntar: "¿Qué te pasó aquí? ¿Qué te hicieron en la pierna?" Recuerdo que en ese momento pensé: "¿Cómo puede la gente ser tan pendeja? ¿No te das cuenta de entrada? ¿Qué haces viéndome bañarme? ¿Por qué me preguntas eso? ¿Qué te pasa?" Me sacó mucho de onda su actitud.

Mi mamá, mientras, estaba despidiendo a toda la gente de la casa. Me hizo hablar con una persona —supongo que era de la policía— y después me llevaron al doctor. Ella prácticamente arregló todo. Yo confío mucho en mi mamá, si ella me pone en una situación, sé que nunca va a ser para mal. Así que me dejé llevar por ella, lo que me decía que hiciera, lo hacía y ya. Además, ya sabía cómo eran las cosas después del secuestro, por la onda de mi abuelo. Y, a pesar de haberlo vivido antes, me sacó mucho de onda ver a toda esa gente en mi casa al llegar, sentía que había un mundo de personas. Pero respetaron mucho mi tiempo, me dejaron bañar tranquila, pude comer algo y después hablé con quien mi mamá me indicó.

De ahí en adelante, todo fue un huracán; me hicieron muchísimas preguntas. Afortunadamente, pude levantar una denuncia desde mi casa y seguir todo el proceso sin tanta dificultad. Porque estas personas [los secuestradores] sí me estuvieron siguiendo por un tiempo, estaban al pendiente de que no los fuera a denunciar con las autoridades.

La policía ya tenía medio ubicada a la banda de secuestradores porque tenían muchos casos previos, sólo necesitaban terminar de armar el rompecabezas. Un día, ellos [los secuestradores] la regaron con una de las llamadas, porque usaron la misma tarjeta de teléfono y la policía pudo rastrear el chip. Eso los llevó con un chavito, creo que tenía síndrome de Down, que los ayudaba a limpiar los coches o algo así, tenía un rol no muy importante, pero a través de él pudieron agarrar a los demás. Aprehendieron a 11 de 14 sujetos, a los meros meros.

El que decidía a quién iban a secuestrar vivía en Tecamachalco, muy cerca de mi casa, era una persona de mucho dinero, trabajaba en una agencia de Audi y era dueño de varios coches de carreras.

El jefe de la banda era una persona bastante educada intelectualmente, pero de clase social baja.

Cuando los agarraron, me hicieron reconocer sus voces mediante una grabación que mandaron a mi casa. Ahí reconocí a cuatro de ellos: el que me pegaba una y otra vez en el mismo lugar hasta que no me sobara; el jefe de la banda, quien me amenazaba con la pistola en la boca, y otros dos que supuse eran del montón que iba y venía siempre.

Mi declaración, en un primer momento, se basó en el reconocimiento de la voz, pero me dijeron que no era válido si yo no iba a reconocerlos en persona, lo cual me pareció una estupidez porque nunca les vi la cara. Pero dije: "Si eso hace la diferencia entre que los agarren y no, pues voy a ir. Que se los chinguen a todos".

Fue muy difícil encarar a los secuestradores, y eso que buscamos la manera de hacerlo sin que ellos me pudieran ver, en una cámara Gesell. Los hicieron hablar para que yo pudiera cuadrar su imagen con su voz: efectivamente, eran ellos.

Pasaron semanas para que hubiera avances en la investigación. Fue duro, porque de repente yo ya estaba sanando ciertas heridas gracias a la terapia, cuando empezaron los juicios. Eso fue una cosa brutal. Me acuerdo que, en uno de los juicios, pasó a testificar la mamá de una de las víctimas que mataron y las preguntas que le hacían eran desconcertantes. Le preguntaban: "¿Cómo estás tan segura de que es tu hijo?" Y sacaban unas fotos horribles de un cadáver, que le aventaban diciendo: "Esto ni cara tiene, parece que lo despedazaron los perros".

Cuando mi mamá vio eso dijo: "No, no te van a tratar así. Aquí te sales". Y ya no seguí con mi proceso. Pero de igual manera fue muy feo porque no podía contestar el teléfono ni el timbre. Teníamos que decir que yo ya no vivía en el país y evitar salir en público; me estaban buscando para que terminara de testificar, si no lo hacía, lo tomaban como testificación falsa y, por ende, podía ir a la cárcel. Entonces resulta que la mala era yo, la que tenía que esconderse de las autoridades porque era un crimen haber denunciado a esos hijos de la chingada.

Lamentablemente mi relación con Robbie terminó, él no quiso saber nada de mí. Lo invité varias veces a tomar un café, pero siempre tenía un pretexto. No lo volví a ver, nunca pudimos hablar de lo que pasó. Y lo entiendo, pero para mí hubiera sido más fácil, en mi proceso de sanación, tenerlo a mi lado, porque no hay persona que me entienda mejor que él.

Un proceso muy largo y doloroso

Por más que lo pienso, no entiendo la poca empatía de la gente. Cuando me llevaron al doctor —mi mamá, mi hermana y mi tío—, empezó un tipo de secuestro diferente, porque la gente es increíblemente insensible.

Nos fuimos en el coche del novio de mi mamá, eso fue un factor en contra, porque mi tío no conocía el coche. Saliendo del doctor, en vez de picarle el botón para poner los seguros, mi tío le picó al botón de la cajuela. Su primer instinto, en vez de cerrar la pinche cajuela, fue decirme: "Pa' que no extrañes". *Are you kidding me?* Hace apenas cinco horas salí de una cajuela donde me tuvieron secuestrada, ¿y ya te estás echando estos chascarrillos? No mames.

Cuando regresé a la escuela —que nada más fui por mis cosas y por algunos trabajos, porque el año ya había acabado— me encontré en el pasillo a una niña con la que ni me llevaba, es más, ni nos caíamos bien. Se me acercó: "Ay, Helen, ¿cómo estás?" Al principio pensé que era en buena onda, hasta me dio gusto, pero después me preguntó: "Oye, ¿te violaron?" Y bueno, ¿qué contestas a eso?

No me atrevo a decir que la parte postsecuestro es peor que el secuestro en sí, pero sí puedo decir que también es algo durísimo, porque ésa es para siempre. Vives marcada. Me acuerdo que, mínimo por un año, estuve escuchando este tipo de comentarios tan insensibles por parte de familiares y amigos.

La gente no sabe cómo interactuar con alguien que ha vivido algo traumático. No saben cómo acompañarte ni escuchar. Nada más sueltan comentarios imprudentes, molestos e hirientes, y es muy difícil porque si dices algo, la gente se ofende.

Nosotros estuvimos entrevistando a varias terapeutas para saber quién me podía ayudar en el proceso de recuperación, porque es una situación muy delicada, si no la manejas bien, te puede afectar cañón. Entonces te haces la pregunta: "¿En quién vas a confiar para que te saque adelante… o para que te termine de enterrar?" Total, fuimos con una señora que nos recomendaron mucho. Ella utilizaba una terapia muy agresiva, la del movimiento ocular, que básicamente es: si tú mueves los ojos de un lado a otro mientras estás hablando de un evento traumático, estimulas los dos hemisferios del cerebro y es una manera más rápida de *overcome*. Tiene su ciencia, y suena lógico, pero para mí resultaba demasiado agresivo.

Empezó preguntándome mi árbol genealógico y conforme le iba diciendo, ella fue relacionándolo con otras cosas que ni al caso. Me decía: "Ah, entonces tú eres la sobrina de tal y tal. La nieta de equis". ¿Sabes? Fue chismerío más que terapia. Mi mamá ya estaba incómoda, pero yo trataba de sacar lo bueno de la situación. Pensaba: "Ella es la experta, hay que seguir las indicaciones". Así fuimos "avanzando" hasta que me pidió que le contara cómo había sido el secuestro, desde que me levantaron, cómo me habían quitado la ropa y cómo me golpeaban. En un punto me dijo: "A ver, necesito que seas muy exacta. Me sirve que cuentes si te pusieron la pistola en la boca o te tocaron la vagina, cosas de ésas". En ese momento, dije: "*What?*" No podía creer la insensibilidad tremenda de la supuesta terapeuta. ¿Qué pedo? Obvio no regresamos.

Afortunadamente encontré a una terapeuta que me ayudó mucho, fue muy sensible y solidaria. Con ella trabajé el poner límites a toda esta gente que hace preguntas estúpidas, a no permitir que me dañen más. A quererme y complacerme primero antes que a los demás. A decir "no". Ahora soy una experta en eso, hasta de más; pocas veces digo que "sí" a algo o soy flexible en cuanto a mi postura.

Por ejemplo, me di cuenta que, cuando me lavaba las manos, tenía una sensación de molestia, como de asco; es que el jabón líquido tiene la textura muy parecida a la del semen, y yo tenía recuerdos inconscientes horribles relacionados con esa textura.

Así que, en lugar de esperarme a mi casa para lavarme las manos, o aguantarme y sentir de nuevo esa molestia, la terapeuta me recomendó rallar jabón de barra y llevarlo conmigo, por si lo necesitaba. Eso me ayudó mucho. Con el paso del tiempo fui superando poco a poco estas asociaciones sensoriales horribles, pero si no fuera por ella, no sé qué hubiera pasado.

Es un proceso muy largo y doloroso. No sólo el ser sobreviviente de un secuestro, también serlo de una violación. Es doblemente horrible, y eso a veces la gente no lo entiende. Por ejemplo, yo tenía un novio, y al principio se portó muy sensible y lo que quieras, pero a final de cuentas me terminó porque "no estaba cómodo con mi orientación sexual". Él pensaba que me daban asco los hombres y que era lesbiana. No le cabía en la cabeza cómo a mí no me gustaban ciertas cosas que eran normales para otras. Y no lo culpo, era un *puberto* de 17 años que no entendía lo que me había pasado, no sabía lo que era vivir una violación.

Cuando era chiquita, mi mamá usaba mucho la frase: "No hagas eso porque Dios te va a castigar". La usaba para cualquier tontería, pero yo, de una forma u otra, crecí con la idea de que si te portas bien te va a ir bien, y si te portas mal, te va a ir mal. Así de fácil. Entonces me preguntaba: "Si yo me porté bien toda la vida, ¿por qué chingados Dios me castigó con esta experiencia tan asquerosa?" De por sí no creía mucho en Dios, y ese Dios que medio se estaba asomando por ahí me mandó este castigo, pues a la chingada, menos voy a creer en él.

El tema religioso me causa mucho conflicto ahora que soy mamá porque tengo que fingir ante ellos que sí hay un Dios y que creo en él. No quiero que mis hijos crezcan sin fe, porque siempre es bueno creer en algo, eso te ayuda en los momentos difíciles. Por el momento estoy tratando de llevar las tradiciones de una casa judía, siento que el judaísmo puede ser tanto una cultura como una religión. Yo siento ese apego cultural, el religioso no.

A veces me preguntan: "¿Cuándo empezaste con la escultura?" Y les digo la verdad, que todo empezó a raíz de mi secuestro, mi cuerpo necesitaba sacar todo lo que me carcomía por dentro, así empecé a pintar y a esculpir. Y eso, sin darme cuenta, me sirvió como terapia.

Al principio vendía una o dos obras, nunca me imaginé que iba a vivir del arte. Fue algo bueno que saqué de esa horrible situación. Porque ya tenía ciertas inquietudes, me metí a un curso de *Ivy Art* que duró dos años, y en los requisitos para el examen final pedían 12 obras propias. Ya habían pasado casi los dos años y yo no tenía nada, tenía dos réplicas de Picasso y hasta ahí. Me encantaba, pero no tenía ese *push* para crear algo propio, no tenía la imaginación ni las ideas.

Cuando regresé [del secuestro] empecé a hacer cosas: ni siquiera estaba en la escuela, todo fue pura intuición, y para el siguiente año escolar, donde tenía que decidir entre pasarme a la parte teórica o práctica, ya tenía 23 piezas propias, todo lo que fui trabajando sin descanso en el verano estaba relacionado al secuestro, me sirvió porque empecé a crear *from the scratch.*

Encerrada nunca vi a mis secuestradores, pero de lo poco que toqué y escuché, me fui creando una imagen que resultó en la escultura de un busto, y cuando lo agarraron [al jefe de la banda], resultó que era igualito a él. Cuando el asqueroso me tocaba y me hacía tocarlo, pude sentir su cuerpo gordo y grasoso, su cabeza era redonda y con mucha papada y cachete, tenía el cabello medio rapadito y los ojos chiquitos; fue muy fuerte.

Hice un autorretrato, me envolví en vendas de yeso y saqué un busto; lo pinté de color carne, lo vestí con una playera rota y sucia, le puse una peluca y una venda: ésa era yo, así me sentía, como un ser vacío y maltratado. También hice un arpa, el símbolo de la prueba de vida. Pinté otro cuadro lleno de ojos medio abstractos, encimados y con un fondo rojo: el mal de ojo. Así me fui quitando poco a poco un peso de encima; crear me ayudaba, de forma inconsciente, a soltar todo lo que traía atorado.

Cuando se cumplió un año de mi liberación, mi mamá hizo una comida de agradecimiento a todas las personas que me habían ayudado, durante y después del secuestro. Les hice unas manitas llamadas *Una mano de ayuda* —que a la fecha han sido mi *hit* de piezas, he vendido como 2 mil—: eran cinco modelos diferentes y se las dimos a todas las personas que fueron a la comida, eran como 100. Ese mismo día quemé todas las piezas anteriores que había hecho, fue una manera de cerrar ese ciclo.

Quemé todas menos una: *Tristeza*. Es un busto con la cabeza hacia abajo y sin brazos. Cada vez se me abren nuevas oportunidades y nuevos espacios para presentar mi arte, está increíble. Adoro lo que hago y me sirve como terapia; es lo único que agradezco de haber vivido esa experiencia tan horrible, me conectó con el arte y eso me encanta.

El secuestro fue lo peor y lo mejor que me ha pasado en la vida: Dana

Cuando tenía 17 años me secuestraron. Me tuvieron encerrada casi por 35 días. Esa experiencia cambió mi vida.

Desde chica me ha gustado mucho conocer gente, era muy sociable. Desde primaria me involucré en todos los intercambios que pude; recibía en mi casa a gente de todo el mundo. Y cuando me secuestraron tenía hospedada a una amiga de Praga. Nos levantaron a ambas.

Todo pasó en la mañana, eran como las 6:30, iba con Mia —la chica que se hospedaba en mi casa— en mi coche; nos dirigíamos a casa de otro amigo. No pudimos llegar. Justo unas calles antes, en un semáforo, nos interceptaron. De ahí en adelante todo fue una pesadilla.

Eran cuatro tipos cubiertos con pasamontañas, se metieron al carro y nos aventaron al asiento de atrás. Se sentaron con nosotras, uno en cada lado y otros dos enfrente; en ese entonces yo tenía un coche chiquito, no sé cómo cupimos todos. Además, Mia, mi amiga, es altísima, mide casi dos metros.

Arrancaron el coche, estaba nerviosa, mis manos temblaban y no sabía lo que pasaba, nos gritaban que viéramos hacia el piso y que no alzáramos la cabeza, la intimidación estaba muy dura. Nos envolvieron en cobijas y dijeron las temidas palabras: "Esto es un secuestro", mientras nos aventaban a la cajuela.

A pesar de eso, me tranquilicé, estaba de moda el secuestro exprés, así que pensé: "Bueno, ni modo". Tengo el carácter fuerte, eso me ayudó; además, nunca me cayó el veinte de lo que estaba pasando. Mia tampoco estaba asustada, creo que no sabía a qué se enfrentaba, para ella era una experiencia de adrenalina, de ficción. No tenía idea del infierno en el que se podía convertir.

La primera llamada que hice fue a mi papá; le dije: "Estoy secuestrada, necesito tu ayuda". Él lo tomó con mucha calma también —somos de carácter fuerte en la familia—, me preguntó si estaba bien, me dijo que no me preocupara y que todo iba a salir bien. Después supe que, en ese momento, mi papá le habló a un empresario muy importante amigo suyo, quien le ayudó a buscar un negociador que llevara mi caso desde el día uno, eso ayudó muchísimo.

El negociador era un chavito de 28 años, tenía experiencia en Londres y se dedicó de lleno al caso; llegaba a las seis de la mañana y se iba a las tres de la mañana del día siguiente. Fue algo increíble lo que hizo por nosotros.

Después de la llamada, nos llevaron a un cuarto de servicio donde nos aventaron. El trayecto lo sentí eterno, estaba lleno de baches y me golpeaba a cada rato con la puerta de la cajuela. No podía ver nada y poco a poco me sofocaba con las cobijas con las que estaba envuelta.

El cuarto era de buen tamaño, tenía un catre, una televisión y varias bocinas. Además, contaba con su propio baño, igual estaba muy amplio.

Cuando llegamos, la televisión y el radio estaban prendidos, al mismo tiempo y a todo volumen, así las dejaron durante casi todo el secuestro. Eso fue lo que más me jodió, el ruido me aturdía, no podía prestar atención a ninguna de las dos cosas, me causaba confusión. Poco a poco fui agarrando la onda, pero mientras tanto, estuvo muy rudo. Te jode el oído, la cabeza y los nervios, es un juego psicológico inhumano.

Total, nos dejaron en ese cuarto por horas. Yo me sentía muy cansada y mareada, tal vez me desmayé y luego me quedé dormida; fue el estrés y los nervios los que hicieron que tal vez se me bajara la presión. Cuando desperté, vi que Mia estaba comiendo fruta; le pregunté si estaba bien y ella me contestó muy tranquila: "Todo bien, no te preocupes". En eso tocaron la puerta. Mia me dijo que debía taparme la cara con una almohada o con algo que no me dejara ver, teníamos que agacharnos y no hacer ruido. Ésas fueron las indicaciones que le dieron al llegar, mientras yo estaba dormida.

Cuando entraron, me dijeron: "Las vamos a separar. Tú, Dana, vete al baño, quítate la ropa y ponte esta pijama. Y tú, Mia, ven conmigo". Yo dije: "¡¿Qué?!", con una cara de espanto horrible. Me contestaron: "Sí, despídete de Mia, ella se va y tú te quedas aquí". Y efectivamente, ese día la soltaron. Creo que pensaron que sería un *show* meterse con la embajada y demás. La aventaron por mi casa y la pobre estuvo perdida como siete horas hasta que mi familia la encontró, porque los secuestradores les hablaron a mis papás para avisarles que habían soltado a Mia cerca de nuestra casa.

En cierto modo quedé aliviada cuando la soltaron, porque Mia es una chica muy guapa, tenía miedo que le hicieran algo, que la violaran. Y al mismo tiempo, estaba enojada porque Mia hubiera reaccionado así, tan a la ligera. Porque en México, si te secuestran ya te chingaste, y más como mujer, aquí te violan, te pegan, te matan… Así que, cuando se fue, quedé más tranquila.

Al día siguiente fue el desmadre completo, desde la madrugada empezaron a tocar la puerta muy fuerte, entraron cuatro o cinco personas, muy violentos, cortaban cartucho al lado de mí para asustarme. Yo estaba sola, agachada y con las sábanas cubriendo mi cara. Me dijeron: "Esto se va a poner rudo, Dana, por favor dinos todo lo que te vayamos a preguntar y no hagas pendejadas. Siento mucho que estés aquí, nosotros no íbamos por ti, íbamos por tu primo, pero días antes se nos escapó, y tú eras la opción B, así que ni modo, te chingaste".

Siento que ellos no tenían mucha información sobre mi familia directa, sí estaban al tanto de mi familia paterna; de hecho, me dijeron muchísimas cosas sobre mi abuela que ni mi familia ni yo sabíamos, siento que iban más por su lana. Ella tiene varias propiedades en el centro de la ciudad.

Después me regresaron mi celular, el cual me habían quitado cuando me levantaron, y empezaron a revisar todas las fotos y los mensajes. Me preguntaban cosas como: "¿Quién es éste? ¿Por qué te manda mensajes?" Ahí fui soltando información sin relevancia acerca de mi familia y amigos.

Bueno, me secuestraron un viernes; el sábado fue todo ese desmadre psicológico; el domingo y lunes no hubo movimiento realmente. Pero el martes irrumpieron en el cuarto gritando: "Ya valiste madre". Me envolvieron de nuevo en las sábanas y me metieron en la cajuela de una camioneta. Yo estaba muy sacada de onda, tenía miedo e incertidumbre. Para ese momento las amenazas ya eran constantes, me tenían intimidada y encajuelada, fue horrible.

Después de dos horas de trayecto, llegamos a un cerro —bueno, yo me imaginaba que eso era, porque sentí cómo subíamos y pasábamos por terrenos con muchos topes y grava— y me dieron el celular y una carta: "Le vas a hablar a tu abuela y le vas a decir esto". Me acuerdo que le hablaba y le decía: "Abuela, estoy bien, te quiero, no te preocupes", y en ese momento colgaban y empezaban a golpearme con las pistolas: "No tienes que decir eso, lee lo que escribimos y ya".

Fue hasta la quinta llamada, cuando ya estaba totalmente madreada y con lágrimas en los ojos, que les hice caso y leí la carta tal cual estaba: "Abuela, yo sé lo que tú tienes, la neta me tienen aquí por tu lana, eres la única que puede ayudarme. Si tú no haces algo, me matan". O sea, ¡le echaban la culpa a mi abuela de todo lo que estaba pasando! Ésa fue la única vez que tuve contacto con mi familia, y todo lo que le dije fueron mentiras. La culpé por algo que no estaba en sus manos, cuando ella siempre fue la mujer más fuerte y trabajadora que conozco, eso me rompió el corazón.

Siempre sentí la necesidad de hacerle saber a mi familia que estaba bien. Las dos primeras semanas de cautiverio, los secuestradores querían meterme mierda en la cabeza, hablaban muy mal de mi familia; me acuerdo que me dijeron: "Tu hermano A anda paseando con su novia S en Plaza Loreto y tu papá ahorita está en junta con el Consejo, les vale madre lo que te pase, ellos siguen haciendo su vida como si nada". Eso nunca lo creí, en mi familia somos muéganos, estamos muy apegados unos con otros, ellos me enseñaron que la familia es primero. Y más mi abuela, ella era lo máximo para mí, era una persona grande, yo la veía superviejita. Por eso, cuando leí la carta, pensé: "No puedo hacer eso, no le puedo mentir así a mi abuela". Gracias a Dios ella lo entendió todo, sólo repetía: "Te amo, te amo, te amo".

Siempre tuve miedo de que me violaran

De ahí, me llevaron a la casa de seguridad. El cuarto donde estaba tenía la tele prendida todo el tiempo. Me tenían bien alimentada, de desayunar me daban cereal o huevos, y los fines de semana, pizza. Incluso había un cuate que me preguntaba: "¿Qué cereal te gusta? ¿Qué quieres de comer?", y lo que pedía, me daba. Fue con él con quien tuve más interacción.

Cuando llegaba el patrón, el ambiente se ponía más tenso, su presencia imponía. Además, él, físicamente, se hacía notar: era un güey muy alto, con unas manos gigantes, se sentía pesado pues. Él se sentaba a hablar conmigo y me preguntaba sobre mi familia, sobre asuntos personales. Nunca dije nada; entre que de verdad no sabía la respuesta y que me hice la mensa, nunca traicioné a mi familia. Siempre tuve muy claro quién era y los valores que me habían inculcado; no le iba a hacer chingaderas a mi familia. Por más que me golpeaban y amenazaban, yo no hablaba, me mantuve muy firme con eso.

No sé de dónde saqué la fuerza en esos momentos, no sé de dónde salió esa Dana tan calmada y controlada, porque era una situación muy fuerte. Podían haberme matado en ese momento y fin. Pero aguanté mucho.

Claro, eso fue al principio. Después de tres o cuatro semanas empecé a romperme; me envenenaron tan cañón la cabeza que de verdad dudé de mi familia. Fueron bombardeando mi mente con pendejadas como: "Tu familia no te quiere, no vales nada para ellos. No quieren soltar el dinero porque quieren que te matemos".

Escribí un block entero despidiéndome de mis seres queridos —que nunca me regresaron, eso me dio mucho coraje—, y a la tercera semana me hicieron escribir una carta para mis papás. Eso fue horrible, porque mi cabeza ya estaba muy contaminada, así que 70% eran mis palabras, y 30% eran cosas que ellos me fueron metiendo.

Por ejemplo, el patrón me decía cosas como: "Ve diciéndoles a tus papás que ojalá el dinero que se quieren ahorrar ahorita para soltarte lo usen para tu funeral, porque no vas a salir viva". Y fue justo lo que yo escribí en esa carta que les enviaron. Ellos supieron cómo apropiarse de mi mente, se metieron hasta el fondo de mi cabeza. Fue ojetísimo.

Todo eso me transformó. Cuando volteo al pasado y veo a esa Dana, no la reconozco: sólo puedo ver a una persona muy enojada con la vida. Veo a una Dana emputada con su manera de vivir, con las relaciones que tenía y las decisiones que tomaba. Estaba enojada y eso me carcomía por dentro.

Y supongo que también fue muy cañón para mis papás leer lo que les había escrito esa Dana. Y además les mandaron mi ropa toda ensangrentada y llena de lodo, MAL.

Durante todo el cautiverio estuve sola en el cuarto; los cuidadores entraban a darme de comer y se iban, no me explicaron más, no me pusieron más reglas. O sea, siempre había dos personas cuidando afuera de donde yo estaba, pero nunca interactuaban conmigo.

Recuerdo que me bajó la regla cuando estaba ahí encerrada, y ni modo, tuve que pedir toallas, jabón, etcétera. No me pusieron ningún "pero", me llevaron las toallas, jabón y shampoo. Pero casi no los usé, sólo me bañé dos veces en todo ese tiempo; me daba pavor bañarme. Aunque tenía el cuarto para mí sola, y el baño tenía seguro, me daba pánico. Siempre tuve miedo de que me violaran.

Cuando el patrón hablaba conmigo, se acercaba demasiado; la pijama que tenía puesta estaba muy ligera y me sentía casi desnuda. Además, él me tocaba mucho, de repente me agarraba la pierna, me rozaba el hombro o me acariciaba la cara, y poco a poco iba bajando hacia el pecho. Por eso tengo sus manos muy grabadas, es algo que no he podido olvidar, me daba mucho asco.

Él lo hacía dizque para hacerse el bonachón. Como si fuera mi papá, me decía: "No te preocupes, hijita, todo va a salir bien. Si ellos no pagan, yo te voy a sacar de aquí". Mientras me tocaba y se frotaba contra mí. Eso me daba más miedo todavía.

En una ocasión algo pasó entre ellos; escuché cómo se estaban peleando y de repente se fue la luz. Tengo muy marcado el nombre de "Osvaldo"; lo repetían varias veces: "No mames, Osvaldo. Te pasas de verga, Osvaldo". Después supe que hubo un güey que quiso jugarles chueco y les habló a mis papás para decir que él sabía dónde me tenían secuestrada, que le dieran el dinero a él y me soltaba. No sé si fue el tal Osvaldo… a lo mejor sí.

De un día para otro mi alimentación cambió: me daban de comer sólo una vez al día, y cosas mínimas, casi siempre una torta de huevo. Así que pensé: "Bueno, aquí sólo hay dos opciones, o esto ya se va a acabar y me van a soltar, o va a valer madre y me van a matar". Pensaba que me iban a dejar morir de hambre ahí sola.

Mientras, mi familia, desde afuera, trataba de comunicarse conmigo. Me acuerdo que el empresario que nos ayudó a conseguir al negociador hizo unos comerciales para mí. Eso estuvo increíble porque en ese tiempo yo quería estudiar diseño de modas; era la época en donde mis amigos y yo nos la vivíamos dando vueltas en Plaza Loreto y tenía un perro llamado Bobby. Entonces, en el radio que tenían prendido los secuestradores, escuchaba repetitivamente un comercial que me llamaba mucho la atención: "El diseñador Bobby va a abrir su escuela de diseño de modas en Plaza Loreto". Y pensé: "¡Quiero! Cuando salga de aquí, quiero inscribirme a esa escuela". Así pasaron varios, todos tenían pequeños guiños sobre mi vida en el exterior y lo que más amaba. Esos comerciales le dieron luz a mi vida, me dieron motivos para aguantar un día más, a no darme por vencida.

También, en ese tiempo, mi padrino era presidente de la Canirac, entonces, una vez a la semana, lo entrevistaban en la radio, hablando sobre cómo iban las cosas con los restaurantes y demás. Esa transmisión no me la perdía, porque al final él siempre decía: "Saludos a mi flor más preciada", y yo sabía que se refería a mí. Eso también me daba mucha fuerza.

Las paredes del cuarto donde me tenían eran de tirol, y en mi imaginación veía personajes y los remarcaba con lápiz; eran unos monstruos enormes que, según yo, me protegían del mal. Ojalá hubiera podido fotografiarlos.

Recé mucho durante todo el cautiverio. Guardaba las servilletas que me daban en la comida y poco a poco iba fabricando un pequeño rosario. Hacía un círculo con bolitas de servilleta, y al final una pequeña cruz. Fue algo muy simbólico para mí, me hacía sentir en paz. Claro que, cuando entraban a dejarme la comida, me quitaban todo eso y lo destruían.

Me cayeron muchos veintes en esos días. Fue un viaje de introspección muy cañón. Porque, cuando fui escribiendo las cartas de despedida a mis amigos, me di cuenta que las amistades que tenía eran 100% superficiales, no me sumaban y ya no quería pertenecer a ese grupo. Es curioso que, en los momentos más culeros de tu vida, es cuando te llegan las netas; eso me pasó en el secuestro.

Porque, cuando leí las cartas que había escrito, me di cuenta que la Dana de ese tiempo tenía dos personalidades: la sensible, cariñosa y leal que se presentaba con la familia y vivía momentos felices; y la adolescente vacía y superficial que hablaba de banalidades con sus amigas.

Hice un contrato en el que me prometí que, cuando saliera de ahí, iba a ser una persona diferente, prometí cambiar de amistades y mi forma de vivir. Y lo cumplí. En el momento en el que salí del secuestro, corté tajantemente con los amigos que tenía, todo en mi vida cambió rotundamente.

Hoy puedo decir que mi secuestro fue lo peor y lo mejor que me ha pasado en la vida, porque, por una parte, viví días llenos de miedo, tardes enteras de angustia por saber si me iban a matar ese día, o al siguiente, o en una semana; pero también aprendí a valorar lo que tenía, a reconocer lo que realmente vale la pena en la vida, porque yo era una adolescente muy caprichosa, me la pasaba de antro con mis amigas, siempre con chofer y tratando muy mal a la gente.

Por mucho tiempo sentí culpa por la vida que llevaba antes del secuestro, por la banalidad y el clasismo que mis amigas y yo manejábamos en esa época. Me sentía muy hipócrita y falsa porque vivía una doble vida; con mis amigas era una escuincla superficial, pero en mi casa era diferente, siempre con una sonrisa y muy agradecida con las personas que trabajaban de servicio, eran como mi familia.

Y creo que fue hasta el secuestro cuando realmente me di cuenta de la vida real, porque yo vivía en una burbujita, mis papás me protegían mucho. Por ejemplo, una vez hubo un robo muy grande, agarraron a mi hermano y a su novia en la calle, casi casi les dijeron: "¿Quién tiene más dinero?", y la novia dijo que ella, protegiendo a mi hermano, entonces los llevaron a casa de ella y se metieron a robar todo lo que encontraron. Pero después les dijeron: "¿Tú eres la que según tiene más dinero? No te creo. Vamos a la casa del joven", y se fueron para mi casa. Estuvo muy rudo, porque ahí amarraron a los suegros de mi hermano, con mis papás; robaron y después se llevaron a mi hermano y lo botaron lejos de casa. ¡Y yo ni me enteré! Así de protegida me tenía mi familia, no querían que yo supiera nada ni que me pasara nada. Yo sólo sabía de antros y salidas al cine con mis amigas. Entonces, imagínate cómo fue el secuestro para mí.

Hay muchas cosas que olvidé, muchos recuerdos que bloqueé. De repente me dan *flashbacks* de cosas que viví en el secuestro y es: "¡Ay, güey!" Por ejemplo, hace como un mes fui a un hotel, y cuando vi la perilla de la puerta me acordé de cuando estuve secuestrada, porque no tenía espejo y en la perilla era donde me podía "ver", platicaba conmigo. Esa imagen que tengo de mí, hablando con la puerta, la tenía olvidada en alguna parte de mi cerebro.

Sufrí varios episodios violentos a lo largo de mi cautiverio, todos los recuerdo con mucha intensidad. Más que nada, los secuestradores utilizaron primordialmente la manipulación, el chantaje y la violencia psicológica, que fue lo que más me ha costado sanar.

El 2 de diciembre es cumpleaños de mi hermano y me acuerdo que les decía a los secuestradores: "Por favor, déjenme salir, déjenme estar con mi hermano". Pero ellos me decían que no, que dejara de molestar. Incluso me dijeron: "Vete preparando, porque de aquí no vas a salir pronto. Es más, la Navidad la vas a pasar con nosotros. Ve pensado en tu regalo", y eso me deprimía mucho, pensaba que iba a morirme ahí dentro.

Como dije, hubo un momento en el que la comida empezó a escasear, ahí la dinámica cambió; ahora el patrón iba a verme casi diario, cuando antes iba una o dos veces a la semana. Esa última semana conviví muchísimo con él. Me amenazaba y decía: "Vete preparando, tus papás no quieren soltar el dinero, así que ni modo. Despídete de ellos, vamos a tener que matarte". Fue una semana horrible, llena de psicosis y angustia. Yo lloraba todo el tiempo y me sentía fatal, tenía los días contados. De repente entraban cuatro o cinco sujetos, gritando y golpeando, cortaban el cartucho al lado de mi cabeza y me amenazaban; eso lo hacían para meterme miedo, para hacerme sentir insegura y vulnerable.

Poco a poco fui aceptando la situación, me resigné a la muerte. Le escribí cartas de despedida a mi familia y eso me liberó. Pero la culpa nunca me la pude quitar, el ver a mi familia tan destruida el día que salí, esa imagen sigue estando muy presente.

No vas a saber quiénes somos, pero vamos a estar a tu lado, observándote

El día que me soltaron estuvo ojetísimo. Fue en la madrugada, estaba dormida y entraron, como era su costumbre, golpeando, amenazando y cortando cartucho a mi lado. Me levantaron y amarraron la almohada a mi cara. Fue horrible, no podía respirar y estaba mareada; después me aventaron a la cama y me envolvieron en las cobijas. Entre dos sujetos me cargaron, cual vil bulto, y me aventaron en una cajuela. Durante todo el tiempo me dijeron lo que más temía: "Ya valiste madre, rézale a quien tú quieras porque te vamos a matar, te vamos a aventar en un pinche cerro donde nadie encuentre tu cuerpo".

Siempre pensé que me tenían por la salida de Cuernavaca, porque en ese entonces había muchos movimientos por parte de los maestros donde cerraban tramos de las carreteras, y la de Cuernavaca era una de las principales. Entonces, yo veía en las noticias las movilizaciones y los helicópteros que cubrían el evento. Podía escuchar esos helicópteros —o al menos es lo que creo— volando arriba de donde yo estaba secuestrada, por eso pienso que estaba por allá.

Total, me llevaron encerrada en la cajuela durante dos horas. Yo prácticamente me iba despidiendo de todos, sabía lo que me podía pasar y me habían ido preparando para eso. Llegamos al lugar, salieron todos de la camioneta y me aventaron al piso, me encañonaron y, con la pistola en la cabeza, me dijeron: "Hasta aquí llegaste. Cuenta hasta 500 y no muevas ni un musculo antes, o aquí te quedas". Me quitaron las sábanas, pero me dejaron los ojos vendados. Me aventaron en una banqueta y me advirtieron: "Vamos a estar siguiéndote por un tiempo, no la vayas a cagar. Acuérdate, no sabes ni quién te secuestró, así que, cuando vayas a Perisur o a Plaza Loreto, ten por seguro que vamos a estar ahí y no vas a saber ni quién te va a estar vigilando".

Conté hasta 500, fue la cuenta regresiva más angustiante de mi vida. No sabía en qué momento iba a sentir el balazo, me sentí expuesta y con muchísimo miedo. A la fecha, lo cuento y siento un nudo en la garganta, una sensación horrible en el pecho.

Me dejaron botada en un barrio superfeo. Recuerdo que yo estaba sentada, con los ojos vendados, una pijama muy ligera, con el miedo latente a ser asesinada y todavía podía escuchar las burlas y la intimidación de la gente que pasaba a mi alrededor: "¿Por qué tan solita, chula? ¿Te llevo a mi casa? Si ya estás empijamada. ¿por qué no te vienes a mi cama?" Fueron los peores minutos de mi vida, estaba muerta de miedo.

Terminé de contar, me destapé los ojos e intenté parar un taxi. Fue hasta el octavo intento que me quisieron dar aventón, porque los paraba y me decían: "¿Tienes dinero para pagar? A ver, enséñame". Fue muy frustrante, yo lo que quería era escaparme de ahí. Les decía: "Por favor, ayúdame. Ahorita que lleguemos a mi casa te pago", pero no querían. Me decían que no tenía dinero, que estaba loca, que los iba a asaltar y quién sabe qué más. No sé cómo una niña de 17 años, en pijama, llorando, temblando, con la voz entrecortada y llena de miedo podía hacerle todo eso a un taxista, pero bueno, así fue.

Cuando por fin me quiso subir uno, sentí un poco de alivio. Me trepé rapidísimo y le di la dirección de mi casa. Yo iba muy mal, estaba temblando horrible y no lo podía controlar. La sensación de miedo, dolor, angustia y ansiedad me invadía. Venía pensando todo el tiempo en sus palabras: "Ni se te ocurra ver por el espejo, nosotros te vamos a estar siguiendo y en cualquier momento podemos arrepentirnos y agarrarte de nuevo". Eso me ponía muy mal. Además, no sabía en dónde estaba. Fue hasta que vi el Estadio Azteca cuando me tranquilicé un poco, ya sabía cómo llegar a mi casa.

Cuando llegamos a mi casa, el taxista se puso superpedero, me gritaba que le pagara y manoteaba horrible, no sé cómo la gente puede ser tan inconsciente. ¡¿Qué no me veía?! Yo iba temblando y totalmente ida.

Las piernas me temblaban, todavía tenía la sensación de que me estaban siguiendo y que en cualquier momento me iban a secuestrar de nuevo. Cuando bajé del taxi caí de rodillas, creo que ahí el taxista se dio cuenta de su pendejada y recapacitó, me ayudó a bajar y me llevó casi cargando a la puerta de mi casa.

Nunca olvidaré las primeras palabras que escuché de mi tío, hermano de mi papá: "Manuel, tu hija está en casa". Lo recuerdo y me dan ganas de llorar, esas palabras me liberaron de todo el horror que estaba viviendo.

Somos una familia como de 60 personas y todos estaban ahí cuando llegué. Pero, curiosamente, no recuerdo mucho de ese día; creo que fui bloqueando cosas. Por ejemplo, hace poco mi mamá me contó que lo primero que le dije fue: "Por tu culpa me pasó esto". Y es que hubo un día en el que mi mamá, ya desesperada, contestó el teléfono y les dijo: "¡¿Cuánto quieren?! ¡Se los doy, pero ya suéltenla! Hijos de la chingada, no se la van a acabar". Y, como todo lo que pasaba afuera repercutía adentro, ese día sufrí varios altercados violentos con estos cuates, toqueteos por parte del patrón y madrazos por parte de los otros; cuando se ponían nerviosos actuaban así.

Pero, bueno, cuando llegué vi a toda mi familia formada en filita, lado a lado del pasillo de mi casa. En eso, escuché una voz a lo lejos que decía: "Bueno, díganle al señor que ya me voy". Luego luego pensé: "Es el negociador", y mi primera reacción fue correr hacia él gritándole y reclamándole: "¡Por tu culpa me quedé más tiempo ahí encerrada! ¡Me iban a matar!" Pero no alcancé a llegar a él, apenas lo vi pasar por la cocina mientras me cargaban para llevarme a otro cuarto. En ese momento yo era un manojo de nervios; la bomba de miedo que tenía dentro y que fui conteniendo a lo largo de todo el secuestro explotó. Estaba desbordada de furia, resentimiento y miedo, toda la valentía y la cordura con la que me manejé en el cautiverio había desaparecido.

Me acuerdo que volteé hacia las escaleras y vi a mi chofer temblando de pies a cabeza, supe que él había ido a entregar el rescate. Corrí hacia él y lo abracé muy fuerte: "Gracias".

Cuando reaccioné, vi a mis papás llorando a mi lado: "Alguien quiere saludarte". Volteé hacia el sillón y vi a mi abuela, lloraba también y tenía en las manos un suéter que me estaba tejiendo. Ella había prometido que, cuando yo saliera, lo iba a terminar; y cómo son las cosas, porque justo en el momento en que llegué, ella estaba tejiendo la última parte. Me volteó a ver con lágrimas en los ojos y alzó el suéter: "¡Lo terminé!" Fue algo muy simbólico para nosotras, estuvo muy muy lindo.

El tema de mi secuestro es un tabú para mi familia. He hablado con mi mamá dos o tres veces acerca de eso, pero nada más. Con mi papá ni siquiera he tocado el tema. Hasta hace poco. Cuando regresé del cautiverio, mi papá me abrazó muy fuerte y me dijo: "Ya se acabó todo. Cerramos este capítulo".

Recuerdo que ese día tocaron el timbre como a las cuatro de la mañana, yo me puse como loca. Me paré corriendo y encerré a mis papás en el cuarto. Después fui al cuarto de mi hermano y también lo encerré. No podía controlarme. "¡Vienen por mí!", decía. Bajé corriendo las escaleras y vi en las cámaras de seguridad que era mi nana la que estaba en la puerta. Le acababan de avisar que yo estaba ya en mi casa y quiso ir de inmediato a verme.

Estaba decidida a encontrar a estos pendejos, tenía una furia incontrolable. Quería vengarme un poco de lo que me habían hecho, de la vida que me habían arrebatado.

Y no sólo afectaron mi vida, cambiaron la vida de todos en mi familia. Por ejemplo, mi hermano, él sufrió mucho. Desde el día de mi secuestro, hasta el día de mi liberación, sólo salió dos veces de su cuarto, se autosecuestró.

Me contaron que un día mi tío, el hermano de mi papá, contestó el teléfono muy enojado: "Por favor no le vayan a hacer algo, se los suplico. No le corten nada". Era un nivel de desesperación muy grande. Y el negociador lo regañó, le dijo: "No les den ideas a los secuestradores. Si ustedes demuestran vulnerabilidad, de ahí se los van a agarrar".

Mi papá también sufrió mucho: él era el contacto con los secuestradores y eso le generó una carga durísima. Hubo un punto en el que se le cerró la garganta, perdió la voz por completo. Lo tuvieron que llevar de emergencia al hospital. Por lo que sé, los secuestradores eran superviolentos con las negociaciones. Si conmigo eran cabrones, con mi familia eran el mismo diablo.

Les hablaban a todas horas insultándolos y amenazándolos. Era una constante violencia psicológica, los maltrataron mucho.

Uno de los días más ojetes fue cuando les mandaron mi ropa toda ensangrentada y llena de lodo. Les hablaron diciendo que les iban a llevar un "regalito" y les mandaron en una caja mi ropa. Fue horrible para ellos, pensaron lo peor, a ver cuándo les llegaba un dedo o un pedazo de oreja.

Mi mamá me cuenta que pasaron como cinco días sin que recibieran noticias por parte de los secuestradores; después de que los estuvieran chingando casi diario, de pronto hubo silencio. Eso asustó muchísimo a mis papás, pensaban que lo peor había pasado, que me habían matado. De por sí mi familia era religiosa, y con esto se triplicó la fe. Había un padre que iba diario a mi casa a las ocho de la noche a oficiar una misa por mí. Entonces, cuando no recibieron noticias de los secuestradores, fueron todos a la Villa a rezar. Mi mamá cuenta que justo cuando iban entrando a la casa, regresando de rezar, sonó el teléfono: era la llamada final pidiendo el rescate. ¿Puedes creerlo?

A partir de eso, también me volví más creyente. Cuando llegué a mi casa y vi la sala llena de imágenes y velas, casi casi como una iglesia, sentí mucha paz. A la fecha es un lugar que tiene una vibra muy bonita.

También la entrega del rescate fue algo caótico. Mi chofer tuvo que ir a entregar el dinero a una carretera y parar como cinco veces antes en diferentes puntos, lo traían de arriba para abajo. Todo para que al final fuera a tirar el dinero en un bote de basura. ¡Qué locura! Por eso me dijo que estaba nervioso, le daba miedo que alguien más fuera a agarrar el dinero. Además, pasaron muchas horas entre la entrega del dinero y mi liberación, como ocho. Los traían nerviosísimos a todos.

Otro golpe muy duro para la familia fue que, más o menos por la misma fecha que me secuestraron, secuestraron a mi primo. A él lo levantaron en la Central de Abasto, pero su secuestro sí estuvo mucho más "violento" que el mío. No lo torturaban como tal, pero mandaban videos *fake* a mis tíos donde parecían que lo estaban golpeando. Mientras, a él lo tenían todo el tiempo esposado y con los ojos vendados, en un cuartito de 2x2, sin baño y sin luz. Entonces, imagínate, tanto mis tíos como él quedaron traumados. Y eso que su secuestro duró mucho menos que el mío, a lo mejor 15 días.

No te vas a ir. No puedes huir de México

Empecé a involucrarme en el tema de mi secuestro cuando regresé a la escuela. Mis papás habían inventado toda una historia de que me había ido a Boston a visitar a mi familia, para justificar mi ausencia. Entonces, mis amigos no tenían idea de por qué las maestras me veían y me abrazaban fuerte diciendo que les daba mucho gusto que estuviera bien —porque ellas sí sabían la verdad—. Y así pasó un tiempo, fingiendo que nada había pasado. Pero poco a poco se fueron dando cuenta de que algo era diferente. Cuando llegaba cambiaban de conversación, o los sorprendía rumoreando por ahí.

Mi mamá tenía la idea de mudarnos de México, seguía muy asustada, yo creo que fue a la persona que más le pegó el secuestro. Pero les dije: "Váyanse ustedes, yo aquí me quedo. No voy a huir de esto". Porque ellos ya le habían dado carpetazo al caso, no planeaban seguir con la denuncia.

Empecé a dar conferencias de lo que había vivido. No te imaginas la variedad de reacciones que vi: unos lloraban, otros susurraban cosas, algunos más veían con horror. Fue una experiencia muy buena para mí porque solté todo el peso que traía cargando. Lloré varias veces y temblé unas más; fue un paso muy grande en el proceso de aceptación y enfrentamiento.

Meses después me vi con el empresario amigo de mi papá. Platicamos sobre nuestros secuestros —que nada tienen en común, pero siempre es bueno sentir que no estás sola en esto— y se volvió un apoyo muy fuerte en mi vida, incluso es mi padrino. Él me preguntó: "¿Qué quieres hacer? Yo le prometí a tus papás que iba a hacer todo lo posible para que agarraran a tus secuestradores, pero ellos quieren cerrar el caso. ¿Tú qué quieres hacer?" Yo le dije que quería seguir con el proceso, no importaba cuándo ni cómo, quería que agarraran a estos pendejos.

De ahí, él me puso en contacto con gente de la AFI. Fui varias veces a la AFI, pero nunca hubo un avance. Eso me desanimó mucho, por eso decidí tirar la toalla. Me ponían las mismas grabaciones y los mismos audios. Sólo perdía mi tiempo.

Fue con mi última psicóloga con quien me quebré. Ella sacó muchos temas que yo había bloqueado. Por ejemplo, el abuso por parte del patrón: yo pensaba que, si no había penetración o manoseo por debajo de la ropa, no era abuso. Pero sí lo fue, tengo clavadas en la cabeza las manos de este sujeto.

También hablamos sobre la relación con mis papás. Antes de que me secuestraran yo tenía una relación muy estrecha con mi papá, pero después del secuestro y al ver que no podía abrirme con él y platicar sobre lo que habíamos vivido, me incliné mucho hacia el lado de mi mamá. Todo eso me llenó de culpa después, me sentía muy incómoda con el tema. Poco a poco, gracias a Dios, fui quitándome esos complejos y empecé a reconstruir mi vida, pero no fue un proceso fácil.

Tuve el apoyo de mucha gente en este proceso, y gracias a ellos, hoy puedo vivir sin complejos. Soy una persona muy afortunada. También me ayudó muchísimo el platicarlo, las pláticas que tuve con otras víctimas y conferencias que di fueron fundamentales. Nunca me guardé nada, a excepción del toqueteo de este señor, que sí me tardé en soltarlo, pero de ahí en fuera nada.

Pero sí me arrebataron muchas cosas. Cuando salí del cautiverio me costó un trabajo horrible interactuar con la gente, perdí toda la confianza que tenía. Porque antes de mi secuestro tenía muy claro que quería irme a estudiar a Londres, y al final no lo pude hacer, preferí quedarme en México.

Nunca pensé qué era lo mejor para mí, sino que había algo en mi interior que decía: "No te vas a ir. No puedes huir de México". A lo mejor me hubiera ido mejor profesionalmente allá, o no sé, pero no se puede regresar el tiempo, hice lo que hice y punto.

Y no me arrepiento. Estudié Arquitectura de interiores y, aunque no ejerzo, me gusta mucho. Siempre fui buena para el diseño, y cuando estaba en la carrera abrí una empresa de diseño gráfico.

Pero, bueno, la licenciatura la curse aquí en la CMDX, y en ese entonces yo vivía con mis papás en Coapa, así que ellos insistían en que me llevara el chofer. Pero dije: "Ni madres, yo me voy en mi coche". Porque nunca vendí el coche en el que me secuestraron. Qué cabrón, ¿no? Lo sigo teniendo. Hoy en día está estacionado en casa de mis papás; ellos lo odian, no lo quieren ni ver, pero yo no estoy dispuesta a venderlo, no sé por qué, es algo que no he podido soltar.

Entonces, yo iba a la escuela que quedaba del otro lado de mi casa y poco a poco me empecé a juntar con gente que se transportaba en camión, metro, etcétera, ellos se volvieron mis amigos. Y de pronto, yo me empecé a mover por la ciudad así, en transporte público: dejaba mi camioneta en el estacionamiento de la escuela y me iba con mis amigos en pesero. Fue así como poco a poco me fui soltando otra vez.

Hoy en día estoy muy emputada con México, con el gobierno que tenemos. Y más ahora con la situación que estamos viviendo, la pandemia. Cada que salgo a la calle camino con miedo, de nuevo siento ese temor de ver las calles solas, la desesperación en cada esquina; es una sensación que no tenía desde hace muchos años. Ya no puedo caminar más de dos calles sin sentir angustia, mejor me voy en bici. Por primera vez en mi vida, he pensado en mudarme, porque ya no aguanto.

No tengo odio hacia mis secuestradores, muchas veces me preguntan qué sentimientos tengo hacia ellos, pero no me salen las palabras. Yo creo que ese sentimiento lo tengo totalmente bloqueado.

Lo que sí me pesa un poco es no haber seguido con el proceso, pero, como dije antes, las cosas no avanzaban y la verdad perdí la esperanza. El sistema de gobierno que tenemos es una basura, nunca me resolvieron nada y mejor decidí pasar página.

Pero, bueno, mi vida y la de mi familia cambiaron a raíz del secuestro. Y, aunque fue una experiencia horrible, me hizo mejor persona. Ahora volteo al pasado, veo la persona que era antes y no me gusta nada. Soy lo que soy porque me pasó esto, y estoy feliz con la vida que llevo.

Nunca me imaginé pasar 100 días secuestrado: Santiago

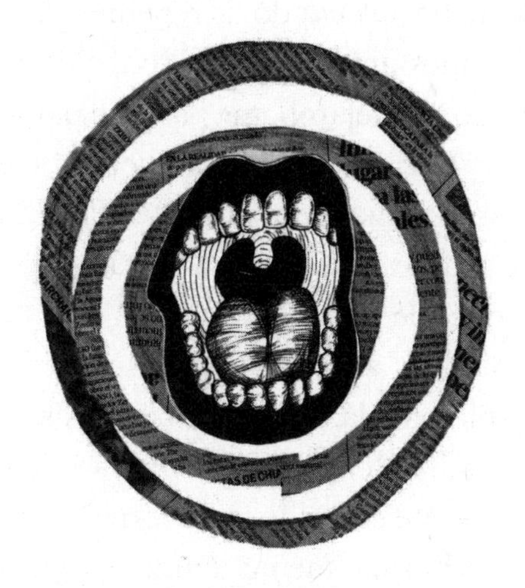

Me secuestraron el 18 de noviembre del 2009. Lo recuerdo bien porque fue un año después de que mi padre muriera de enfisema pulmonar. Él nos había regalado unos coches muy bonitos a mi hermano y a mí; yo tenía un Audi poca madre, nuevecito; y mi hermano traía un BMW. A mi papá le encantaban los coches, tenía un chingo, pero cuando murió, mi hermano y yo decidimos venderlos por cuestiones de seguridad, para mantener un perfil bajo. Preferimos comprarnos una camioneta y no dar "tentaciones", por así decirlo. Me compré una Cherokee, digo, era una buena camioneta, pero no llamaba tanto la atención como el Audi que tenía antes.

En ese entonces iba a la universidad, tenía 21 años; era del turno vespertino, tenía un amigo al que casi siempre le daba *ride* saliendo de la escuela, diría que 70% de las veces se regresaba conmigo, pero justo ese día me regresé solo.

Vivía como a dos kilómetros de la escuela, era una distancia muy corta la verdad, y siempre, saliendo de la escuela (8 o 9 de la noche) me iba directo a casa de mi novia —la que ahora es mi esposa—, cenaba ahí, estaba un rato con ella y luego me iba a mi casa. Ella vivía también muy cerca de la escuela y de mi casa, como a 800 metros, en el mismo fraccionamiento.

Bueno, aquel día no fue la excepción, salí de la escuela y me dirigía a casa de mi novia cuando de repente se me cerró un coche y salieron varios tipos armados; mi primer instinto fue salir del coche, pero ellos no me dejaron, me pasaron para la parte de atrás de la camioneta y se arrancaron. Yo les decía: "Llévense todo, déjenme ir", pero sólo me contestaban: "¡Cállate!" Fue ahí cuando pensé: "Ya valió madres". Nunca me pegaron, pero tampoco me dieron explicaciones de nada.

A los tres minutos, aproximadamente, me bajaron de la camioneta y me subieron a la cajuela de otro coche; se subió conmigo un tipo que me iba "cuidando". Después de un rato pararon el coche y bajamos, me encapucharon y me metieron a la casa de seguridad; nunca vi exactamente dónde estaba. Ahí me dijeron: "Danos el número de tu familia". En ese entonces los celulares no tenían contraseña, así que les dije: "Agarren mi celular y llámenle a mi hermano". Los secuestradores se negaron, a fuerza querían llamarle a mi papá. "Mi papá murió el año pasado", les dije. "Bueno, llámale a tu mamá." "No, a mi mamá no, quiero que le hablen a mi hermano."

Mi hermano se había casado hacía siete meses, ya no vivía en mi casa, por eso preferí que le hablaran a él. No quería preocupar a mi mamá.

Es que a mi mamá le pegó mucho la muerte de mi papá, bueno, a todos, veníamos "fresquitos" de pasar por eso cuando me secuestraron, apenas estábamos recuperándonos de una cosa cuando nos chingaron con otra. Recuerdo que estábamos en un proceso en el que nos estábamos poniendo de acuerdo sobre quién se iba a encargar de una u otra cosa, por eso nos pegó muy duro a todos mi secuestro, nos quitaron la poca estabilidad que estábamos logrando.

Durante todo el día los secuestradores entraban y me preguntaban cosas acerca de mi familia: nombres, números, direcciones, datos de ese estilo. Para entonces, yo pensaba que el secuestro iba a durar un día, dos a lo mucho, en mi mente estaba la idea de que mi familia iba a tardar ese tiempo en reunir lo que esos cabrones les iban a pedir. Recuerdo que era miércoles, entonces tenían jueves y viernes para conseguir el dinero, si no, iba a valer madres para el fin de semana, por el tema de los bancos. Pero pasaban los días y no me soltaban. Yo me saqué mucho de onda, intentaba preguntar qué estaba pasando, pero me aplicaron la típica: "Tu familia no quiere pagar, no les importa si te matamos ahorita mismo, así que mejor dinos en dónde tienen la lana, los carros y las propiedades, dinos todo". Yo les dije de algunas cosas que teníamos, pero tampoco soy pendejo, me agarré de que yo estaba chavo, era estudiante, y no sabía nada. Les conté de los carros, la casa y de un terrenito que nos había dejado mi papá, pero nada más. No quería cagarla, así que les dije lo que era obvio, porque si ya me tenían vigilado desde antes, era una pendejada mentir con eso, pero insistí en que yo no sabía nada, que le preguntaran a mi familia.

Para ese entonces ya habíamos vendido varios carros de mi papá, sólo nos quedaban unos cuatro o cinco; y estos güeyes como que no estaban bien informados de las cosas porque, cuando habían pasado unas tres semanas de que me levantaron, llegaron y empezaron a preguntarme cosas de mi casa, pero ¡ésa no era mi casa! Ellos estaban hablando de la casa de mi novia, porque, claro, como yo todos los días que salía de la escuela me iba para casa de ella, estos pendejos pensaron que ahí vivía. Y fue un problema porque se tardaron otras dos semanas en investigar mi verdadera casa.

Un día me preguntaron: "¿Quiénes son los güeyes que viven por el WTC? ¿Qué son de ti?" Para poner en contexto, ellos son dos hermanos, primos segundos, hijos de un primo de mi papá, pero estos cabrones a sus 25 años ya traían carrazos: uno tenía un Maserati y el otro un Ferrari, ¡a los 25 años!, y los secuestradores pensaron que yo era uno de ellos. Porque ambas familias, la de ellos y la mía, se dedican a lo mismo, pero no es lo mismo traer un Audi a traer un Maserati, ¿me explico? Nos dedicábamos a lo mismo, pero no éramos lo mismo. Yo he platicado con esos cabrones unas 10 veces en toda mi vida, a lo mucho, nunca fuimos unidos, pero los secuestradores se fueron con la finta. Total, se enteraron de que no, y las siguientes fueron semanas de angustia, porque yo no tuve noticias de nada, no hubo movimiento en la casa de seguridad donde me tenían, pensé que me iban a matar.

Estuve tres meses encadenado a una cubeta, no me podía ni parar

Me tenían en un cuarto chiquito, de unos 5x4 metros, todo de block y con techo de lámina. Al fondo había una puerta como de metal, creo que también era de lámina. El piso estaba horrible, lleno de piedras y a medio acabar. Yo estaba en una esquina, amarrado del pie con una cadena a una cubeta de cemento, no me podía mover de la colchoneta donde me tenían; pasé acostado ahí tres meses. Además, tenía la cara cubierta con una jerga todo el tiempo, podía ver poco a mi alrededor. También había un radio prendido todo el tiempo. Además, me daban revistas, la *Proceso*, yo creo que era la que ellos leían. Me acuerdo de que un día me dieron la que tenía el caso de Alejandro Martí; eso me cayó como un pinche balde de agua fría. Pensaba: "¿Cómo es posible que al hijo de Alejandro Martí, que tiene un chingo de dinero, lo hayan matado? Yo que no soy nadie, ¡¿qué me va a pasar?!" Fue un golpe muy duro para mí.

Un día me llevaron un PlayStation chiquito, como un GameBoy, lo tuve dos días nada más. Pero los pendejos no se dieron cuenta que con esto te podías conectar a las redes: las busqué y vi que sí había algunas, pero obviamente estaban cerradas. Estuve todo el día intentando conectarme a alguna pero no pude, así que me resigné y me puse a jugar.

Diario me echaba tres rosarios: uno al despertar, otro a la hora de la comida —y digo hora de la comida al tanteo, porque realmente no tenía una noción del tiempo—, y uno antes de dormir. Rezaba mucho, le pedía a mi papá que me ayudara. Ésa fue mi fe, la misma fe que me ayudó a salir delante de todo esto.

Mientras estaba ahí dentro, nunca pensé que la negociación la estaba llevando mi mamá; porque al principio yo di el número de mi hermano, pensaba que, como había muerto mi papá, él ahora era el hombre de la casa y el que podía llevar las riendas de mi situación; a lo mejor podía ayudarles un tío, pero la verdad no lo veía factible, pensaba que era una cosa que se tenía que quedar en nuestra familia.

Con el tiempo, por esta onda de que los secuestradores no sabían ni dónde vivía, me di cuenta que se habían equivocado de persona. Ellos iban por los primos que tenían los carrazos, pero ni modo, ya me tenían ahí y pensaron en sacar lo más que pudieran.

Nunca me dejaron solo en la noche, cuando escuchaba la puerta abrirse era porque llegaba el güey que me cuidaba o porque iban a preguntarme algo. Cuando quería ir al baño les gritaba y me traían una cubeta, ahí tenía que hacer del baño.

Me daban pura porquería de comer, unas galletas y una Coca-Cola al día, a veces menos. Un día me llevaron unas quesadillas; en otra ocasión me dieron una pechuga de pollo. Pero esas veces fueron contadas, todos los demás días comí muy mal, a veces sólo me daban un pedazo de pan.

En los tres meses que estuve secuestrado nunca me bañé, menos me lavé los dientes, apenas y me daban papel para limpiarme cuando hacía del baño. Pero nunca les pedí nada, pensaba: "Bueno, ya estoy aquí, de alguna manera estoy en mi zona de confort. De aquí me voy para mi casa, no quiero ir a ningún otro lado".

Porque, imagínate, si por alguna razón me sacaban para llevarme a bañar y veía a un güey, lo reconocía o pasaba algo, me mataban.

Mi instinto de supervivencia me ayudó a pasar esos tres meses encadenado, eso y que tenía siempre la esperanza de "mañana me voy, esto se acaba mañana". Me sentía literal como en una cárcel, contaba los días: "Día 21, mañana me voy. Día 22, mañana salgo. Día 23…"

Señora, si usted se pone así, su hijo no va a regresar

Nunca esperé pasar 100 días ahí encerrado. Porque yo había escuchado antes de los secuestros exprés, de señores que los levantaban y los tenían un día; o de personas que habían secuestrado durante tres días —para mí eso ya era muchísimo tiempo—, situaciones en las que la familia había juntado 100 mil pesos y con eso ya lo soltaban. Pero nunca había escuchado de alguien a quien habían tenido secuestrado tres meses, eso era algo que no se había visto en Veracruz, por eso pegó mucho la noticia. Además, Veracruz es muy chiquito, todos se conocen, y mi apellido es el único; vaya, es conocido. La gente siempre nos ubicaba como "los que tienen mucho dinero", y digamos que sí, hemos tenido dinero, pero nunca mal habido, somos una familia de empresarios, personas trabajadoras que nos hemos ganado lo que tenemos. Incluso las personas que nos ubican por equis circunstancia saben que somos derechos, nunca te van a hablar mal de nosotros, tenemos una buena reputación porque hacemos las cosas bien.

Pero a la gente le gusta hablar, empezaron a decir que mi papá era prestanombres de Fidel Herrera, el gobernador de Veracruz. Porque mi papá fue presidente de una de las dos empresas maniobristas de contenedores que manejan el Puerto de Veracruz, era un cargo grande. Esta empresa tenía 200 socios fundadores, de los cuales uno era mi abuelo, por ahí iba la onda. Total que, mi papá, por su trabajo, empezó a convivir con personas del gobierno y otros socios; de ahí la relación que tenía con el gobernador, pero nada más. Y cuando mi papá murió, la gente empezó con esta sarta de chismes y mentiras que le generaron muchos problemas a mi familia; por ejemplo, de repente hablaban a la casa de mi mamá: "¡Qué bueno que ya regresó Santiago!", y yo seguía secuestrador, o sea, la gente hablaba nada más a lo imbécil.

Pero algo que sí voy a reconocer del gobierno es que ellos apoyaron mucho en la onda de mi liberación, porque sí, mi familia soltó dinero y las negociaciones se hicieron puntuales, pero el gobierno puso la mitad del rescate. Un día llegó un güey con equis suma de dinero y le dijo a mi mamá: "Aquí está, úsenlo y luego vemos cómo lo pagan".

La onda de la negociación es muy pesada, la familia no puede soltar todo el dinero así nada más, porque si los secuestradores ven que tienen el dinero rápido van a pedir más; tienes que soltar poco a poco, aunque esto implique retrasar el rescate.

Por mí pedían 10 millones de dólares. ¿Con quién creían que se estaban metiendo?, ¿quién pensaba que era? Que no la chinguen, eso pidieron por Fernando Martí, yo no era nadie. A final de cuentas pagaron 6 millones de dólares: la mitad la puso mi abuelo y la otra mitad la tomaron prestada del gobierno.

Pero, bueno, como dije, al principio pedí que las negociaciones las llevara mi hermano, pero él es muy explosivo, y además estaba chavo, tenía 27 años, por eso los secuestradores no quisieron arreglarse con él. Después de la primera llamada le dijeron: "Vamos a negociar con tu mamá, no contigo". Fue ahí cuando mi mamá tuvo que hacerse cargo.

Las negociaciones fueron muy difíciles para mi familia, las llamadas que hacían eran siempre intimidantes. Mi mamá contestaba desesperada el teléfono y los secuestradores la regañaban: "Señora, si usted se pone así, su hijo no va a regresar". Además, hubo un periodo como de un mes en el que los secuestradores no se comunicaron con mi familia; eso les quebraba los nervios a todos. Mi mamá cuenta que fue durísimo para ella llevar las negociaciones, o sea, no estaba tratando la venta de un departamento, ¡era la vida de su hijo!

Yo sufrí mucho ahí adentro, no por mí, sino por mi familia, porque yo sabía que estaba bien, pero ellos no lo sabían, eso me ponía mal, sufrí mucho por ellos.

Las negociaciones desde el día uno fueron comandadas, en efecto, por Fidel Herrera, quien mandó al negociador a mi casa para que se instalara en mi cuarto y montara lo que fuera necesario, para que le diera a mi mamá un *coucheo*, y durante los tres meses que duró mi cautiverio, se dedicaran a buscarme y a mantenerme con vida, todo por órdenes del gobernador. Mi mamá me cuenta que Fidel iba a mi casa cada 10 o 12 días a preguntar cómo iba mi caso; se veía con el negociador en mi cuarto para hablar de mi secuestro —o de otras cosas, quién sabe— y al cabo de un rato se iba; así durante tres meses.

Bueno, en diciembre, más o menos dos meses después de que me levantaron, las cosas en Veracruz estaban muy feas. Hubo un enfrentamiento en el bulevar y, desafortunadamente, una bala perdida le cayó a un cuate que iba corriendo por ahí. Eso fue sonadísimo, yo recuerdo haberlo escuchado en el radio. Entonces los güeyes estos —mis secuestradores— me dijeron: "Las cosas andan muy calientes y se retrasó todo. Ahorita no podemos levantar polvo porque la policía anda muy a las vivas desde que mataron a este cabrón, no podemos exponernos". Eso me hizo enojar muchísimo, obvio no lo decía, pero pensaba: "¿No que muy gallitos?"

En ese tiempo, sucedieron en Veracruz varios secuestros que duraron dos o tres días y que parecían estar ligados. Es un lugar chico, todos se conocen, entonces decían que a los secuestrados les daban una revista de sociales de Veracruz para que les dijeran quién tenía más lana, como si los estuvieran "poniendo". Gracias a Dios a mí nunca me hicieron eso, porque la verdad yo sí hubiera rajado, no estaba en posición para negarme a nada de lo que me dijeran estos cabrones, tenían mi vida en sus manos. A lo mejor saliendo les decía: "Güey, perdóname, hablé mal de ti. Vete un año a Estados Unidos". Pero es algo normal, yo hubiera hecho lo que sea que me hubieran pedido con tal de mantenerme vivo.

Había un amigo de la escuela tenía lana; a él de plano su papá lo mandó un año fuera, por el miedo de que yo hubiera señalado a su hijo mientras estuve secuestrado. La verdad no lo culpo, lo único que hacía era cuidar a su hijo.

Después de secuestrar a tu hermano secuestraron a otro chavo: lo mataron

No todos los secuestradores eran malos, había uno que se notaba que estaba ahí por mera necesidad, porque necesitaba el varo pues. Era el típico gordito pendejo, podía sentir su nerviosismo al entrar a verme, como que realmente no quería estar ahí, se sentía ansioso. A veces él me cuidaba en las noches, entonces le preguntaba cómo iban las cosas, a lo que me contestaba siempre con la misma mamada: "Creo que tu familia no quiere pagar", pero nervioso, estaba incómodo el güey. Yo aprovechaba eso para tratar de sacarle información. Fue con el que más platiqué. Se notaba que ya estaba harto, me decía: "No aguanto más, no pensé que esto se fuera a extender tanto tiempo, llevo dos meses sin ver a mi familia, no quiero estar aquí".

Había otro que también me cuidaba por las noches, pero ese cabrón sí me amenazaba: "Si tu familia le habló a la ley, esto va a acabar muy mal, más les vale no haber hecho una pendejada".

Y otro que me sacaba mucho de onda era un güey que se me acercaba a cada rato y me tiraba cosas como: "Fidel Herrera es el Z-1, él está detrás de esto y de todo lo que pasa aquí en Veracruz, para que tengas cuidado, no vayas a cometer una tontería el día que salgas; si vas con la policía vales madre, nosotros te vamos a seguir monitoreando, así que mucho cuidado". Me daba miedo ese cabrón.

Recuerdo que el invierno del 2009 fue muy frío, además me tenían en una sierra o no sé dónde chingados, y el frío estaba más cabrón. Un día, uno de mis secuestradores me dijo: "Chavo, ¿estás despierto? Está cabrón el frío, ¿cómo estás?", y yo le respondí que bien, que sí había tenido frío, pero que todo bien. Y este güey insistía mucho con eso del frío, entonces me dijo: "Y ahorita me toca ir por el pan, me lleva la chingada… Oye, chavo, si te mando por el pan, ¿regresas?" Ahorita me da risa, incluso en su momento me dio un poco de gracia, pero eso hacía que pensara que a lo mejor los güeyes estos —o al menos algunos— no eran tan malos. Y nada tiene que ver con el síndrome de Estocolmo, para nada, sólo que hay algunas cosas que ahora me causan risa de estos cuates, sólo eso.

Realmente nunca entablé una relación con ellos, no socialicé más de lo necesario, ellos no lo permitían. Como que le tenían miedo al jefe: si los veía platicando conmigo, los iba a cagar, o al menos ésa era la impresión que me daba.

Al jefe lo vi muy pocas veces, iba de vez en cuando, casi cada dos semanas, sólo iba a hablar con los secuestradores, supongo que a darles instrucciones, y a veces a decirme que mi familia no quería pagar, como intimidándome.

Supe, gracias al negociador, que al mismo tiempo que me tenían secuestrado a mí, había más gente. Nunca los escuché, pero supe que los secuestradores sí estaban "ocupados", por así decirlo.

Hace poco me enteré que los agarraron, están en la cárcel; lo supe gracias al negociador que llevó mi caso, un tipo muy preparado que tomó cursos en Israel, ha hecho mil cosas. Y bueno, él venía seguido a ver a mi hermano, a platicar con él, entonces un día le dijo: "Ya los agarramos, estamos seguros que son ellos, ya soltaron la sopa. Sé que tu hermano nunca quiso denunciar, y ni modo, de todas maneras estos cuates tienen otras 10 denuncias ya procesadas y corroboradas. Estos güeyes, después de secuestrar a tu hermano, secuestraron a otro chavo y lo mataron". Ése pude ser yo…

Nunca me ha entrado la curiosidad de ir a ver a mis secuestradores, pero tengo fotos de esos cabrones, no sé exactamente cuál es cuál, pero tengo teorías, porque yo escuchaba de pronto la voz de un viejito y hay un viejito en las fotos; también hay un gordito, por eso me doy una idea, pero exactamente no lo sé, al único que sí tengo ubicado es al jefe.

Soy una persona muy rencorosa: aunque seas mi amigo, si me hiciste daño de alguna forma, es porque te valí madre, y eso no lo perdono. Ahora imagínate con estos cabrones, no quiero volver a verlos. No les deseo el peor de los males, pero tampoco les deseo el bien; están donde están por las decisiones que tomaron. A lo mejor hay unos que no querían estar ahí, pero ni pedo, decidieron juntarse con las personas equivocadas; y entiendo que la necesidad está perra, pero no se vale...

Que supieran que estaba bien, que al menos estaba vivo

Recuerdo perfecto el día que escuché en el radio la noticia: "Hoy, en la madrugada, le dispararon al futbolista Salvador Cabañas..." Fue el día en que grabamos la prueba de vida.

Empecé a escuchar mucho movimiento en la casa, lo que era inusual ya que había estado todo parado por un tiempo. Estos cuates entraron y me dijeron: "Sabes qué, tu familia no quiere pagar, vamos a tener que presionarlos de alguna forma". En ese momento pensé: "Madres, ya valí verga". Me dijeron que iban a grabar un video para mandárselo a mi familia. "Me van a putear, no hay de otra", pensé.

Dijeron que tenía que suplicarle a mi familia para que pagara, tenía que convencerlos. Así que me amarraron la cabeza, como si estuviera vendada, y me pusieron un chorro de mertiolate a la altura de la oreja, para que pareciera que me la habían cortado. Hicieron lo mismo con mi mano, parecía que me habían cortado dos dedos. Me dieron el periódico de ese día y pusieron la cámara frente a mí, yo todavía les di la idea de decir lo que le había pasado a Cabañas, para que supieran que estaba bien, que al menos hasta ese día estaba vivo.

Y así lo hicimos: "Mamá, estoy bien, hoy es 25 de enero, hoy fue lo de Salvador Cabañas, por favor ya paguen, ya no aguanto estar aquí, quiero verlos..."

Los secuestradores estaban aferrados a que mi familia no quería pagar, ya después me enteré por qué. Ellos no tenían ni idea de lo que hacían, ¡no sabían ni dónde vivía! Me acuerdo de un día, era diciembre, cuando me dijeron: "Tu familia no quiere pagar, vamos a tener que ir con el padre para que los convenza, porque no quieren soltar la lana". Y yo pensaba: "¿Cuál padre? ¿De qué me estás hablando?" Y es que enfrente de la casa de mi novia había una iglesia, y como esos pendejos pensaban que yo vivía ahí, le mandaron un recado al padre para que hablara con mi familia. O sea, estos cabrones estaban perdidísimos.

Después me enteré que le dijeron a mi mamá: "Cuando tenga el dinero ponga una bandera de México en su casa". Ésa era la señal para que las negociaciones siguieran, pero como ellos pensaban que yo vivía en otra casa, las negociaciones y los acuerdos se atrasaron muchísimo, fueron días perdidos.

Cuando les enviaron el video como prueba de vida, llamaron y les dieron indicaciones para que fueran a buscarlo a una ubicación en el bulevar. Mi hermano salió corriendo a buscar el video. Mi mamá nunca lo vio, gracias a Dios; sólo lo vieron mi hermano y el negociador que les estaba ayudando.

A partir de ahí se fueron acomodando las cosas, se aclaró bien dónde vivía y demás; todavía tardaron un mes más en soltarme.

Los días iban pasando y yo seguía pensando: "Mañana, ahora sí mañana me voy", como una especie de mantra. Pero en cuanto llegaba el fin de semana los ánimos se caían, porque en fines de semana no se mueve el dinero, por los bancos. Por eso se me hizo raro que llegaran un sábado a decirme: "Ya pagaron, ahora sí te vas".

Llegaron en friega: "¡Vámonos!" Eran como las 9 o 10 de la noche. En chinga me quitaron la ropa, me pusieron un pants, una sudadera y una playera; creo que me dejaron mis tenis, no me acuerdo bien. En el camino me iban repitiendo: "Ya sabes, te vamos a soltar, pero no puedes ir con la ley, te vamos a estar vigilando, no hagas pendejadas". En ese momento confié en ellos, por mi instinto de supervivencia, mi fe, o no sé, yo iba tranquilo, sabía que no me iban a matar, que por fin me iban a soltar.

Llegamos a un lugar, me bajaron del coche y me dijeron que caminara derecho, que no me atreviera a voltear, porque si lo hacía, me mataban en ese momento. Para ese entonces llevaba tres meses sin ponerme en pie, no podía caminar bien, mucho menos correr, así que avancé como 30 metros y me fui de boca. Era un camino de terracería, mis pies no aguantaron. Me levanté y empecé a caminar poco a poco, cuando por fin pude, corrí como loco: Usain Bolt se queda pendejo. Corrí hecho la madre, obviamente no volteé. Después de un tiempo llegué a un pueblito, como a unos 40 minutos de Veracruz.

Era un sábado, me acerqué a unas personas que estaban afuera de una tiendita chupando. Les dije: "¿Dónde estoy? Quiero un taxi, necesito llegar a Veracruz". Ellos, medio sacados de onda, me dijeron que siguiera derecho hasta encontrar un sitio de taxis. Cuando llegué, me acerqué al primer taxista que vi y le dije que necesitaba llegar a Veracruz, que allá le pagaba, pero el taxista no quería llevarme. Fue hasta que otro taxista me vio todo desorientado y nervioso que me subió y me llevó. En el camino me preguntó qué había pasado; yo le conté todo, que me habían secuestrado y me acababan de soltar. El taxista se portó buen pedo la verdad, trataba de tranquilizarme y me decía cosas como: "¡Qué fuerte! Tranquilo, ahorita llegamos con tu familia. ¡Qué feo!"

Cuando estábamos a una esquina de mi casa yo estaba temblando, me sentía muy exaltado. En cuanto paró el taxi salí corriendo y empecé a tocar la puerta como desesperado, golpeaba y tocaba el timbre gritando: "¡Ábranme!" En cuanto abrieron la puerta me metieron rapidísimo a la casa y cerraron. Yo todavía les dije que tenían que pagarle al taxista que me había traído; de eso se encargó el negociador. Le preguntó un montón de cosas, que de dónde venía, cómo me había encontrado, qué le había dicho, etcétera. Después subió a mi cuarto, hizo unas llamadas y empezó a recoger sus cosas.

Mi cuarto era una cosa irreal, estaba lleno de armas largas y cartuchos, parecía casa de seguridad, pero cuando llegué empacaron todo y se fueron.

Me cuentan que la entrega del dinero también fue un caso, la mano derecha de mi papá, un cabrón grandote, alto, con unas manotas enormes, fue el encargado de llevar el dinero; lo eligieron a él porque, en primera, impone el güey, y segunda, porque sabe cómo moverse por México, conoce las carreteras y las rutas. Además, era una persona de confianza, porque está cabrón confiarle todo ese dinero a alguien así nada más.

Y bueno, este cuate nos contó que le dijeron: "Te veo en Puebla, en Angelópolis". Y órale, se lanzó para allá, pero cuando llegó le dieron nuevas indicaciones: "Ahora vete a México, hacia Santa Fe". Y una vez ahí le daban nuevas instrucciones. Así lo trajeron un buen rato, lo iban monitoreando para ver que no llevara "cola", lo mandaron de arriba para abajo por todo México.

Ya cuando vieron que no llevaba cola, lo mandaron a Morelia a entregar el dinero. Entregó maletas y se regresó para Veracruz, sin preguntas, sin voltear, sin nada.

Una hora después de que regresé, la casa se sentía en paz

Regresé a casa el 27 de febrero, no me acuerdo exactamente quién me abrió la puerta de la casa, siento que fueron todos, eran una unidad: mi mamá, mis hermanos y mis cuñados. Después llegó mi novia.

Cuando llegué estaba muy mal; de por sí siempre he sido flaco, pues ahora estaba más; tenía la barba toda enmarañada y sucia, había bajado no sé cuántos kilos, me dolía mucho la pierna del putazo que me había dado y tenía los codos y las rodillas ensangrentados. Eso asustó mucho a mi familia, pensaban que me habían golpeado. Les expliqué que no, que me había caído, que los secuestradores no me habían hecho nada, pero tenía la rodilla superinflamada y me dolía muchísimo.

Como paréntesis, mis papás, todos los sábados, iban a cenar a un restaurante con unos amigos y después se iban a casa de uno de ellos; eran unas seis personas que vivían en el mismo fraccionamiento. Uno de ellos era Humberto, un médico que vivía literal en la casa de al lado. Entonces, cuando llegué, le dije a mi mamá que le hablaran a Humberto, quería que me revisara mi rodilla. Fueron por él y me hizo un chequeo general, me curó la rodilla y las heridas que tenía por el golpe que me di.

Después de eso me acuerdo que subí a mi recámara porque le dije a mi mamá: "Me quiero bañar. Por favor, báñame tú". Entonces mi mamá subió una silla y me bañó, me abrazaba y lloraba mucho.

A partir de ahí ya no me acuerdo de muchas cosas. Sé que mi novia estuvo ahí, medio me acuerdo que bajé de nuevo a la sala e hice cosas, pero la verdad lo tengo muy borroso. Lo que sí tengo presente es que, como a la hora de que yo regresé, la casa se sintió tranquila. Mi mamá es una persona muy consciente, ella tiene claro que mientras estemos juntos como familia lo demás no importa, y así lo sentí, la casa se sentía en paz ahora que estábamos todos juntos.

Lo que sí les dije fue: "No quiero hablar de nada, al menos hoy no. Mañana me pueden preguntar lo que quieran, pero hoy déjenme tranquilo".

Al cabo de un tiempo me subí a dormir. Ni dormí, me acosté al lado de mi mamá y así nos quedamos toda la noche. Ni siquiera cené, no lo necesitaba, estaba bañado, en una cama, con mi mamá, ya todo había pasado, las cosas iban a estar bien.

Al otro día bajé a la sala y vi un pizarrón, de esos portátiles, y puta, me trabé escribiendo, estaba muy sentimental y ahí saqué todo. Agradecí a mi familia, les decía cuánto los quería, agradecí sus oraciones y el esfuerzo que habían hecho por mí. Fue un texto enorme que nunca he querido volver a leer.

Yo creo que nadie durmió esa noche. Al poco rato de que yo bajé, ya estaban todos abajo, pero era una sensación buena, ya estábamos juntos todos otra vez. Me acuerdo que lo primero que pedí fue un café, porque era lo que esos güeyes me daban para aguantar el frío, entonces como que me acostumbré. También pedí Pollo Feliz, se me antojó en ese momento.

Durante el tiempo que estuve secuestrado organizaron en mi casa infinidad de cadenas de oración, llevaban a mi casa santos y cosas de ésas, trajeron una Virgen desde Roma, el gorrito que usaba el papa también estuvo en mi casa unos días, en fin, muchas cosas de ese estilo. Entonces, el domingo siguiente me dijeron: "Vamos a misa, hay que agradecer a Dios que estás bien". Pero para mí era imposible. ¡Cómo iba a salir de mi casa! No quería, tenía miedo. Total, me convencieron de ir a misa, pero les dije que con la condición de que no fuéramos a la iglesia que estaba en el fraccionamiento, no quería encontrarme con conocidos; soy una persona muy *grinch*, me cae mal la gente falsa, y sabía que ahí me iba a encontrar con pinche mil gentes que nada más iban a enterarse del chisme. Y para acabarla, mi rodilla estaba tan mal que tuve que usar bastón; sentía las piernas y los brazos envarados, no quería que me vieran así.

Total que fuimos a otro lado, donde, para mi mala suerte, me encontré con dos o tres conocidos. Y acabando la misa pensamos: "Bueno, ¿qué podemos hacer para distraernos? No podemos irnos a la casa a encerrar y que la mente nos esté comiendo". Total que decidimos ir a Walmart a pasar el rato.

Decidí que no me iban a quitar las ganas de vivir

En ese entonces yo no salía solo ni a la esquina, incluso llevaban a mi novia a mi casa para que me visitara. Pero llegó un punto en el que dije: "¡Basta! Esto no puede seguir así, la vida tiene que tomar su curso nuevamente. Tengo que afrontar mis miedos, voy a salir". Pero mi familia no estaba de acuerdo, todavía se sentía insegura, así que mejor me consiguieron un chofer para que me llevara a donde yo quisiera, a ver a mi novia al menos.

En ese ínter, Fidel Herrera fue a verme unas dos veces. Me preguntaba qué necesitaba y cómo había estado la onda. A ese cuate le gira la ardilla muy cañón. En una de esas visitas me dijo: "Dime, ¿en qué semestre estás? ¿Qué estudias?" Yo me había quedado a la mitad de séptimo semestre de administración de empresas, y los de la carrera ya estaban empezando octavo. Le dije que me iba a tener que esperar hasta el siguiente año para cursar nuevamente séptimo. Él me interrumpió: "No te preocupes, la rectora me debe un favor, yo te voy a solucionar eso", y cuando decía "la rectora", no se refería a la rectora de mi escuela, sino de la misma UNAM —que era la institución a cargo de mi escuela—. En ese momento sacó su celular y le marcó directamente a alguien; le explicó mi situación y, como si fuera lo más sencillo del mundo, lo arregló. A la semana me hablaron para que fuera a presentar los exámenes finales de séptimo semestre y los iniciales de octavo. Eso me cayó de la patada, soy un huevonazo, con trabajos sacaba 6 o 7. Pero, bueno, fui a presentar los dichosos exámenes y los pasé como si nada. Los maestros y el personal fueron muy empáticos conmigo, la verdad me ayudaron a pasar.

Antes de mi secuestro trabajaba en una oficina, no volví ahí. La camioneta que tenía la vendí. Por cierto, esa camioneta la encontraron a unas calles de donde me levantaron.

El sentimiento de miedo me duró un rato, yo creo que unos 10 meses. Entonces mi hermano, quien iba a vender su coche, un

Golf bien chingón, me convenció de que me lo quedara. Me dijo: "Quédatelo, güey, lo vas a disfrutar, ya quítate ese miedo. Además, es un Golf, tampoco te estoy dando un carrazo". Ése fue el primer paso para que yo recuperara mi vida. Como al año y medio de que yo agarrara el Golf tuve un pensamiento: "Ya estuvo bueno, a la chingada, no puedo vivir así toda la vida. Ahorita tengo 23 años, pero en unos años, cuando tenga familia, no puedo seguir con esta mentalidad. Me gusta lo bueno ¿no? Pues a chingarle".

Me acuerdo también que, un mes después de haber regresado, me fui con mis hermanos a Ciudad de México a renovar mi visa. Pero resulta que no me la dieron. A mis hermanos sí, pero a mí no. Me dijeron que no estaba autorizada, eso me sacó de onda.

Pensamos que a lo mejor estaba boletinado en SIEDO, porque días antes le hablaron a mi hermana para que fuera a confirmar información sobre mi caso a la SIEDO, pero en Ciudad de México; la mandaron en avión privado y toda la cosa. Por eso suponemos que al gobierno mexicano no le gustó que se estuvieran dedicando tantos recursos públicos para resolver mi caso. Yo creo que pensaron que era malversación de fondos o lavado de dinero. Un mes después pudimos resolver la onda de la visa, me la dieron y todo el pedo, pero sí nos pusieron trabas.

Una vez que todos tuvimos la visa, nos fuimos de vacaciones. Estuvimos una semana en Miami. Eso significó mucho para mí, fue cuando finalmente pude decir: "Soy libre". Por fin, después de semanas de paranoia, pude caminar con confianza por las calles; no volteaba a ver cada dos segundos si alguien me venía siguiendo o si el carro de al lado se veía sospechoso. Por fin me sentí libre, y soñaba con sentirme así en el lugar donde vivía.

Tengo un tío, hermano de mi papá, que vive en Estados Unidos, tiene su familia allá y todo, y me ofreció irme a vivir con él, me daba casa y trabajo, pero yo le dije que no, por más miedo que tuviera no me iba a separar de mi mamá, no la iba a dejar sola, y no me arrepiento de haber tomado esa decisión. Lo que sí pensaba era que en cuanto hubiera la posibilidad de llevármela conmigo, nos íbamos a ir todos a la chingada de este lugar.

Desde hace dos o tres años mi familia y yo hemos vivido blindados. Mi esposa se transporta a todos lados con chofer, sobre todo desde el nacimiento de mi hija. Tenemos que cuidarnos mucho.

El secuestro cambió muchísimo mi vida. Antes yo tenía un estilo de vida muy diferente, era un *juniorsazo*, no en el mal sentido, sino que estaba acostumbrado a que no me faltara nada, mi papá siempre nos dio todo. En el 2008 murió mi papá: ése fue el primer golpe. Como a los ocho meses se metieron a robar a mi casa y nos vaciaron; se llevaron todos los relojes de mi papá, dinero, carros, en fin, muchísimas cosas. Meses después me secuestraron, o sea, fue un golpe tras otro. Yo recuerdo haber pensado: "¿Qué es esto? ¿Ésta es la vida real? Yo había vivido en una burbuja entonces".

Pero, a pesar de todo esto, ya no quería vivir con miedo. La vida me había dado muchos golpes, pero decidí que no me iban a quitar las ganas de vivir, no iba a dejar que me privaran de hacer lo que quería. Un mes después me compré otro coche, un BMW, y de ahí me fui para adelante.

Y a pesar de todos estos años, vivo con miedo, eso nunca se me va a quitar. Aunque nuestros negocios no sean como tal riesgosos, siempre es peligroso cuando nos roban un camión o asaltan a alguien. Por ejemplo, hace poco amenazaron a mis escoltas; ellos venían de Jalisco, eran como las 3 de la mañana, y un escuadrón de civiles armados los detuvo preguntando de dónde eran y amenazando con que tenían que avisarle al patrón si querían pasar por ahí, que si los veían de nuevo se los iba a cargar la chingada. Así se vive aquí.

No salgo mucho. La pandemia realmente no me afectó casi nada, porque muy pocas veces salgo. Me encanta estar en mi casa, soy feliz aquí, y más con mi hija, disfruto mucho jugar con ella, ver películas, pasar el tiempo juntos. Aquí me siento seguro, mis puertas son de seguridad, de esas de metal con mil cerrojos.

Hace unos años vendimos el último coche de mi papá, nadie lo usaba y estaba ahí arrumbado, ya ni siquiera prendía; y a mí me daba mucho miedo sacarlo o llevarlo a reparar, por eso tomamos la decisión de venderlo. Es algo de lo que me arrepiento mucho, me lo reproché muchas veces. Pensaba: "Qué pendejo, no tenía el derecho de venderlo". Busqué al cuate al que se lo vendí para ver si podía vendérmelo de regreso, pero me dijo que no, que no tenía la intención de venderlo, pero si lo hacía me iba a avisar. Apenas el año pasado me habló para decirme: "¿Qué crees? Ya lo voy a vender, ¿lo quieres?" Y lo recuperé.

Ese coche no lo uso, lo tengo guardado como recuerdo nada más. Tengo mi camioneta sencilla y con eso estoy bien, no tengo que ir volteando a cada rato a ver si alguien me sigue o si se ven raros, porque la camioneta no llama la atención. Y aun así, no estoy exento. A todos nos puede pasar, porque la pinche gente te va a hacer lo mismo por 5 mil pesos que acabas de sacar en el cajero que por 8 millones de dólares que tienes guardados en tu casa; la gente tiene la misma maldad.

Ahorita mi hija ya se está dando cuenta de las cosas, tiene dos años, y sabe que ese coche es de su abuelo. Nunca lo conoció, pero sabe que es de él, y le encanta subirse, es como un juego para ella, porque las veces que la subo a ese coche es porque voy de mi depa a la casa de mi suegra, que vive a 800 metros de mi casa; entonces la subo y hacemos como que ella maneja y eso la divierte mucho. Pero es para lo único que uso ese coche.

Otra cosa: los relojes, ya no los uso. Me los pongo de vez en cuando en bodas o en eventos de ese tipo, pero procuro no hacerlo. Hace como dos años, en Puebla, me asaltaron con pistola en mano y me quitaron un reloj; fue una pendejada, pero me lo tumbaron, y ese reloj era de mis favoritos, me lo acababa de comprar hacía apenas un año.

Pero ni modo, así vivo, con mucho miedo, pero tratando de minimizarlo lo más posible. Como dije, me quiero ir de México en unos años.

La situación está cabrona. Hace dos días asaltaron al chofer de mi esposa, nos habló la esposa de él para decirnos que no iba a presentarse a trabajar porque lo habían golpeado muy feo, tenía una rajada horrible en la frente y otra en la parte de atrás de la cabeza, le tuvieron que coser todo, también el dedo se lo chingaron. Él es bien gallito, ya le había dicho que, si lo llegaban a asaltar, diera todo; mientras mi esposa y mi hija estuvieran bien, lo demás no importaba, que diera la camioneta, el dinero o lo que fuera. Lo agarraron saliendo del cajero, y por un lado que él es gallito y por otro que le quitaron su dinero, que a nadie le sobra, le dieron una putiza.

La pandemia nos hizo pasar también momentos muy duros, casi quedamos en bancarrota. Me contagié de covid y se me complicó mucho, no podía ni respirar. En fin, mil cosas que me hacen pensar: "Ya estuvo bien, ¿cuándo se va a acabar esto?"

Pero por otro lado reflexiono: "Qué bueno que a mis hermanos no les ha tocado nada de eso, ellos están bien y eso es lo único que me importa". Porque yo soy una persona fuerte, a lo mejor todo esto que me pasa es por algo, no sé, Dios le da las peores batallas a sus mejores guerreros.

Y he vivido con esta mentalidad desde hace muchos años, porque ni modo, hay que ver para adelante y seguir con la vida. No soy una persona que se la pase lamentándose, eso me choca. Cuando me robaron el reloj en Puebla yo estaba que me llevaba la chingada, pero ni modo, a seguirle.

Además, hace dos años y medio que tengo una hija, y eso me cambió la vida por completó, vino a mejorar mi mundo.

Recuerdo que el día que fui con mi esposa al doctor, donde nos iban a decir el sexo del bebé, fui todo el camino convenciéndola de que nos dijeran directamente a nosotros si iba a ser niño o niña, porque ella quería hacer una fiesta de "revelación de sexo" con la familia y la chingada, que es algo que a mí me parece una mamada, porque salga niño o niña, uno como papá se va a emocionar; pero, bueno, yo respeto a los papás que lo hacen.

Cuando llegamos al consultorio, el doctor nos dio el sobre con los resultados, yo lo abrí y vi un papel doblado en cuatro partes, apenas lo estaba abriendo cuando leí "niño", y puta, me emocioné muchísimo. Empecé a decir: "¡Niño!" Entonces el doctor se me quedó viendo con cara de extrañeza y cuando abrí bien el papel leí "FemeNINO". ¡Yo sólo había leído "nino"! Casi me muero de la vergüenza ahí mismo.

El día que nació mi hija fue el más maravilloso de mi vida, no puedo explicar el amor que hay entre ella y yo, somos inseparables. Ahí fue cuando entendí que sí podía querer a alguien más de lo que quería a mi sobrino.

En fin, con la llegada de mi hija mi vida cambió 180 grados. Ahora tengo mucho por lo cual luchar, por qué cuidarme y, sobre todo, por qué vivir.

Conclusión
Necesitamos un modelo nuevo de justicia

Para alcanzar una sociedad donde prevalezca la paz, es necesario entender cómo y por qué se dan tantos delitos en nuestro país; es fundamental ir a las causas, a la raíz. Para hablar de justicia, de instituciones que sirvan a una sociedad agraviada como la nuestra, es toral revisarnos como país y buscar las opciones para sanar. En suma: para que haya justicia, es fundamental que haya verdad.

Escuchar a los victimarios y a quienes cometieron delitos atroces aporta elementos para el análisis. ¿Dónde hemos fallado como sociedad? ¿Dónde se han equivocado los gobiernos? ¿Qué factores han permitido que la delincuencia encuentre tierra fértil? ¿En qué contextos se normalizó la violencia? ¿Qué ha llevado a familias enteras a convertir el crimen en su modo de vida? ¿Qué se rompió en nuestro tejido social para que la empatía y el mínimo de humanismo no existan en quienes están dispuestos a arrebatarle la vida a otra persona por dinero?

Leer a las y los sobrevivientes, insistimos, es el mínimo acto de justicia para quienes, ante la adversidad de las horas oscuras, lograron lo que cientos —quizá miles— de mexicanos más no consiguieron: salir vivos de un secuestro. Es, también, un recordatorio de lo vulnerables que somos ante un Estado que ha fracasado en su principal tarea y responsabilidad: dar seguridad a sus ciudadanos.

En los testimonios recabados en este libro, la vida de quienes sufrieron un secuestro cambió de un momento a otro. No sólo hubo una víctima directa, también se dieron las indirectas, marcadamente la familia. Las voces de quienes vivieron para contarla, sus miradas, sus reflexiones, son ejemplo de valor y tenacidad, de lucha y determinación, y también aportan elementos para adentrarnos en lo más profundo del comportamiento humano.

Las dos caras de la moneda que mostramos en este libro buscan aportar elementos para informar a una sociedad lastimada por la delincuencia, así como para tratar de concientizar a los gobiernos en sus diferentes niveles; autoridades que, no pocas veces, están superadas por la delincuencia. ¿El problema son las leyes? ¿Son su aplicación? ¿Las sanciones? ¿Es la impunidad?

Cada caso es único, cada sobreviviente lo experimentó de muy distinta manera, cada familia lo encaró como pudo. Pero el común denominador en las historias de quienes cometieron un secuestro es la falta de empatía, el nulo respeto a las instituciones y la muy alta probabilidad de salirse con la suya sin consecuencias penales: la impunidad.

En el delito de secuestro, por sus características, hay una enorme cifra negra. La estadística oficial dista mucho de la realidad. Y aun los plagios denunciados arrojan una alta tasa de impunidad. Por eso creemos que contar las historias de viva voz de sobrevivientes y victimarios puede contribuir a generar mayor conciencia sobre un cáncer que no ha logrado ser extirpado. Pensamos que para erradicarlo es fundamental revisar por qué ocurre, en qué contextos se normaliza, qué perfil tienen quienes pueden ejecutarlo, qué los lleva a hacerlo y qué fallas sobresalen en el sistema de seguridad —sobre todo en el de procuración e impartición de justicia— y cómo abonan a que sea posible y rentable.

Con este libro no pretendemos dar soluciones, sino desnudar una serie de realidades sin las cuales no se entiende el crimen en México; poner sobre la mesa lo siguiente: si seguimos haciendo lo mismo como país, los resultados no serán distintos. Si no cambiamos la manera en que analizamos y entendemos al crimen, estamos condenados a que la delincuencia siga robando la paz a nuestra sociedad.

Necesitamos un nuevo modelo de justicia, uno donde las comisiones de la verdad, la garantía de justicia y de no repetición, no sean sólo discursos. Requerimos que haya sinceridad e igualdad, y que no se olvide, que haya memoria para que así exista el perdón, que no es lo mismo que impunidad, pues tiene que ver con una relación entre víctima y victimario, con justicia restaurativa.

Sabemos que a muchos escandaliza el perdón, y creemos que es un acto personalísimo de cada víctima. Lo que debe estar más allá de cualquier debate es la urgencia de cambiar el enfoque de seguridad. Que importe más el desarrollo de la persona. Reducir tazas de homicidio, sí, pero también aumentar la taza de inserción académica y laboral. Sólo así podremos empezar, en serio, a hablar de paz.

Saskia Niño de Rivera y Manuel López San Martín
abril de 2022

El infierno tan temido: el secuestro en México de Saskia Niño de Rivera y Manuel López San Martín
se terminó de imprimir en el mes de abril de 2022
en los talleres de Diversidad Gráfica S.A. de C.V.
Privada de Av. 11 #1 Col. El Vergel, Iztapalapa,
C.P. 09880, Ciudad de México.